Christoph Amend

Morgen tanzt die ganze Welt

Christoph Amend

Morgen tanzt die ganze Welt

Die Jungen, die Alten, der Krieg

Karl Blessing Verlag

Umwelthinweis:
Dieses Buch und sein Schutzumschlag wurden
auf chlorfrei gebleichtem Papier gedruckt.
Die Einschrumpffolie (zum Schutz vor Verschmutzung)
ist aus umweltschonender recyclingfähiger PE-Folie.

Der Karl Blessing Verlag ist ein Unternehmen
der Verlagsgruppe Random House GmbH.

1. Auflage

Umschlaggestaltung: Design Team München unter Verwendung
des Gemäldes *alle wollen den Führer sehen* von Norbert Bisky /
Galerie Michael Schultz, Berlin
Satz: Uhl + Massopust, Aalen
Druck und Bindung: GGP Media, Pößneck
Printed in Germany
ISBN 3-89667-199-5
www.blessing-verlag.de

Inhalt

Warum ich mich mitten im Chaos der Gegenwart auf eine merkwürdige Reise in Deutschlands Vergangenheit begebe

Der Krieg ist erst vor ein paar Jahren in mein Leben getreten. Ich hatte früher schon einmal *Rambo* gesehen, *Good Morning, Vietnam* und *Full Metal Jacket*, und ich hatte Erich Maria Remarques Roman *Im Westen nichts Neues* und *Die Nackten und die Toten* von Norman Mailer gelesen, aber das hier war anders. Das war kein Fernsehen, kein Kino, kein Buch. Das war das Leben meines Opas. Er kam gerade aus dem Krankenhaus und hatte eine schwere Operation hinter sich, Krebs. Ich war zu Besuch, da sagte er: »Komm, wir beide gehen mal spazieren.« Wir nahmen unsere Jacken, Opa seine Mütze, und schlenderten durch die kleine schwäbische Stadt, in der meine Großeltern wohnten. Schon früher sind Opa und ich immer wieder zusammen raus, um Zito auszuführen, seinen Cockerspaniel. Er war vor kurzem gestorben.

»Christoph«, sagte er, »du weißt, wie sehr ich dich mag.« Das ging ja gut los. »Und du weißt auch, dass ich vielleicht nicht mehr lange zu leben habe.« Wir kamen an einem Teich in einer Wohnanlage vorbei. »Ich will dir etwas erzählen, das nur uns beide etwas angeht.« Ich versuchte, mich auf jeden Schritt zu konzentrieren. Etwas, das nur uns beide angeht? »Ich habe sehr, sehr lange nicht darüber gesprochen«, fuhr Opa fort, »aber ich möchte, dass du weißt, wie es im Krieg war.«

Wie es im Krieg war.

Das ist einer dieser Sätze, die man wie in Trance hört, die

nachhallen wie: »Ich glaube, wir sollten uns trennen.« Oder wie: »Leider eine Fünf, mein Lieber.«

Es wurde ein langer Spaziergang, und als wir zurückkamen, wirkte Opa erleichtert. Ich wunderte mich, denn er hatte mir keine spektakulären Geheimnisse anvertraut, nur harmlose Geschichten vom Abenteuer an der Front und von der Heimkehr ins zerstörte Deutschland von 1945.

An diesem Tag dachte ich zum ersten Mal darüber nach, was es heißt, Soldat gewesen zu sein und getötet zu haben, was es bedeutet, in den Abgrund hinabgeblickt zu haben, in den Abgrund anderer und in den eigenen.

Ich habe mit Opa nie wieder über dieses Thema gesprochen; er starb im Sommer 2001 nach langer Krankheit. Aber ich werde das leichte Zittern in seiner Stimme nicht vergessen, als er von seinen Einsätzen in Italien berichtete. Es war ihm wichtig, er wollte kurz vor seinem Tod von den Jahren erzählen, die sein ganzes Leben geprägt hatten. Er hatte nie darüber gesprochen. Doch dann brach es auf einmal aus ihm heraus. Warum erst jetzt?

Ich traf wieder auf den Krieg, als ich einige Jahre später in München als Redakteur bei *jetzt* arbeitete, dem Jugendmagazin der *Süddeutschen Zeitung*. Eines Tages rief mich Alexander Kluge an und fragte, ob er mich zusammen mit einem meiner Kollegen zu einem Interview einladen dürfe, er wolle sich mit uns über die Sprache der heutigen Jugend unterhalten. Alexander Kluges Interviews laufen nachts auf RTL oder Sat.1. Ich sagte zu.

Ein paar Wochen später sitzen wir in Kluges Studio, das er in einer Schwabinger Altbauwohnung eingerichtet hat. Wir reden über Jugendsprache und über die Vorstellungen und Wünsche junger Leser. Nach einer Stunde sagt er: »So, das war's, vielen Dank. Ich würde gerne noch ein paar andere Fragen stellen, zu einem Thema, das mich persönlich sehr interessiert.« Die Kamera läuft weiter. Er sieht mich direkt an und fährt fort: »Wissen Sie eigentlich, was Ihr Großvater im Krieg gemacht hat?«

Mir wird ein wenig heiß, und ich werde rot. »Ja«, stottere ich los, »also, ich glaube, äh, er war in Italien und in Frankreich, aber wann, ja, wann? Ich fürchte, viel mehr kann ich gar nicht sagen.« Ich fühle mich wie damals in der Schule: »Amend, geh mal an die Tafel und rechne uns das vor.«

Ich sehe in Alexander Kluges fragendes Gesicht und versuche es ein zweites Mal: »Mein Opa hat mir mal von seiner Flucht 1945 erzählt, quer durchs Land, er ist also quasi desertiert, und er musste unheimlich vorsichtig sein, damit sie ihn nicht erwischen.«

Ich möchte mich am liebsten unsichtbar machen, so ein zusammenhangsloses Gefasel. Was heißt Flucht, was Desertion? Ich war doch so stolz, dass Opa mir bei unserem Spaziergang von seinen Erlebnissen erzählt hatte. Aber was weiß ich wirklich? Nichts!

Nach dem Interview führte uns Kluge durch seine Wohnung und schenkte jedem sein Buch *Lebensläufe*, darin finden sich Geschichten über Biografien, die durch das Jahr 1945 verändert wurden. Seine freundliche, zurückhaltende Art hat mich ziemlich beeindruckt. Seit den Sechzigerjahren gehört Kluge zu den führenden linken Intellektuellen des Landes. Er hat als Filmregisseur gearbeitet, als Schriftsteller, als Essayist, und als einer der ersten Kulturmacher seiner Generation hat er begriffen, welche Macht das Fernsehen hat. Als Anfang der Achtzigerjahre das Privatfernsehen aufkam, sicherte sich Kluge mit ein paar Tricks Sendezeiten beispielsweise bei RTL. Seitdem laufen dort seine Sendungen, doch die Einschaltquoten sind weit davon entfernt, Rekorde zu brechen. Das ist der Grund, warum der eine oder andere Fernsehboss seine Programme gerne loswerden möchte.

Ich frage ihn, wie er es geschafft hat, sich gegen den damaligen RTL-Chef, den inzwischen legendären Helmut Thoma, durchzusetzen, der ein erklärter Feind von Kluges Fernsehen ist. »Wissen Sie«, antwortet er, »das ist wie im Krieg. Zwei Feldherren stehen sich auf ihren Hügeln gegenüber und sammeln ihre Truppen.«

Da ist er wieder, der Krieg. Seltsam: Vor mir sitzt ein Sympathisant der 68er, ein Lieblingsschüler des linken Theoretikers Theodor W. Adorno, einer, der einen ziemlich kritischen Dokumentarfilm über Franz Josef Strauß gedreht hat, und erzählt vom Krieg. Genauer: Er erklärt sein Handeln, das mit dem Thema Krieg nichts zu tun hat, mit einem Bild aus dem Krieg. Ich muss wohl erstaunt geschaut haben, denn Kluge sagt dann: »Das war nur ein Beispiel, zur Veranschaulichung, mehr nicht.«

Später habe ich erfahren, dass Alexander Kluge, Jahrgang 1932, zu den »weißen Jahrgängen« gehört; er war also während des Zweiten Weltkriegs gerade noch zu jung, um als Flakhelfer an die Front geschickt zu werden.

Was das alles mit mir zu tun hat, mit meiner Generation? Sicher, all das ist längst Geschichte, es liegt ja rund sechzig Jahre zurück. Und schon in der Schule langweilten wir uns, wenn uns unsere Lehrer jedes Jahr aufs Neue weismachen wollten, dass für uns alleinig das Dritte Reich von Interesse sei. Warum also jetzt dieser Rückblick? Sollten wir uns nicht lieber den Fragen der Gegenwart zuwenden?

Die Gegenwart. Meine Generation ist groß geworden in den goldenen Neunzigerjahren: Das Internet revolutionierte unsere Welt, die Wirtschaft boomte, die Börsenwerte stiegen und stiegen – es ging immer nur aufwärts. Die Avantgarde meiner Generation konnte sich schon nach wenigen Jahren über ein höheres Jahreseinkommen freuen als unsere Eltern am Ende ihrer Karriere. Wir hatten uns daran gewöhnt, das Geld mit vollen Händen auszugeben, und glaubten, verstanden zu haben, wie es im Leben läuft.

Wir haben uns getäuscht.

Seit ein, zwei Jahren erlebt meine Generation eine Zeitenwende. Vieles von dem, was wir in den vergangenen Jahren gelernt haben, ist nicht mehr gültig. Einige meiner Freunde haben gerade ihren Arbeitsplatz verloren. Einer hat seine Freundin verlassen, kommt nicht weg vom Kokain und muss zusehen, wie seine kleine Firma Pleite geht. Ein anderer hat trotz der Arbeitsmarktkrise gekündigt und ist für ein paar Monate zurück nach Hause gezogen, in eine Kleinstadt im Ostwestfälischen. Er glaubt, dort etwas zu finden, was es in der Großstadt nicht gibt, er weiß nur nicht, was.

Auch ich habe mir etwas Merkwürdiges vorgenommen, und darauf gebracht hat mich mein Opa: Auf eine ungewöhnliche Reise werde ich mich begeben, ich werde mitten im Chaos der Gegenwart in die Vergangenheit aufbrechen. Ich werde Deutschlands Großväter besuchen, die dieses Land nach dem Krieg aufgebaut und geprägt haben. Alle diese einflussreichen, inzwischen alten Männer verbrachten ihre Jugend im Dritten Reich und waren im Krieg, jeder auf seine Weise. Welche Bedeutung hat dies für ihr weiteres Leben gehabt, möchte ich sie fragen. Und: Was hat sie geprägt?

Der Krieg. Warum ausgerechnet der Krieg? Auf den ersten Blick hat der Zweite Weltkrieg wenig mit meinem Leben und mit dem Leben meiner Generation zu tun. Ab und an kommen wir darauf zu sprechen; das Thema Krieg wird beispielsweise von einigen jungen Schriftstellern aufgegriffen, die im Diskussionsband *Tristesse Royale* überlegen, wie es wäre, Soldat zu sein – verwundert hat mich allerdings, dass einige vom Soldatsein fasziniert sind. Doch der Krieg ist nicht das, was meine Generation zusammenhält. Was uns vereint? Der Publizist Joachim Fest hat einmal in einem Interview auf diese Frage geantwortet: »Wenn ich das wüsste. Der Wohlstand? Das ist das letzte Ziel, auf das man sich noch verständigen kann. Zum Glück, das dieses Land hatte und noch hat, gehört, dass es nie eine ernsthafte Krise bestehen musste.«

Doch was wird uns fortan zusammenhalten? Schließlich ist der kleinste gemeinsame Nenner, der Wohlstand, an den wir uns gewöhnt haben, im Verschwinden begriffen – zumindest der gefühlte Wohlstand.

Wir müssen uns zunächst klar werden, woher wir kommen, bevor wir entscheiden können, wohin wir gehen wollen. Das zumindest sagt der Münchner Psychologe Wolfgang Schmidbauer, ein renommierter Therapeut, Jahrgang 1941, ein Experte auf dem Feld der Familienforschung. »Warum?«, frage ich ihn, und er antwortet: »Es geht darum, dass Eltern ihre Kinder meist als Antithese zu den Traumen der eigenen Biografie erziehen wollen. Wenn ich nun die Geschichte meiner Großeltern kenne, dann kann ich einschätzen, welche Antithesen meine Eltern verarbeiten müssen, und auf diese Weise das Verständnis für eigene Prägungen vertiefen.«

Schmidbauer hat seinen Vater, der im Zweiten Weltkrieg gefallen ist, nie kennen gelernt. Darüber hat er Ende der Neunziger ein außergewöhnliches Buch geschrieben: *»Ich wusste nie, was mit Vater ist.« Das Trauma des Krieges*.

Das ist der Grund, warum ich die Alten nach ihrer Jugend im Dritten Reich und im Krieg – ihren prägenden Erlebnissen – fragen möchte. Ihre Erfahrungen spiegeln sich in unseren Eltern, in diesem Deutschland, in dem wir groß geworden sind, sie spiegeln sich direkt in meinem Leben.

Also begebe ich mich auf meine Reise. Ein Jahr fahre ich durch Deutschland, zu großen und kleinen Städten und durch Dörfer, bin in Hamburg und München, Frankfurt und Leipzig, Gießen, Kronberg, Starnberg und Berlin, um die Großväter zu treffen.

Es ist eine Reise in ein fremdes Land. Am Anfang fühlt es sich an, als ob da noch ein zweites Deutschland existiere, wie unter einer unsichtbaren Folie versteckt. Ein Deutschland, das auf den ersten Blick nichts mit der Gesellschaft von heute zu tun hat, ein Land, in dem von Ostfronten, Fahnenjunkern und Pimpfen die Rede ist. Aber je länger die Reise dauert, desto weniger fremd erscheint es mir. Es ist, als ob dieses zweite Deutschland näher an mich heranrücke, bis ich begreife, dass es sich nicht um ein zweites Land handelt. Sondern um meine Heimat, meine Familie, meine Wurzeln.

Die Vergangenheit ist Teil meiner Identität – das ist nicht immer ein angenehmes Gefühl. Aber sich deshalb nicht damit zu beschäftigen wäre feige.

Ich spreche mit den Großvätern, die Deutschland geprägt haben. Ich spreche mit dem früheren Bundespräsidenten Richard von Weizsäcker, dessen Bruder schon am zweiten Kriegstag 1939 erschossen wurde – er stand dabei nur wenige hundert Meter entfernt von ihm. Ich lasse mir vom Hitler-Biografen Joachim Fest erklären, warum ein anderer Soldat – obwohl 1945 gefallen – bis heute sein bester Freund geblieben ist. Egon Bahr, enger Berater Willy Brandts, erzählt, warum er bis heute von einem Jagdflieger-Angriff träumt. Der Politologe Iring Fetscher führt aus, wie viel Spaß ihm das Schießen damals machte. Der Erfinder von *Derrick*, Herbert Reinecker, spricht über die schrecklichen Kriegserinnerungen, die ihn in letzter Zeit immer wieder des Nachts heimsuchen. Der Literaturkritiker Hellmuth Karasek kann noch sämtliche Dienstgrade der Wehrmacht in der richtigen Reihenfolge aufzählen. Der Psychoanalytiker Horst-Eberhard Richter erzählt von einem Soldaten, der im Krieg gefallen ist, und muss plötzlich anfangen zu weinen. Und Erich Loest, Schriftsteller, versucht, mir klar zu machen, wie man in einem Leben begeisterter Nazi, begeisterter Kommunist und dann ein Fan von Gerhard Schröder sein kann.

Ich sitze all diesen Männern gegenüber, und natürlich denke ich, wie wenig ich bisher durchmachen musste. Sie alle standen auf eine gewisse Weise auf der Seite der Täter. Ich hätte auch die Opfer fragen können, doch meine Familie gehörte nicht zu den Opfern. Deshalb also nur die Täter, vielleicht erfährt so ein junger Deutscher mehr über sich, als ihm lieb ist – vielleicht ist aber auch alles viel zu lange her, um meine Gegenwart zu erklären.

Meine Generation? Martin Walser, Jahrgang 1927, hat in der *Frankfurter Allgemeinen Zeitung* etwas pathetisch vom »Geschichtsgefühl« seiner Generation geschrieben: »Eine Zugehörigkeit muss man erleben, nicht definieren. Auch die Zugehörigkeit zu einem Geschichtlichen hat man nicht zuerst als Erkenntnis parat, sondern als Empfindung, als Gefühl.«

Ich würde gerne herausfinden, wie das Geschichtsgefühl meiner Generation ist. Wie unterscheidet es sich von dem der Großväter? Wo kollidiert es? Der Maler Norbert Bisky, Jahrgang 1970, zeigt auf seinen Gemälden blonde Jungen mit blauen Augen, Seitenscheitel und ausrasiertem Nacken, so wie auch auf *alle wollen den Führer sehen*, das auf dem Buchumschlag zu sehen ist. Er mischt die Ästhetik der Dreißigerjahre mit moderner Werbeoptik und versucht so, die Welten der Jungen und Alten, die verschiedenen »Geschichtsgefühle« aufeinander prallen zu lassen. Bisky hat eines seiner Bilder *Morgen tanzt die ganze Welt* genannt. In einem *taz*-Gespräch mit der Autorin Nike Breyer sagte er, er finde, der Titel klinge sehr bedrohlich, wenn man ihn als Anspielung auf »diese schreckliche Zeile aus dem NS-Lied ... *und morgen die ganze Welt*« verstehe. Nike Breyer antwortete ihm, sie erinnere der Titel eher an die Love Parade.

Hat Norbert Bisky Recht, spiegelt sich in meiner Generation die Jugend unserer Großväter? Auf der Suche nach den Antworten treffe ich die Um-die-Dreißigjährigen. Ich befrage Bundeswehrsoldaten, die als erste deutsche Soldaten seit 1945 wieder in den Krieg ziehen. Auf der größten Computerspielemesse der Welt unterhalte ich mich mit den Machern des Internet-Fernsehsenders GIGA TV über den Krieg in unseren Köpfen. Ich streite mit Freunden, wenn sie plötzlich sagen, man dürfe Israel ja gar nicht laut kritisieren, und die jüdische Lobby in Amerika habe zu viel Macht.

Gegen Ende der Reise treffe ich Martin Jünger, den Enkel des Schriftstellers Ernst Jünger, und als ich mit ihm in einem Café in Berlin-Kreuzberg sitze, wird mir bewusst, wie mich dieses Jahr verändert hat. Ich bin mir nicht sicher, ob ich mir selbst fremd geworden bin oder ob mir der, der ich vor der Reise war, heute fremder ist, als ich mir je habe vorstellen können.

Als Richard von Weizsäcker von seiner Angst im Dritten Reich erzählt, höre ich ihn immer wieder kichern

Mitten in unserem Gespräch fragt mich Richard von Weizsäcker plötzlich, ob ich mir etwas unter dem Begriff »Regiment« vorstellen könne. Bevor ich antworte, spricht er weiter: »Natürlich nicht! Das verlangt ja auch kein Mensch!« Er sagt das in einem leicht schnippischen Ton und meint wahrscheinlich das genaue Gegenteil. Dann erklärt er: »Ein Regiment ist eine Einheit von ungefähr dreitausend Leuten, bestehend aus drei Bataillonen zu je rund siebenhundert Mann. Dazu kommen noch Kompanien, und über allem ist der Regimentsstab, an dessen Spitze der Regimentskommandeur steht. Den Stab leitet der Regimentsadjutant.« Ein wichtiger Mann sei das, fährt er fort, er sei für die Personalordnung der Offiziere zuständig. Er müsse die Befehle, die, wie von Weizsäcker das formuliert, »von hinten« kommen, für jedes Bataillon umschreiben. »Von hinten«, damit meint er, dass das Regiment »vorn« steht – an der Front. »Der Regimentsadjutant ist also«, beschließt er seine kleine Lektion, »eine Art Mini-Generalstabsoffizier des Regiments.« Einer seiner Vorgänger, sagt er noch, war Wolf Graf von Baudissin, der Jahre später ein Vordenker der Bundeswehr werden sollte. Es schwingt Stolz in seiner Stimme mit.

Richard von Weizsäcker, einer der populärsten Bundespräsidenten, war so »eine Art Mini-Generalstabsoffizier«. 1939, zu Beginn des Zweiten Weltkriegs, wurde er eingezogen, er hatte gerade ein Jahr Arbeitsdienst hinter sich. Der Soldat von Weizsäcker diente wie auch sein Bruder Heinrich im neunten Potsdamer Infanterieregiment, einer speziellen Einheit der deutschen Wehrmacht. Weil nirgendwo sonst im Land so viele adelige Soldaten versammelt waren, nannte der Volksmund es »Graf neun«. Es war preußisch geprägt, »und kein anderer Truppenteil«, sagt Richard von Weizsäcker, »hatte zahlenmäßig und konzeptionell so eng mit dem 20. Juli 1944 zu tun«, dem gescheiterten Attentat auf Adolf Hitler.

Wir sitzen in seinem Arbeitszimmer im Magnus-Haus, Am Kupfergraben in Berlin-Mitte, direkt an der Museumsinsel. Landschaftsbilder hängen an der Wand, ein Teppich liegt auf dem Boden, gleich links neben dem Eingang steht sein Schreibtisch. Als der Regisseur Max Reinhardt hier wohnte, war dieser Raum ein Kinderzimmer.

Bevor ich überhaupt meine ersten Fragen stellen kann, hat er schon die Führung des Gesprächs übernommen. Zunächst einmal, junger Mann, sagt Weizsäcker, »möchte ich sagen, dass ich in einer recht untypischen Weise herangewachsen bin. Als Hitler an die Macht kam, war ich zwölf, und vom Tag seiner Machtergreifung bis zum 8. Mai 1945 war ich fast keinen Tag als Zivilist in Deutschland.« Das scheint ihm wichtig zu sein. Er will das offenbar gleich loswerden, damit er es nicht vergisst. Man kennt das von Politikern, die auf Fragen antworten mit: »Bevor ich auf Ihre Frage zurückkomme, möchte ich zunächst…« Er hat gesagt: recht untypische Weise – was bedeutet das? »Ich war entweder auf der Schule in der Schweiz, von 1933 bis 1936, oder als junger Student in Frankreich und England. Von 1938 an war ich in Uniform, zunächst als Rekrut, später wurde ich Reserveoffizier. Die Nazi-Zeit habe ich nicht allein durch den *Völkischen Beobachter* wahrgenommen, sondern ich las vor dem Krieg auch englische und französische Zeitungen.«

Er sagt das alles sehr bestimmt, und immer wieder sieht er auf das Tonbandgerät. Ja, es zeichnet auf. Er wird den Ausdruck von »einer recht untypischen Weise« noch öfter verwenden, wenn er über sein Leben spricht, und man kann auf den Gedanken kommen, dass hier eine gewisse Eitelkeit über das Erreichte mitschwingt.

Richard Freiherr von Weizsäcker wurde am 15. April 1920 im Stuttgarter Schloss geboren. Die Weizsäckers sind eine bekannte Theologen- und Juristenfamilie aus dem Württembergischen. Sein Großvater Carl war Ministerpräsident von Württemberg, sein Vater Ernst langjähriger Staatssekretär im Auswärtigen Amt, und einer seiner Brüder, Carl Friedrich, arbeitet als Physiker und Philosoph. Doch Richard, das Jüngste der Geschwister, hat sie alle übertroffen: Nach einem Studium der Rechtswissenschaften begann er zuerst eine Laufbahn in der Wirtschaft, 1966 wurde er in den Bundesvorstand der CDU gewählt, saß von 1969 bis 1981 im Bundestag und regierte von 1981 an das damalige Westberlin. Drei Jahre später wurde er schon im ersten Wahlgang mit großer Mehrheit zum sechsten Bundespräsidenten gewählt. Er blieb es bis 1994.

Ich bin aufgeregt. Richard von Weizsäcker ist der Politiker, dessen Name ich schon als Kind kannte. Eines Tages, als von Weizsäcker im Fernsehen zu sehen war, sagte mein Vater: »Ein guter Mann, ein guter Mann.« Ich verstand damals nicht genau, warum. Ich wusste von ihm nur, dass er die Urkunden unterschrieb, die einem in der Schule überreicht wurden, wenn man an den Bundesjugendspielen teilgenommen hatte.

Was meinen Vater beeindruckt hatte? Der Bundespräsident hatte gerade seine bis heute berühmteste Rede gehalten, die Rede zum vierzigsten Jahrestag der Kapitulation vom 8. Mai 1945. Sie macht deutlich, warum Richard von Weizsäcker bis heute verehrt wird: Er erklärte den Deutschen, warum dieser Tag zwar kein Tag zum Feiern, aber ein Tag der Befreiung sei. Er benannte schonungslos die Verbrechen des NS-Regimes und sprach von Verantwortung, die die Deutschen übernehmen müssten, aber klagte nicht an. Er nahm, wenn man so will, die Deutschen in den Arm, drückte sie einmal fest und erläuterte ihnen dann – so als spreche er zu Kindern –, wie man sich zu verhalten habe. Meinen Vater hat das offenbar berührt. Ich frage mich nur, warum eine solche Rede erst vierzig Jahre nach Kriegsende gehalten wurde. Vierzig Jahre! Wie, bitte schön, war denn die Zeit dazwischen?

Ich sage ihm, dass ich mit ihm über Freundschaft reden möchte. Er solle einen guten Freund aus Kriegstagen gehabt haben, der ihn sein ganzes Leben lang begleitete. Axel Freiherr von dem Bussche flog sogar als Privatmann an der Seite des Bundespräsidenten auf vielen Dienstreisen ins Ausland mit, sie saßen gemeinsam im Rat des Deutschen Evangelischen Kirchentags und besuchten bereits 1983 offiziell die DDR.

»Der Axel.« Mit diesen zwei Worten verschwindet der lehrerhafte Tonfall, seine Stimme rutscht um eine halbe Oktave nach unten. »Er war mein ältester und ohne Zweifel nächster Freund. Er war ungefähr zwei Meter groß.« Richard von Weizsäcker strahlt an diesem Nachmittag zum ersten Mal über das ganze Gesicht. »Er stammte aus dem Harz, vom Land, und war fast genau ein Jahr älter als ich. Er hatte das Glück, am 20. April Geburtstag zu haben, am selben Tag wie der Führer. Als ich ihn kennen lernte, war er Offiziersanwärter im neunten Regiment. Ein ruhiger Draufgänger, wissen Sie, ein nicht durch Gedankengänge, sondern durch seine Empfindungen und seinen Charakter geprägter Mensch.« Jetzt macht von Weizsäcker eine kurze Pause. Ein paar silberne Strähnen sind ihm ins Gesicht gerutscht. Jung sieht er plötzlich aus, wie ein kleiner Junge, der vom älteren Bruder schwärmt. Er sagt: »Axel war ein Held.«

Ein durch seine Empfindungen geprägter Mensch, kann er das erklären? Als junger Leutnant, erzählt von Weizsäcker, war von dem Bussche Zugführer in einer Kompanie, »und er stakste wie die Offiziere vom Alten Fritz im Dritten Schlesischen Krieg seinem Haufen voran«. Mit der Folge, dass er sechsmal verwundet wurde, zweimal allein wurde seine Lunge durchschossen. Während von Weizsäcker das sagt, reckt er seine Brust vor, als wolle er deutlich machen, dass dazu eben wirklich Mut gehört. »Er war eine Schießscheibe, auf Deutsch gesagt. Für ihn wurde es im Laufe des Krieges immer deutlicher, dass wir in der Falle saßen. Als Vorgesetzter bekam man von hinten Befehle, an deren Unverantwortlichkeit man kaum zweifeln konnte. Was sollte man denn machen? Es blieb nur, sich selbst an die Spitze der Befehle zu stellen, sonst kann man den anderen die Ausführung nicht abverlangen.«

Er fährt mit der Hand durch seine Haare, die Frisur sitzt wieder. Kleine Gesprächspause. Was denkt einer wie er von dem jungen Mann, der jetzt vor ihm sitzt, von dem er wahrscheinlich annimmt, ihm werde schon beim Anblick von Blut schlecht? Merkwürdig: Manchmal glaube ich, aus seinen Erzählungen einen Vorwurf herauszuhören. An wen der sich richtet? Er spricht ihn in meine Richtung, aber an mir muss er abprallen. Ich gehöre zu der Welt draußen, in der man über »Miles & More«-Karten und Fernsehduelle der Kanzlerkandidaten diskutiert, doch hier drinnen geht es um Lungendurchschüsse. Um noch eins draufzusetzen, sagt der Altbundespräsident: »Einmal wurde Axel an der Hand verwundet, in Frankreich oder Russland war das. Sein rechter Daumen hing offenbar nur noch an einem Hautfetzen. Er muss ihn sich vollends selbst abgeschnitten haben. Er hatte nur vier Finger, so gab er einem die Hand.« Ich sehe auf von Weizsäckers Hände, feingliedrig, unversehrt.

Wird man so zum Helden im Krieg? Man wirft sich dem Feuer entgegen, weil man nur so ertragen kann, dass man andere in den Kugelhagel schicken muss? Im Fall von Axel von dem Bussche lässt sich noch eine andere Erklärung finden: Im neunten Regiment gab es einen älteren Reserveoffizier, Friedrich Werner Graf von der Schulenburg, der wiederum Kontakt hatte zu Claus Graf Schenk von Stauffenberg. »Von Stauffenberg, von der Schulenburg, von dem Bussche«, Richard von Weizsäcker klopft zu jedem Namen auf den Tisch, wie zum Rhythmus eines Liedes, das nur er kennt. Dieser Kreis hatte einen Plan: Hitler sollte bei der Vorführung neuer Uniformen – einer Art Modenschau – durch eine Bombe getötet werden. Man suchte nach einem jungen Soldaten, der bereit dazu war, sein Leben zu geben – er müsste sich ja mit Hitler in die Luft sprengen. Man kam schließlich auf Axel von dem Bussche. Er akzeptierte und wurde dafür von der Front zurück nach Berlin beordert. Doch vierundzwanzig Stunden vor dem geplanten Attentat wurden die neuen Uniformen, die in einem Eisenbahnwaggon gelagert wurden, bei einem Luftangriff zerstört. Von dem Bussche kehrte zu seinem Regiment zurück, er kam mit dem Leben davon.

Noch einmal sollte sein Leben auf der Kippe stehen: Bei seiner letzten Verletzung, er wäre beinahe verblutet, musste ihm das Bein abgenommen werden. Während von Weizsäcker davon erzählt, zieht er seine Hose hoch und zeigt auf das Gelenk: »Ein Bein war schwer beschädigt. Es musste ihm bis oben amputiert werden. Er war kurz und klein geschossen.« Der schwer Verletzte kam ins SS-Lazarett Hohenlychen nördlich von Berlin und wurde dort gepflegt. Das Lazarett hatte unter Soldaten einen sehr guten Ruf, erzählt von Weizsäcker, man habe erst später erfahren, dass dort grausame Menschenversuche unternommen wurden.

Dann kommt der 20. Juli 1944, das Attentat auf Adolf Hitler misslingt, viele aus dem Kreis um Graf Schenk von Stauffenberg werden verhaftet und hingerichtet. Kurz darauf wird Richard von Weizsäcker von einem Führungsoffizier der Division angesprochen, er könne sich doch auch erinnern, dass vor ein paar Monaten ein Fernschreiben aus Berlin gekommen sei. Der

Hauptmann Axel von dem Bussche solle sich sofort da und da melden, unterzeichnet von Graf Schenk von Stauffenberg. »Ich dachte, jetzt ist es aus«, sagt von Weizsäcker und fängt plötzlich an zu kichern, leise, ganz leise. Ich frage ihn, was er geantwortet hat, und er sagt, daran könne er sich nicht mehr erinnern. Kurze Zeit später wurde der Nazi-Aufpasser selbst vor den Volksgerichtshof zitiert, weil er unter Verdacht geraten war, mit den Attentätern kollaboriert zu haben. Wieder dieses Kichern. »Er hat jedenfalls niemandem etwas von dem Fernschreiben gesagt, hehe.«

Ob Richard von Weizsäcker sein Kichern selbst hören kann? Es klingt wie das Pfeifen eines Kindes, das gerade in einen dunklen Keller hinuntersteigt. Dort sind die Erinnerungen eines Soldaten. Und die Angst, Herr Regimentsadjutant?

Der junge Soldat von Weizsäcker musste nicht lange warten, um das wahre Gesicht des Krieges kennen zu lernen. Schon am zweiten Kriegstag 1939 erreicht ihn die Nachricht, dass nur wenige hundert Meter Luftlinie von ihm entfernt sein älterer Bruder Heinrich tödlich getroffen wurde. »Es war der Bruder, der mir am nächsten war«, wieder das Kichern, »er war in gewisser Weise dem Axel nicht unähnlich, auch sehr groß und kräftig, auch ein wunderbarer Charakter.« In seinen Erinnerungen *Vier Zeiten* schreibt von Weizsäcker über diesen Moment: »In der Nacht wachte ich bei ihm, dem heiß geliebten Bruder, bis wir ihn morgens zusammen mit den anderen Gefallenen am Waldrand begruben. Dann mussten wir weiterziehen. Wer könnte die Empfindungen dieser Stunden beschreiben? Kaum hatte der Krieg begonnen, hatte er mein Leben schon für immer geprägt; es war nie mehr dasselbe wie zuvor.« Nun trat Axel von dem Bussche an seine Seite und wurde eine Art neuer Bruder. Ich versuche mir das vorzustellen: Du begräbst deinen Bruder, hast aber keine Zeit, um ihn zu trauern.

Später, Ende der Fünfzigerjahre, hat Helmut Schelsky von Weizsäckers Generation die »skeptische Generation« genannt, weil sie allem Pathos und jeglichen Utopien abgeschworen hatte. Gefühle waren ihnen fremd, zu früh hatten sie in ihrem Leben gelernt, wohin die Verführbarkeit den Menschen führen kann. Schon früh muss diese Skepsis eingesetzt haben – eine Art Schutzwall, den sie um sich selbst zogen. In seinem Buch *»Ich wusste nie, was mit Vater ist.« Das Trauma des Krieges* belegt der Psychologe Wolfgang Schmidbauer diesen Vorgang mit dem Begriff »Zentralisation«. Eigentlich stammt der Begriff aus der Unfallmedizin: Wenn der Kreislauf eines Menschen gefährdet ist, werden nur noch lebensnotwendige Organe durchblutet. Dadurch wird der Tod zwar aufgehalten, zugleich werden jedoch die unterversorgten Organe dauerhaft geschädigt. Schmidbauer überträgt dies auf das Innenleben eines Menschen, dessen Überleben immer wieder aufs Neue gefährdet wird: »Die Fantasie- und Gefühlstätigkeit wird eingeschränkt auf das lebensnotwendige Minimum.«

Richard von Weizsäcker würde das sicher nicht für sich gelten lassen. Ich bitte ihn ein zweites Mal, seine Angst von damals zu beschreiben. Schließlich erklärte einmal der Altbundeskanzler Helmut Schmidt – er war 1944/45 als Oberleutnant und Batteriechef an der Westfront eingesetzt –, dass er später nie wieder Angst gespürt habe, so schlimm sei der Krieg gewesen. »In gewisser Weise war es für Soldaten draußen im Feld leichter«, sagt von Weizsäcker. »Wirklich schlimm war es doch für die Mütter, die Geschwister, die Kinder zu Hause. Wie jeder Soldat hatte auch ich mal Urlaub. Es war schön, wieder im eigenen Bett zu liegen, die Liebe der Angehörigen zu spüren. Aber …« Aber? »Im eigenen militärischen Umkreis war es selbstverständlich, den Gefahren an der Front ausgesetzt zu sein, darauf hat man sich eingestellt, und das war's. Das war leichter als für die Leute zu Hause.« Eine geschickte Antwort – er berichtet lieber von den Ängsten anderer als von den eigenen.

Aber kann man nicht trotzdem Angst haben, auch wenn man ein Soldat ist, der sich »darauf eingestellt« hat?

»Die Angst, die man hat, wenn die Luft eisenhaltig wird, die ist bei Soldaten normal. Kriegsangst«, er kichert. Das klingt nach einem Spruch aus einem Cowboyfilm. Versuchen wir es anders: »Können Sie eine Szene beschreiben, in der Sie Angst hatten?«

»Es geht um Erfahrung. Es gibt da einen berühmten Satz: ›Man hört die Kugel nicht, die einen trifft.‹ Waren Sie mal Soldat?«

»Nein«, sage ich. Und denke: Ich bin Kriegsdienstverweigerer und hatte das letzte Mal als Kind an Fasching eine Pistole in der Hand. Als man sich dann ein halbes Jahr vor dem Abitur zwischen Bund und Zivildienst entscheiden musste, war ich sehr verwundert, dass sich tatsächlich eine Hand voll Schüler aus meinem Jahrgang freiwillig zur Bundeswehr meldete. Eine Hand voll von vielleicht fünfzig. Soldat? Nichts erschien mir damals fremder, und daran hat sich auch bis heute nichts geändert.

»Bei einem Maschinengewehr gibt es erstens den Abschussknall und zweitens den Geschossknall. Die Patrone fliegt aus dem Gewehrlauf raus, ihrem Ziel entgegen. Während des Fliegens erzeugt sie den Geschossknall. Wenn ich den höre, weiß ich, sie fliegt an mir vorbei. Manchmal hört man sogar die Flugbahn, dann kann man auch sagen, die trifft dich nicht.« Pause. »Die Kugel, die einen trifft, hört man nicht.«

Und wie ist er damit umgegangen? »Mit Angst kann man am besten umgehen, wenn man Verantwortung für andere übernimmt. Denen soll und darf man seine Angst nicht zeigen.« Er sieht auf die Uhr.

Es ist ihm unangenehm, darüber zu reden, Angst, Schwäche, er schiebt das von sich weg. Warum? Hat er vielleicht mehr Angst vor seinen Gefühlen? Man verdrängt seine Angst, indem man nicht nur versucht, seine eigene Haut zu retten, sondern vornehmlich die der Untergebenen. So dachte wahrscheinlich Axel von dem Bussche, als er sich in die erste Reihe seiner Truppe stellte.

Nach Kriegsende meldete sich von dem Bussche, sechsundzwanzig Jahre alt, bei dem ein Jahr jüngeren von Weizsäcker, der sich bei Verwandten am Bodensee aufhielt. Wie von dem Bussche war auch von Weizsäcker verwundet worden, zweimal. Er solle nach Göttingen kommen, an die Universität, schrieb Axel Richard, und der zögerte nicht lange. Im Wintersemester 1945/46 fingen beide dort mit dem Studium an. Der Journalist Mainhardt Graf von Nayhauss-Cormons beschreibt in seiner Studie *Zwischen Gehorsam und Gewissen. Richard von Weizsäcker und das Infanterieregiment 9* die Szenerie in Göttingen: »Die meisten Studierenden waren ehemalige Kriegsteilnehmer. Sie trugen umgefärbte Militärklamotten. Alle Studenten hatten politisch einen großen geistigen Nachholbedarf. Im Sommer diskutierten sie manchmal, auf Mülltonnen sitzend, bis drei Uhr nachts.« Und sie wählten Axel von dem Bussche zum AStA-Vorsitzenden. »AStA – gibt's das heute noch?«, fragt mich von Weizsäcker. »Ja.«

»Der Axel hielt sehr bald eine Rede, die den Titel trug: ›Eid und Schuld‹. Er hat mir nach dem Krieg immer wieder gesagt, sein Fazit sei: ›Wir haben überlebt, und das ist unsere Schuld.‹ So war der Kerl.«

Von dem Bussche, so scheint es, war der, der den beiden voranschritt. Irgendwann später muss sich ihr Verhältnis umgedreht haben, und aus dem Bewunderer von Weizsäcker wurde der Politiker, der Regierende Bürgermeister, der Bundespräsident. Obwohl er seinen ganz eigenen Weg gewählt hat, wird man das Gefühl nicht los, dass er all die Jahre versucht hat, seinem neuen Bruder nachzueifern.

Wie würde er selbst die Freundschaft zu Axel von dem Bussche beschreiben? »Er war der starke Charakter, der meinem Denken und Handeln die entscheidende Richtung gab. Ich habe vielleicht manchmal länger nachgedacht als er, aber die Orientierung des Denkens musste sich vor seinem Wesen bewähren.«

Nun steht von Weizsäcker nicht im Verdacht, Landsergeschichten über alles zu lieben, aber ich sitze vor ihm auf seiner Besuchercouch, und der »gute Mann«, von dem mein Vater sprach, erscheint in einem neuen Licht. Selbst einen rationalen Intellektuellen wie ihn hat diese Zeit geprägt wie keine andere. Auch wenn er selten darüber gesprochen hat, so kann man den Politiker von Weizsäcker wahrscheinlich nur verstehen, wenn man etwas vom Soldaten von Weizsäcker weiß. In Polen wurde sein Bruder erschossen – er hat sich später intensiv um die Aussöhnung zwischen Deutschen und Polen bemüht. Ihm wurde die Jugend genommen – er hat sich in seinen ersten Jahren als Präsident vor allem mit jungen Deutschen getroffen, um ihnen das Gefühl zu vermitteln, es höre ihnen wenigstens jemand zu.

Und er sprach zu allen. Hunderte von Reden hat er gehalten, und mit einer hat er es in die Geschichtsbücher geschafft. Am 8. Mai 1985, vierzig Jahre nach Kriegsende, stand er am Pult des Bundestags und tat das, was er am liebsten tut: die Richtung vorgeben. Drei Tage zuvor hatte der damalige Bundeskanzler Helmut Kohl mit dem amerikanischen Präsidenten Ronald Reagan den Soldatenfriedhof von Bitburg besucht, wo auch Angehörige der Waffen-SS beerdigt sind. Es kam deshalb zu vielen Protesten und Gegendemonstrationen. Richard von Weizsäcker sprach also mitten hinein in eine heiße Debatte, packend und zugleich beschwichtigend. Das Kriegsende habe »uns alle befreit von dem menschenverachtenden System der nationalsozialistischen Gewaltherrschaft« und stelle »große Anforderungen an unsere Wahrhaftigkeit«. Er gedenkt darin der sechs Millionen Juden, die in den Konzentrationslagern ermordet wurden, überhaupt aller Opfer, russischer und polnischer Soldaten, Sinti und Roma, Homosexueller und Widerständler; er spricht von einem

»unübersehbar großen Heer der Toten« und einem »Gebirge menschlichen Leids«. Und gleich zu Anfang erteilt er uns einen Auftrag: Der 8. Mai sei »ein Tag des Nachdenkens über den Gang der Geschichte. Je ehrlicher wir ihn begehen, desto freier sind wir, uns seinen Folgen verantwortlich zu stellen.«

Warum mich das so bewegt? Vielleicht, weil ich an all die Sozialkunde-, Religions- und Geschichtslehrer denken muss, die uns zwar die Fakten erklärt, zugleich aber die Moralkeule über den Kopf gehauen hatten, sodass es uns schwer fiel, Konsequenzen für unser Leben daraus zu ziehen. Nie wurde diese Geschichte zu unserer Geschichte gemacht: Wir sahen in den unzähligen Dokumentationen über das Dritte Reich schwarzweiße Bilder von Menschen, die nachts in Uniformen und mit Fackeln in der Hand durch die Straßen ziehen. Wer waren diese Menschen, wie lebten sie? Das alles hatte keinen Platz im Unterricht, doch genau das hätte uns wirklich erreicht. Und so sitze ich nun Jahre später hier in Berlin und denke: Warum gab es nicht mehr Lehrer wie Richard von Weizsäcker?

Wenn man die Rede ein paar Mal liest, hört man von Weizsäcker nicht nur zu seiner Generation sprechen, zu seinem Freund Axel, seiner Familie – sondern vor allem auch zu seinem Vater.

Ernst Freiherr von Weizsäcker hatte in den späten Dreißigerjahren dem Hitler-Apparat als Staatssekretär im Auswärtigen Amt gedient und war damit der höchste Beamte unter dem Reichsaußenminister Joachim von Ribbentrop. Obwohl alles andere als ein gläubiger Nazi, wurde er nach dem Krieg für seine Mitarbeit in Nürnberg als Kriegsverbrecher angeklagt und 1949 zu sieben Jahren Gefängnis verurteilt. Bereits ein Jahr später entließ man ihn. Er starb 1951. Sein Sohn Richard und dessen bester Freund Axel waren vor Gericht seine Verteidiger gewesen.

In der von Martin Wein geschriebenen Familienbiografie *Die Weizsäckers* wird Ernst, der Vater, mit dem Satz zitiert, er habe

»viel gewusst, manches geahnt, vieles aber weder gewusst noch geahnt noch auch für möglich gehalten«. In der Rede seines Sohnes heißt es: »Es gab viele Formen, das Gewissen ablenken zu können ...«, und dann: »... beriefen sich allzu viele von uns darauf, nichts gewusst oder auch nur geahnt zu haben.« Die Rede wurde damals gleichermaßen in Deutschland und im Ausland gefeiert.

Wenn Richard von Weizsäcker heute über seinen damaligen Auftritt redet, sagt er nur – ein wenig kokett –, er habe 1985 mal eine Rede gehalten. Er erwähnt nicht, dass sie sich als Buch über zwei Millionen Mal verkauft hat. Er betont hingegen, dass sie nicht von allen positiv aufgenommen wurde. Helmut Schmidt etwa, »ein charakterstarker, mutiger Mann«, nehme ihm die Rede bis heute übel: »Er kritisierte einiges daran.« Er habe da etwas gesagt, was er nicht hätte sagen dürfen. Und dann lehnt er sich zurück, schließt kurz die Augen, wohl, um sich zu erinnern, und zitiert sich selbst: »Wer seine Ohren und Augen aufmachte, wer sich informieren wollte, dem konnte nicht entgehen, dass Deportationszüge rollten.«

Helmut Schmidt sprach ihn auf die Stelle an. »Er sagte zu mir: Ich hatte offene Augen und offene Ohren, und ich habe keine rollen gesehen. Wie kommst du dazu, so etwas zu sagen?« Natürlich, daraufhin Weizsäcker, habe er nicht über die paar abgelegenen Ortschaften gesprochen, an denen keine Zuglinien vorbeikamen.

Unser Treffen nähert sich dem Ende. Deutschland hat sich seit 1985 verändert: Westen und Osten sind vereinigt, und dieses Land, das nie wieder in den Krieg ziehen wollte, stationiert seine Soldaten nun in Afghanistan, auf dem Balkan und in Afrika. Und verwunderlicherweise fürchtet das Ausland die deutschen Soldaten nicht mehr, im Gegenteil, man fordert sie wie auch etwa bei England und Frankreich ein.

Meine Generation, sage ich zu ihm, ist die erste Generation seit Hitler, die sich darauf einstellen muss, in Kriegsgebiete zu ziehen, wenn auch unter komplett anderen Vorzeichen.

»Kann sein, ja.« Er klingt müde. »Aber das ist doch ganz und gar unvergleichbar. Deutsche Soldaten in Mazedonien unterstützen den Wiederaufbau, eine sinnvolle Tätigkeit.«

»Aber«, wende ich ein, »trotzdem kommen erste deutsche Soldaten als Tote zurück. Darüber spricht man nicht, das ist doch merkwürdig.«

»Sie dürfen das nicht miteinander verwechseln«, sagt er.

Im Mai 2000 hatte der ehemalige Soldat von Weizsäcker wieder einmal einen militärischen Auftritt. Eine Kommission legte unter seiner Leitung ein Papier zur Reform der Bundeswehr vor. Bei der Pressekonferenz ließ er Kanzler und Verteidigungsminister »stillstehen«, wie die *Süddeutsche Zeitung* schrieb. Mehr Berufssoldaten und weniger Wehrpflichtige forderte die Kommission. Er, der erfahrene Regimentsadjutant, auf der einen und auf der anderen Seite die Schröders und Scharpings, die nie ein Verhältnis zum Militär entwickelt hatten. In der zweiten Regierung Schröder/Fischer stehen seine Pläne wieder im Raum.

Ich komme doch noch mal auf meine Generation zu sprechen. Haben ihn seine Kinder nach der Kriegszeit gefragt, was wollten sie wissen?

»Ich habe nie eine Antwort verweigert. Ich bin allerdings auch selten gefragt worden.« Warum nicht? »Das weiß ich auch nicht.« Seine Stimme wird leiser. »Meine Kinder sind geboren zwischen 1954 und 1960. Der Älteste war etwa 1974 zwanzig Jahre alt, da haben wir über die Gipfelkonferenz von Helsinki gestritten und über die Ostverträge, über den Kalten Krieg – aber nie über damals. Und wissen Sie, warum sollten Geschichten aus dem Krieg, die verbunden sind mit dem verbrecherischen Charakter der Nazi-Zeit, meinen Kindern eine Lehre sein? Das war doch eine vollkommen andere Zeit.«

Am liebsten würde ich aufstehen, zum Bücherregal gehen, seine Rede von 1985 herausziehen und sie ihm vorlesen, wenigstens diesen einen Satz: *Weil wir nur frei sein können, wenn wir uns damit beschäftigen können.*

Ich traue mich aber nicht.

Beim Abschied, er steht auf und geht zu seinem Schreibtisch, hält er sich kurz die Hüfte. Sein Körper will nicht mehr so recht, und dabei schwimmt er doch für sein Leben gern. In seinen *Erinnerungen* erzählt er, wie er schwimmen gelernt hat. Sein Vater hatte ihn in der Mitte eines Tiroler Sees, in dem es angeblich Blutegel gab, losgelassen, mit dem Satz: »Bring dich vor dem Gewürm in Sicherheit.« Seitdem schwimmt er, immer zum rettenden Ufer. Das hat er übrigens einmal selbst als sein größtes Talent erkannt: das rettende Ufer zu erreichen – Lehren aus dem Krieg.

Warum wir lieber über Nutella-Gläser diskutieren, als unsere Großeltern nach Hitler zu fragen

Wie ist das beim Kennenlernen?

Man beobachtet sich, beginnt, sich zu unterhalten, aha, du bist ja fast genauso alt wie ich, und sofort sind sie da, die gemeinsamen Erinnerungen. Und das, obwohl wir doch hunderte von Kilometern voneinander entfernt aufgewachsen sind. Damals hing das gleiche *Bravo*-Poster in unseren Kinderzimmern. Wir sahen Fernsehserien wie *Hart, aber herzlich* und diese merkwürdigen Krimis *Soko 5113*, und wenn *Ein Colt für alle Fälle* lief, summten wir die Melodie mit: »'cause I'm the unknown stuntman, who makes Eastwood look so fine.« Die Mädchen verliebten sich in Limahl, die Jungs in Sophie Marceau. Wir trugen die gleichen Turnschuhe, schrieben mit den gleichen Füllern und gruselten uns vor dem Super-GAU, den Gudrun Pausewang in ihrem Kinderroman *Die Wolke* beschrieb.

Dieses gemeinsame Sich-Erinnern macht uns gute Laune. Es hat etwas Beruhigendes, denn so merken wir, dass wir nicht allein sind, auch früher nicht allein waren. Man war nicht das einzige Kind, das sich nachmittags aus lauter Langeweile die Sendepause anguckte, weil das Programm erst um sechzehn Uhr begann. Man war nicht als einziges Kind vom Papier des Nutella-Glases fasziniert. Und man war nicht das einzige Kind, das sich nichts sehnlicher wünschte als diese Turnschuhe, die eine kleine, mit einem noch kleineren Reißverschluss versehene Tasche in den Laschen hatten – diese Turnschuhe, wie hießen die doch gleich? Diese Unterhaltungen wirken merkwürdigerweise befreiend, gut, dass wir endlich darüber geredet haben. Woher nur kommt dieses Gefühl?

Meine Generation, die heute Um-die-Dreißigjährigen, hat dieses Spiel mit den Erinnerungen perfektioniert. Wir lieben es, das Leben als eine einzige Retrospektive zu betrachten. Das Fernsehen sendet für uns *Die 80er Show*, wir haben das Buch *Generation Golf* von Florian Illies zu unserem Bestseller erkoren, und in der Hitparade tauchen ununterbrochen Remixe von Songs auf, die wir noch aus Kindheit und Jugend kennen. Gerade in der Popmusik dokumentiert sich unsere Erinnerungssucht am deutlichsten. Die zeitlichen Abstände zwischen Original und Neufassung werden von Jahr zu Jahr kürzer. Längst werden nicht mehr nur Songs von Elvis, Mike Oldfield oder Nena neu aufgenommen. Die Soulsängerinnen von Destiny's Child legten unter einen ihrer Songs ein unauffälliges Zitat aus dem Achtzigerjahre-Sommerhit *Tarzan Boy*. Wir tanzen zu unseren Kindheitserinnerungen und merken es nicht einmal.

Wir wollen uns wohl fühlen, und das können wir nirgends besser als in unseren Erinnerungen – das macht uns erinnerungssüchtig. Es scheint, als suchten wir im Erinnern einen Halt, eine Identifikationsmöglichkeit. Unsere Eltern glaubten an Woodstock und an die freie Liebe, unsere Großeltern an den Nationalsozialismus und das deutsche Wesen. Wir glauben an Banalitäten aus unserer Kindheit und Jugend.

Unsere Leidenschaft für das Spiel der Erinnerungen gilt erstaunlicherweise nur für einen bestimmten Zeitraum. Neben den vielen Details aus der Spanne des eigenen Lebens erfreuen wir uns auch gerne an der Alltagskultur der Fünfziger-, Sechziger- und Siebzigerjahre. Wir zitieren Filme, Bücher, Platten, Mode und Werbung ohne Unterlass, wild durcheinander. Die

Schriftstellerin Marie Pohl etwa, Jahrgang 1979 und Tochter des bekannten Dramatikers Klaus Pohl, nannte in einem Interview als ihren Lieblingsfilm *Dirty Dancing* von 1987, und auf die Frage, welche Musik sie am liebsten höre, sagte sie: »Für mich ist es Hip-Hop und Reggae, obwohl ich zugeben muss, dass ich auch Oldies mag und spanische Zigeunermusik.« Vielleicht ist das ja das Prinzip unserer Generation: Patchwork – wir suchen uns überall etwas zusammen und machen etwas Eigenes daraus.

Warum aber greifen wir dabei nicht auf Elemente von vor den Fünfzigern zurück? Vielleicht weil die Popkultur, wie wir sie heute kennen, erst nach dem Krieg entstand. Das ist sicherlich eine Antwort. Wahrscheinlicher ist jedoch, dass wir einfach behaupten, Nutella hätte uns geprägt, um der Vergangenheit der eigenen Familie, der des ganzen Landes zu entfliehen. Nutella-Gläser wurden millionenfach verkauft, aber sie sagen letztlich nichts über uns aus. Es haben doch die Geschichten, die wir am Frühstückstisch von den Eltern oder Großeltern hörten, wesentlich mehr Einfluss auf unser Leben gehabt als der Brotaufstrich.

Seltsam: An amerikanischer, englischer oder südamerikanischer Literatur lieben wir genau das, die Familiensagas, über Generationen hinweg erzählte Geschichten von Liebe und Verrat, Trauer und Hass. Diese Erzählungen, aufgeschrieben von Philip Roth bis Jonathan Franzen, von Truman Capote bis Douglas Coupland, berühren uns. Doch warum schreiben dann jüngere deutsche Autoren so gut wie keine Familiengeschichten?

Warum haben wir das Gefühl, die Welt habe erst irgendwann in den Sechziger- und Siebzigerjahren angefangen zu existieren? Vielleicht damit wir uns keine Fragen stellen müssen, Fragen, die über die Bedeutung des Nutella-Papiers hinausgehen würden; Fragen, die darauf hindeuten könnten, dass unsere Identität nicht nur aus lustiger Alltagskultur besteht; Fragen, auf die man nicht so leicht mit ein paar Gags antworten kann.

Wir erinnern und erinnern und erinnern uns, wir hören gar nicht mehr damit auf. Das beschäftigt uns und liefert zugleich eine prima Ausrede, um uns nicht mit unseren Familien, unserer Geschichte befassen zu müssen. Wir klammern uns an Harmlosigkeiten, damit wir das Wesentliche ausblenden können.

Die Historiker Harald Welzer, Sabine Moller und Karoline Tschuggnall veröffentlichten 2002 eine bemerkenswerte Studie: *»Opa war kein Nazi.« Nationalsozialismus und Holocaust im Familiengedächtnis*. Für diese Untersuchung führten sie 40 Familiengespräche und 142 Interviews mit Familienangehörigen und befragten Großeltern, Kinder und Enkel zu ihrem Wissen über das Dritte Reich. Sie wollten herausfinden, wie sich der Umgang mit diesem Thema über drei Generationen hinweg verändert hat. Hierfür stellten sie folgende These auf: »Es gibt einen Unterschied im Bewusstsein über die Geschichte, der allzu oft übersehen wird, ein Unterschied zwischen kognitivem Geschichtswissen und emotionalen Vorstellungen über die Vergangenheit. Auf der Ebene emotionaler Erinnerungen scheinen sich Bindungskräfte und Faszinosa gegenüber der nationalsozialistischen Vergangenheit entfalten und erhalten zu können, die merkwürdig unverbunden mit dem Wissen über die Zeit sind, und zwar über Generationen hinweg.«

Das heißt: Einerseits wissen wir sehr viel Faktisches über das Dritte Reich. Andererseits versuchen wir um jeden Preis, das Zusammentreffen geschichtlicher Fakten mit unserer privaten Sphäre zu verhindern. Wir wollen nicht wissen, ob Täter oder Mitläufer mitten unter uns, vielleicht sogar in unserer eigenen Familie sind. Einerseits lehnen wir den Holocaust als furchtbares, in der Geschichte unvergleichbares Verbrechen ab. Andererseits sagen wir: Opa war kein Nazi. Diese zwei Ebenen wollen wir nicht zur Deckung bringen, wir diskutieren über das Dritte Reich öffentlich, aber nicht privat.

Da ist beispielsweise die Familie Eeven, die sogar in ihrem Urgroßvater einen Kritiker des Nationalsozialismus sieht. Else Eeven, Jahrgang 1922, sagt, ihr Vater sei ein »totaler Gegner« gewesen, er habe bereits 1934 gewusst, der Krieg werde kommen, »und den gewinnen wir nicht«. Ihre Tochter Claudia, Jahrgang 1949, geht sogar einen Schritt weiter. Sie findet, ihr Opa sei »unheimlich kritisch gewesen«, und erzählt, dass er einmal inhaftiert wurde. Ihr Vater ergänzt: »Ja, er hatte mal ein kleines bisschen zu laut gesprochen, nich', und das hat dann jemand gehört, und dann kam unser Polizist und holte ihn ab.« Zwar wird kurze Zeit später erwähnt, dass der angebliche Systemkritiker nach Zahlung einer lächerlichen Geldstrafe von fünfundzwanzig Mark wieder freigelassen wurde – er wurde nicht wegen antifaschistischer Äußerungen festgenommen, sondern hatte gegen das Verdunkelungsgebot verstoßen –, doch das stört die Eevens nicht. Enkel Thomas, Jahrgang 1969, sagt, er sei stolz, dass seine Familie vom »Jasagertum« so weit entfernt gewesen sei: »Die haben halt nicht stramm ›Heil Hitler‹ geschrien.«

Am interessantesten ist ein Dialog zwischen Großvater und Enkel: Der Ältere fordert den Jüngeren geradezu auf, Fragen zu stellen, schwierige Fragen wie beispielsweise, warum man damals alles mitgemacht habe. Enkel Thomas stellt sie aber nicht. »Warum nicht?«, fragt der Großvater daraufhin. »Ach, Opa!« Das sei nun die einfachste Frage überhaupt, denn: »die Antworten sind ja so vielschichtig, und die Geschichten, die ihr jetzt auch erzählt habt, sind ja so verschieden [...], so 'ne Frage kann ich gerade nicht stellen, dafür weiß ich auch zu viel darüber.« Und Thomas' Mutter ergänzt, man könne das mit der Erziehung von heute nicht mehr vergleichen, »ihr habt euch ja nicht aufgelehnt, weil ihr ja [...] auf Gehorsam [...] hingedrillt« wart.

Es ist den Enkeln unangenehm, die Großeltern über deren Leben im Dritten Reich zu befragen. Schließlich haben wir meistens ein harmonisches Verhältnis zu den Großeltern; sie stecken uns Geld zu, und von klein auf hören wir sie zu den Eltern sagen: »Jetzt seid nicht so streng mit den Kindern!« Sollen wir uns wirklich danach erkundigen, ob sie in der Hitler-Jugend waren? Wenn bei Familienfeiern ein Onkel von den Hitler-Autobahnen schwärmt und betont, dass »damals nicht alles schlecht« gewesen sei, sollen wir da aufstehen und Fragen stellen?

Ja. Natürlich.

Warum tun wir es dann nicht? Ausreden haben wir immer parat: Wir möchten die Stimmung am Kaffeetisch nicht verderben, außerdem ist das Kaffeetrinken ja in einer halben Stunde vorbei, lohnt sich also nicht. Und: Die Großeltern sind schon so alt, wer weiß, wann wir sie das nächste Mal sehen. Wir möchten doch nicht im Streit auseinander gehen.

Sicherlich: Diese Ausreden zeugen von Rücksicht. Aber heute, siebzig Jahre nach Hitlers Machtübernahme, geht es nicht mehr darum, die Schuldfrage zu klären. Wir, die Enkel, müssen doch erfahren, was uns aus dieser Zeit unbewusst weitergegeben wurde. Nur so können wir verstehen, wer wir sind.

Doch leider haben wir in den Familien heimlich einen totalen Nichtangriffspakt geschlossen: Du fragst nicht, dann erzähle ich nicht – so haben wir alle unseren Frieden. Bis heute bestimmt diese Haltung das Leben der Deutschen.

Ich las von einer Studie an der Universität Essen, die die Erziehungswissenschaftler Klaus Ahlheim und Bardo Heger durchführten und 2002 unter dem Titel *Die unbequeme Vergangenheit* veröffentlichten. Die Ergebnisse zeigen, wohin dieser Nichtangriffspakt führt: 2100 Studenten wurden zur Nazi-Geschichte befragt. Ein Viertel davon glaubt, dass heutzutage viele Juden versuchen würden, den Holocaust zu ihrem Vorteil zu instrumentalisieren, und dass sie es »ganz gut verstehen, das schlechte Gewissen der Deutschen auszunutzen«. Interessanterweise ließen sich bei den Befragten keine traditionellen antijüdischen Vorurteile ausmachen. Sie beschäftigen sich auch mit dem Holocaust. Aber: »Man fühlt sich durch die Erinnerung an den Holocaust durch ›die Juden‹ gestört.« Bei was, beim zufriedenen Deutsch-Sein? Sechzig Prozent sagen, »dass die Deutschen endlich wieder ein gesundes Nationalbewusstsein entwickeln sollen«. Man stellte den Studenten auch Wissensfragen, und gerade einmal ein Drittel konnte erklären, was die Nürnberger Gesetze sind und was auf der Wannsee-Konferenz beschlossen wurde.

Ich lese das und erschrecke. Wissen wir wirklich so wenig? Warum wehren wir uns denn nur so, mehr über die Vergangenheit und damit zugleich mehr über uns zu erfahren? Opa, ich habe da jetzt noch ein paar Fragen.

Die Turnschuhe mit den Reißverschluss-Taschen hießen übrigens »KangaRoos«.

Als der Derrick-*Erfinder Herbert Reinecker vom Berlin der Nazi-Zeit erzählt, fühle ich mich an das Berlin von heute erinnert*

Warum existiert das Verbrechen auf der Welt? Diese Frage sollte in der letzten Folge der Fernsehserie *Derrick* gestellt werden. Der Autor, Herbert Reinecker, wollte »eine Verbindung zwischen seiner Serie und dem ganz Großen« herstellen. Im Mittelpunkt der Handlung steht Dr. Traut, der in privaten Zirkeln jungen Leuten Vorträge zu den verschiedensten Themen hält. An einem dieser Themenabende – die Gäste sind guter Laune, es gibt reichlich zu essen, man diskutiert über dies und das – lässt Dr. Traut plötzlich ein Foto auf die Wand projizieren. Es zeigt Menschen bei der Ankunft an der Rampe von Auschwitz. Dr. Traut: »Es handelt sich um Leute, die hier angekommen sind, um zu sterben. Was sie noch nicht wissen, aber wir wissen es.« Bestürzung allerseits. Am nächsten Tag wird ein mehrfacher Selbstmord gemeldet. Auftritt: Oberinspektor Derrick.

Niemand hat diese Folge je gesehen, denn das Drehbuch wurde nie verfilmt. Den Verantwortlichen beim Sender gefiel es nicht, und Derrick-Schauspieler Horst Tappert schreckte vor dem Wort Auschwitz zurück, wie der Drehbuchautor einmal erzählte. So wurde der Abschied von *Derrick* in die vorletzte Folge, genannt *Das Abschiedsgeschenk*, eingebaut.

Das ganz Große steht in der Tat in dieser nie verfilmten letzten Folge im Mittelpunkt der Dialoge. Man kann das Drehbuch als eine Art Abschiedsbrief einer Generation lesen, die den Aufstieg des Nationalsozialismus erlebte und bis heute damit ringt. Eine Nebenrolle sagt einmal: »Ich sehe plötzlich, dass ein Friedhof ein guter Platz zum Sterben ist.« An einer anderen Stelle heißt es: »Nehmt dem Menschen die Mörderseele!«

Doch die gespenstischste Szene hat Herbert Reinecker, der einst unter Hitler Karriere gemacht hat, seinem Alter Ego Stephan Derrick überlassen: In einer Einstellung steht auch Derrick vor dem an die Wand geworfenen Bild von Auschwitz. Gerade hat man ihm ein Glas Champagner in die Hand gedrückt, und Dr. Traut fragt ihn: »Was hat Ihnen das alte Foto gesagt? Geben Sie eine spontane Antwort!«

Oberinspektor Derrick antwortet, leer ist sein Blick: »Nein. Aber ich werde darüber nachdenken.« Ende der Szene.

Er sieht so gut wie nichts, die Netzhaut will nicht mehr. Immerhin könne er mich ungefähr erkennen, meine Umrisse, sagt er. Er hört auch nicht mehr gut, und wenn man die Stimme senkt, funktioniert das Hörgerät nur noch mangelhaft, dann schaut er mich mit fragendem Blick an: Haben Sie etwas gesagt? Doch all das wäre für ihn nicht so schlimm. Aber die immer öfter auftretenden Depressionsschübe rauben ihm den Schlaf, und selbst wenn er nachts zur Ruhe kommt, dann träumt er vom Krieg, von Einsätzen, von der Front und vielleicht auch von Dingen, über die er nicht reden mag.

Er ist einer der erfolgreichsten Drehbuchautoren des deutschen Fernsehens seit Kriegsende, er erfand *Derrick* und den *Kommissar*, schrieb die Senioren-Reihe *Jakob und Adele* und einige Drehbücher für das *Traumschiff*. Millionen haben seine Figuren geliebt, auch wenn etwa genauso viele ihn gehasst haben wegen der immer gleichen Handlungen und seinen plumpen Botschaften, mit anderen Worten: wegen seiner Spießigkeit. Er hat eine beeindruckende Karriere hinter sich und ist darüber reich geworden, er besaß große Häuser, schnelle Autos und kannte bezaubernde Frauen. Er lebt in glücklicher Ehe und war mit Erich Maria Remarque und Hildegard Knef befreundet.

Und doch steht Herbert Reinecker am Ende seines Lebens vor seiner Biografie wie vor einem Gemälde, betrachtet es und wünscht sich, er könnte den Pinsel noch einmal in die Hand nehmen. »Ja«, sagt er, »ich habe einiges versäumt. Ich habe meine Serien geschrieben, aber sonst? Ich habe alles gut gemeint, aber in wie viele Fallen bin ich getappt...« Und dann: »Wir sind Gefangen in der Welt, in der wir leben.«

In der Fernsehserie *Derrick* wurde – so machte sie einen glauben – immer das München der Reichen und Bürgerlichen dargestellt, der Schrecken hinter den schweren Vorhängen der Grünwalder Villen. Und tatsächlich fanden die Außendreharbeiten auch dort statt. In jeder Folge aufs Neue betraten Stephan Derrick und sein Assistent Harry Klein Häuser, die klinisch sauber wirkten, aufgeräumt, mit gewienerten Türklinken und Läufern, die jeden Schritt dämpften. Dann sah der Zuschauer in die weiß geschminkten Gesichter der Figuren, die in diesen kleinen Gefängnissen lebten – und entdeckte mal Hass, mal Wut, vor allem aber Verzweiflung und Leere.

Wenn man von München raus nach Starnberg fährt, nicht direkt zum See, sondern in ein kleines Dorf in der Nähe, dort aussteigt und an jener Tür klingelt, hinter der Herbert Reinecker lebt, wenn man drinnen im großen Bungalow ist und die Augen schließt, begreift man, dass *Derrick* von der ersten 1974 ausgestrahlten Folge an nicht in München, sondern immer nur hier gespielt hat: in diesem ruhig gelegenen Haus in der Nähe des Starnberger Sees, wo die Reineckers seit 1964 leben. Es ist, als betrete man mithilfe eines Zaubertricks eine Welt, von der man bis dahin dachte, sie existiere nur im Fernsehen. Man sitzt auf einem schwarzen Ledersofa an einem Glastisch und hört – nichts. Unter dem Glas der Tischplatte liegen Bücher von Nietzsche. Gelegentlich geht eine Tür, und man denkt: Gleich steht Harry im Zimmer.

Herbert Reinecker wurde am 24. Dezember 1914 im westfälischen Hagen geboren, ein Weihnachtskind. Er hat das nie so empfunden. Er würde eher sagen: Geboren in dem Jahr, in dem der Erste Weltkrieg ausbrach. In seiner Autobiografie *Ein Zeitbericht unter Zuhilfenahme des eigenen Lebenslaufs* schreibt er gleich am Anfang: »Ich wurde hineingeboren in bescheidene Verhältnisse, zufällig in Deutschland, zufällig im Ruhrgebiet und zufällig in eine Zeit, die ich mir nicht ausgesucht habe. Nichts habe ich mir ausgesucht, die Verhältnisse nicht, das Land nicht, die Zeit nicht.« So klingt Herbert Reinecker, wenn er über sich selbst schreibt und spricht: Er verteidigt sich.

Sein Vater, sagt er, arbeitete bei der Reichsbahn und war Soldat im Ersten Weltkrieg, »wahrscheinlich gut zu kommandieren«. Er ist früh tödlich verunglückt, überfahren von zehn Bahnwaggons. Der Vater hatte ein klares Weltbild mit einem noch klareren Feindbild: »Die Franzosen sind an allem schuld.« Denn sie hätten den Versailler Vertrag erzwungen und unter anderem Deutschland zu nicht leistbaren Reparationen verpflichtet. Außerdem riss es ihm – so wie vielen Menschen im Ruhrgebiet – jeden Tag aufs Neue das Herz entzwei, wenn er die so genannten Kohlezüge sah. Seit 1923 besetzten französische Truppen, insgesamt rund sechzigtausend Soldaten, das Ruhrgebiet und schickten die dort abgebaute Kohle nach Belgien und Frankreich. Die Kohle war damals noch das Herz dieser Gegend.

Die Grenze des besetzten Gebiets verlief in der Nähe von Reineckers Heimatstadt, und wenn er von den frühesten Eindrücken seiner Kindheit berichtet, dann liefert er gleich eine Überschrift für dieses Kapitel mit: »Das Erste, was man als Kind wahrnimmt, ist Fremdheit und Bedrohung.«

Der kleine Herbert hörte Schauermärchen von einem deutschen Soldaten, der im Krieg ein Bein verloren hatte und nicht schnell genug beiseite sprang, als ein französischer Offizier vorbeikam, der ihm daraufhin mit der Peitsche ins Gesicht schlug. Im Kino, in der Ufa-Wochenschau, sieht er Bilder von Franzosen, die triumphierend über die Rheinbrücken reiten, und in der Schule sagt sein Biologielehrer, die Franzosen seien ein sterbendes Volk. Schließlich verließen viele von ihnen ihre Dörfer, um nach Paris zu ziehen, in die Hauptstadt des Lasters und der Unzucht.

»Die Lehrer waren alle Kriegsteilnehmer gewesen. Die Meinungsbildung, die ungeprüfte, setzte sich fort«, so Reinecker heute. Oft wurde die Geschichte von einem Duell zwischen einem französischen und einem deutschen Jagdflieger, die sich gegenseitig mit Handgranaten bewarfen, erzählt. Plötzlich fällt dem einen eine Granate aus der Hand, die Schüler wussten natürlich, wem. Der Soldat weiß, er hat keine Chance mehr. Also legt er die Hand an den Kopf zum Soldatengruß – dann explodiert sein Flugzeug. »Man las die Geschichte«, schreibt Reinecker, »und nichts im Inneren widersprach.«

Eine Generation stellte sich auf ihren Einsatz ein, der 1939 beginnen sollte. Und ein Land marschierte bereits in Gedanken geradewegs in Nachbarländer ein und damit in die nächste, unvergleichlich größere Katastrophe.

Während Reinecker von seinem einstigen Frankreichhass erzählt, fällt mir auf, wie fremd mir dieser Gedanke ist: Wie könnte ich dieses Land hassen, das ich aus Filmen mit Romy Schneider und Alain Delon kenne und wo ich als Teenager häufig Austauschschüler war? Da hat die Politik der Aussöhnung tatsächlich gefruchtet, auf einer ganz alltäglichen Ebene. Der Austausch war für uns Schüler etwas Selbstverständliches: Wir fuhren zehn Tage hin, dann besuchten uns die Franzosen, und das bedeutete, dass erstens ständig Unterricht ausfiel und zweitens jeden Abend irgendwo eine Party stattfand. Und nebenbei begruben wir, ohne es zu wissen, die Feindschaft zweier Länder. Reinecker sagte, er freue sich am meisten darüber, dass *Derrick* auch in Frankreich gut ankomme.

Der Schüler Herbert war talentiert, er konnte schreiben. Er schickte eine Kurzgeschichte zu einem Pressedienst, der druckte sie und überwies Herbert dreißig Reichsmark. In diesem Moment gibt seine Mutter ihren Widerstand auf, der Junge kann ja mit Schreiben sein Geld verdienen! Eines Tages bekommt er ein folgenschweres Angebot: Einer aus der örtlichen Hitler-Jugend fragt, ob er nach Münster gehen wolle, die dortige Hitler-Jugend suche jemanden, der für sie eine Jugendzeitschrift macht. Er nimmt an, und von diesem Moment an liest sich die Biografie des Herbert Reinecker wie eine typische deutsche Karriere jener Zeit, die sich aus Ehrgeiz und Talent zusammensetzt. Er wird Journalist, und er leistet so gute Arbeit, dass ihm bald das nächste Angebot unterbreitet wird: eine Redakteursstelle bei der Zeitschrift *Jungvolk*. So kommt der kleine Herbert Mitte der Dreißigerjahre ins große Berlin und macht dort Karriere.

Er schreibt in dieser Zeit Sätze wie: »Jungvolkjungen sind hart, schweigsam und treu.« Später wird er Kriegsberichterstatter in der Waffen-SS, ist Mitautor des Buches *Panzer nach vorn! – Panzermänner erzählen vom Feldzug in Polen* und schreibt das Bühnenstück *Das Dorf bei Odessa*. 1942 übernimmt er die Hauptschriftleitung der HJ-Reichszeitung *Junge Welt*, außerdem gibt er ab 1943 die Zeitschrift *Der Pimpf* heraus. Noch im Dezember 1944 erscheint unter seinem Namen im *Völkischen Beobachter* ein Artikel mit der Überschrift »Der Führerglaube der jungen Soldaten«.

Herbert Reinecker war ein Schreibtischtäter. Er war überzeugt davon, das Richtige zu tun. Er war ein Nationalsozialist.

»Sie wollen jetzt gleich wissen, ob ich es gewusst habe.« Das war sein erster Satz, nachdem wir uns gesetzt hatten. »Nein«, antwortete ich, »die Schuldfrage ist ja längst geklärt. Ich bin nicht zu Ihnen gekommen, um Sie anzuklagen. Ich möchte verstehen, was Sie und Ihre Generation geprägt hat und wie Sie mit diesem Bruch in Ihrem Leben später umgegangen sind, was Sie davon meiner Generation weitergegeben haben.«

Ob er es gewusst hat. Einer wie er fühlt sich immer in der Defensive. In seiner Autobiografie schreibt er: »Ich habe keine Synagoge brennen sehen, habe keine Glasscherben auf der Straße gesehen, keine leer geräumten Geschäfte, weil ich nicht am Ort der Ereignisse war, und dies war durchaus zufällig.« Er hat in den Dreißigerjahren in Berlin gelebt. Und er hat nichts mitbekommen?

Er erzählt von einer Begebenheit aus dem Jahr 1934, aus seinen ersten Tagen in der Hauptstadt. Zuerst wohnte er bei einem Kriegskameraden seines Vaters an der Jannowitzbrücke, aber er machte sich bald auf die Suche nach einem eigenen Quartier. Einmal stellte er sich bei einem Vermieter vor, der ihn gleich korrigierte, nein, er wolle nicht ein Zimmer vermieten, sondern die ganze Wohnung. Er verlasse nämlich Deutschland. Und Reinecker erinnert sich heute noch daran, dass er damals dachte: »Merkwürdig – einer will Deutschland verlassen.« Die beiden kamen ins Gespräch, und der Vermieter fragte Reinecker, ob er nicht Lust habe, am Abend in den Groschenkeller in die Kantstraße zu kommen. Er würde sich gerne mit ihm unterhalten. Reinecker sagte zu.

Zurück in der Wohnung des alten Soldatenfreundes seines Vaters, erklärte ihm dieser: »Du bist an einen Juden geraten. Die wollen natürlich alle weg.«

Der junge, aufstrebende Journalist Herbert Reinecker ging an jenem Abend nicht in den Groschenkeller. Er wollte sich seine Karriere nicht kaputtmachen lassen, und er ahnte wohl, dass dieser Abend eine Wende hätte bedeuten können. Was hätte Reinecker wohl getan, wenn er damals beispielsweise von der Judenverfolgung erfahren hätte? Hätte er trotzdem weitergemacht wie vorher?

Was wäre heute schlimmer für den alten Reinecker? Ich wollte nichts wissen – oder: Ich habe es gewusst und trotzdem nichts getan.

Hätte ich mich anders verhalten? Man hofft das Beste, aber man ahnt nichts Gutes und ist froh über die »Gnade der späten Geburt«. Natürlich kann man Biografien, die in derart verschiedenen Zeiten verlaufen, nicht vergleichen. Alles war anders. Und trotzdem: Als Herbert Reinecker einmal in unserem Gespräch nach Berlin fragte, was denn los sei in der großen Stadt, worüber man spreche, in welche Lokale die jungen Leute heute gehen würden, dann saß ich plötzlich meinem Spiegelbild gegenüber, einem gealterten natürlich. Er war ein junger Journalist, wie ich es heute bin, und er wollte etwas erreichen, machen, tun. Ich kann den Gedanken nicht so leicht von mir schieben: Das also hätte aus dir werden können, wenn du sechzig Jahre früher geboren worden wärst.

Und dann beginnt der alte Mann in Starnberg, mit glänzenden Augen von der, wie er sagt, »schönsten, glücklichsten Zeit meines Lebens« zu erzählen, und meint die Jahre 1935 bis 1939. Wir verbinden mit den Dreißigerjahren Hitlers Machtübernahme 1933 und den Beginn des Krieges 1939. Bildlich gesprochen: eine schwarzweiße Welt, durch die ständig Truppen marschieren mit Hakenkreuz-Fahnen, inszeniert wie von Leni Riefenstahl. Reinecker hingegen erzählt von einer Welt in Farbe. So kennen wir jedoch nur das Berlin der Zwanzigerjahre, wir wissen von den langen Nächten in wilden Clubs, von Sex und Drogen. Heute trifft man immer wieder aufs Neue fünfundzwanzigjährige Mädchen in der Stadt, die eine Stola umhängen haben und Zigaretten mit einem langen Filter rauchen, so als ob sie Marlene Dietrich in der Rolle der Lola Lola in *Der blaue Engel* einmal zu oft gesehen hätten. Vielleicht steckt dahinter die Sehnsucht nach einem anderen Deutschland, nach einem unschuldigen Heimatland. Der Soziologe Heinz Bude, der den Begriff »Generation Berlin« geprägt hat, sagte mir und einem Kollegen dazu einmal in einem Interview, dass das typisch sei für Berlin: Man schaue entweder nach vorn oder zurück, aber die Gegenwart fehle.

Bei Reinecker werden jedoch die Dreißiger farbig: Er erzählt von Theatern und Varietees, von Auftritten der Comedian Harmonists, und von dem Gefühl, dass an jeder Ecke immer wieder Überraschendes zu entdecken war, und er schwärmt und schwärmt von dem »überwältigenden Berlin« dieser Jahre. Er beschreibt, wie ihm Berlin immer vertrauter wurde, die Seen, der Müggelsee etwa. Mit dem Kabrio sei er durch die Stadt gefahren, Kurfürstendamm, Unter den Linden, und er erinnert sich daran, wie er einmal an einem heißen Sommertag, die Haare flatterten im Wind, eine schöne Frau auf dem Beifahrersitz, auf dem Weg zu einem der Seen dachte: Schöner kann dein Leben nicht mehr werden.

Vielleicht muss man beides sehen, das schwarzweiße Berlin aus den Geschichtsbüchern und das farbige Reinecker-Berlin, um das Lebensgefühl der damals Jungen zu begreifen. Sie wollten das Leben genießen – der Rest wurde verdrängt.

Herbert Reinecker hat Glück gehabt nach Kriegsende. Zwar musste er zunächst in der Provinz untertauchen, doch verurteilt wurde er nie, obwohl er in seiner Funktion als Kriegsreporter für die Waffen-SS gearbeitet hatte.

Er schrieb dann in den Fünfzigerjahren für die Feuilletons einiger Zeitungen, Hörspiele für den Vorläufer des Norddeutschen Rundfunks; sein Film über Hanöversand, die Strafinsel für Jugendliche, *Weg in die Freiheit*, wurde sogar mit dem Bundesfilmpreis ausgezeichnet. Und er verfasste 1953 einen Bestseller, *Kinder, Mütter und ein General*, der auch verfilmt wurde.

Ihm war es wichtig, ernsthafte Themen in die Unterhaltung

einzuschleusen: Mal beschäftigte er sich mit der deutschen Luftwaffe, mal mit dem Widerstand deutscher Offiziere – aber immer mit dem Zweiten Weltkrieg. Doch dafür war die Zeit noch nicht gekommen, und seine Karriere beim Fernsehen, seine zweite, wenn man so will, begann aufs Neue in den Sechzigerjahren, als er den Fernsehproduzenten Helmut Ringelmann kennen lernte. Für ihn konzipierte er von 1969 bis 1976 knapp hundert Folgen der Serie *Der Kommissar*, eines Vorläufers von *Derrick*, in dem zwar Horst Tappert noch nicht zu sehen war, aber Harry Klein schon Assistent sein durfte. Und ab 1974 wurde dann *Derrick* ausgestrahlt.

Herbert Reinecker schimpft gerne über den Verfall der Sitten. In vielen Interviews wunderte er sich über den Werteverlust und dass bestimmte Tugenden in der heutigen Zeit nicht mehr zählten. Man hört so etwas gelegentlich von älteren Menschen, und vielleicht möchten sie dann gar nicht über die Jugend von heute reden, sondern drücken viel eher Trauer darüber aus, dass die Welt, in der sie groß geworden sind, im Verschwinden begriffen ist.

»Wir sind in einer Sturzbewegung«, sagt er jetzt, und seine großen, leeren Augen können mich nicht fixieren. »Die Welt gibt vor, zivilisiert zu sein, aber ist sie das auch in ihrem Innern?« Herbert Reinecker hat schon in früheren Interviews immer wieder betont, dass er seinen Oberinspektor an die Abgründe einer modernen Gesellschaft führe, um der Verzweiflung über all diese Verbrechen Ausdruck zu verleihen. Vielleicht stimmt das.

Vielleicht aber hat Reineckers Derrick ein anderes Motiv, das sein Leben bestimmt. Der Drehbuchautor und seine Figur sind etwa gleich alt, wahrscheinlich war also auch der Oberinspektor im Krieg. Was er dort getan oder gesehen hat, wissen wir nicht, aber die Vermutung liegt nahe, dass seine Skepsis, ob der Mensch dauerhaft zum Guten fähig ist, daher rührt – vielleicht wie bei seinem Erfinder.

Da wird somit ein Soldat Polizist, und im wohlhabenden München der Nachkriegszeit klärt er seine Fälle auf, doch vor seinem inneren Auge sieht er andere Bilder. Sein leerer Blick, seine Ruhe – das hat etwas zutiefst Lebloses an sich. Hat da einer seine Gefühle an der Front des Zweiten Weltkriegs verloren?

Reinecker hat das »Prinzip Derrick« einmal so erklärt: »Ordnung zu schaffen, Störungen derselben zu verfolgen, dabei aber Verständnis zu zeigen für die Irrläufer und diese in die Gesellschaft zurückzuholen.« Das regte manche junge Linke in den Siebzigern und Achtzigern fürchterlich auf, sie verstanden das als Kritik an der Jugend. Aber man kann es auch als Selbstkritik eines Irrläufers lesen, der seit Jahrzehnten versucht, in die Gesellschaft zurückzukehren, dem es aber bisher nicht gelungen ist: »Ich habe seit 1945 nie mehr ein Zuhause gefunden.«

Einer der Derricks meiner Generation war – wenn man so will – der amerikanische Privatdetektiv Thomas Magnum. Er verkörperte in den Achtzigerjahren all das, was es in Deutschland nicht gab – vielleicht mochten wir ihn deshalb so. Magnum ist ein Draufgänger, dem die Frauen zu Füßen liegen, er fährt einen roten Ferrari, trägt Schnauzbart und bunte Hemden, doch wie Stephan Derrick war auch er im Krieg, er war Soldat in Vietnam. In der amerikanischen Originalfassung der Serie tauchen deshalb immer wieder in Rückblenden und Tagträumen Kriegsszenen auf, die Magnum im sonnigen Hawaii einholen. Für die deutsche Fassung wurden sämtliche Kriegsszenen zunächst entfernt. Man wollte den Zuschauer offenbar mit diesem Thema nicht konfrontieren. Dass so die Orientierungslosigkeit der Hauptfigur, von gelegentlichen Andeutungen abgesehen, unerklärt bleibt, störte die Programmmacher wohl nicht. Man schuf damit eine Art US-Derrick: Ich weiß nicht, wohin im Leben, aber ich will auch nicht erfahren, warum. Erst ab Mitte der Neunziger, als der Privatsender RTL die Rechte an *Magnum* erwarb, ließ er die Szenen nachträglich einbauen und neu synchronisieren.

Dieser harmlose Fall zeigt, wie schwer man sich mit dem Thema Krieg hier zu Lande tut, auch Generationen später noch. Selbst wenn es sich um einen weit entfernten, in den USA und Vietnam stattfindenden Krieg handelt, der definitiv nichts mit Stalingrad zu tun hat, wird die Geschichte verdreht. Wir wollen uns einfach nicht erinnern.

Ich frage ihn, ob er heute noch arbeiten wolle. »Ja«, sagt er, steht auf und geht mit langsamen Schritten zu seinem Schreibtisch. Ein Tonbandgerät mit einem eingestöpselten Handmikrofon steht darauf. Links neben dem Tisch befindet sich ein großer Apparat mit einem hellen Bildschirm. Damit kann er so manches doch noch lesen, das Gerät vergrößert Buchstaben. Er drückt die Play-Taste des Tonbands, und seine Stimme füllt den Raum. Kurze Sätze, dazwischen Anweisungen wie »Punkt« oder »Komma« sind zu hören. Er spreche seine Texte mittlerweile, erzählt er, eine Sekretärin tippe sie ab. Was hat er denn geschrieben in letzter Zeit? Er nimmt eine hellbraune Mappe von einem Stapel und drückt sie mir in die Hand. »Geschichten«, sagt er, »hier, nehmen Sie die mit.« Später, in der S-Bahn auf dem Weg zurück nach München, lese ich die acht mit sehr großen Buchstaben beschriebenen Seiten.

Eine Begegnung Reineckers mit dem Regisseur Robert Siodmak wird beschrieben, einem Berliner Juden, der vor den Nazis fliehen musste. In der Nachkriegszeit wollten die beiden gemeinsam an einem Film arbeiten, aber Siodmak zweifelte an Reineckers Integrität. Er sagt: »Ich wundere mich immer noch, dass man damals nicht begriff, dass die Juden die besten Berliner waren. Als man uns hinauswarf, gab es Berliner jüdischen Glaubens, die Berliner Straßenschilder mitnahmen. Warst du mal in New York? Dann gehe in den Twentyone Club. Da hängt hinter der Bar an der Wand das große Straßenschild ›Unter den Linden‹.«

Die beiden Männer treffen sich in Ascona, sie lernen sich besser kennen, und eines Tages besuchen sie das Lokal *Batello*, das Siodmak an das berühmte Romanische Café in Berlin erinnert. »Das Batello ist nur eine Erinnerung an das Romanische Café, aber das Einzige, was vielen Menschen bleibt, ist die Erinnerung.« Und er fügt hinzu: »Wir alle wissen voneinander, und alles, was wir wissen, hat einen dunklen Kern.« Und der Autor Reinecker ergänzte, fünfzig Jahre danach: »Der dunkle Kern unserer Geschichten.«

Damals jedenfalls fiel ihm auf, dass Robert Siodmak jede Schwangere, der er begegnete, bat, kurz ihren Bauch streicheln zu dürfen. Und eines Tages, als beide Männer gemeinsam an Dialogen schrieben, sagte Siodmak ganz plötzlich und anscheinend ohne jeden Zusammenhang: »Sie haben auch schwangere Frauen erschossen.« Und ihm gegenüber saß einer, der – zumindest im übertragenen Sinn – einer der Schießenden war.

Die Fernsehserie *Derrick* wurde in über hundert Länder verkauft, im Schnitt sahen knapp zehn Millionen Menschen freitags dem Oberinspektor zu. Richard von Weizsäcker sagte einmal, Stephan Derrick habe das Bild des Deutschen im Ausland »am besten repräsentiert«.

Doch ab Mitte der Neunzigerjahre sank die Einschaltquote. Eine Analyse von 1996 ergab, dass siebzig Prozent der *Derrick*-Zuschauer älter als sechzig Jahre alt waren. Die letzte Folge wurde 1998 ausgestrahlt, im selben Jahr wurde mit Gerhard Schröder das erste Nachkriegskind Bundeskanzler.

Derrick war die Lieblingsserie meines Großvaters.

Warum ich nachts in einem Berliner Club einer Blondine beinahe ein Gespräch über den Irak-Krieg aufdränge

Ich laufe durch die Straßen von Berlin, und die Sonne scheint. Doch das ist nicht das Berlin, das ich kenne, das ist die zerbombte Stadt von 1945. Menschen haben Milchkannen in der Hand, andere stehen Schlange. Am Brandenburger Tor hängt ein großes Transparent mit kyrillischen Buchstaben, an einem Gebäude ist ein Schild mit der Aufschrift »Dresdner Bank« angebracht, aber der Schriftzug ist nicht grün, warum ist er nicht...

Da wache ich auf. Jetzt träume ich also schon vom Krieg. Woher die Bilder kommen? Vor ein paar Tagen, abends im Bett, blieb ich beim Zappen durch die Fernsehprogramme beim Sender XXP hängen. Dort zeigte *Spiegel TV* unkommentierte Bilder aus dem Berliner Sommer direkt nach Kriegsende, aufgenommen von Soldaten der US-Armee. Zu sehen war das zerstörte Berlin in Farbe, unterlegt mit dramatischer Musik, keine Stimme war zu hören.

Ich lebe ja in dieser Stadt, aber es war, als zeige man mir Bilder vom Mond. Was aber, wenn man merkt, dass das eigene Land diese Mondphase verdrängt? Seit einiger Zeit redet man ganz gerne vom »neuen Berlin«, so als ob man das alte endlich loswerden wolle. Wie ist es, dieses neue Berlin?

Samstagnacht in Berlin-Mitte. Es ist ziemlich warm, und ich stehe in einem Club, der F.U.N. heißt, ganz in der Nähe des Brandenburger Tors. Ich habe ein Glas Sekt auf Eis in der Hand und unterhalte mich mit zwei Frauen, die so Ende zwanzig sind. Die eine erzählt, dass sie einmal zu Besuch in einem Hare-Krishna-Tempel in München war und, ohne es zu ahnen, gegen die Regeln des Hauses verstoßen hatte. Woher hätte sie auch wissen sollen, dass man dort seine Schuhe ausziehen muss? Dann sagt das andere Mädchen, es sei wirklich müde und müsse dringend ins Bett. Sie sagt das jetzt zum dritten Mal. Vor uns, wie auf einem Laufsteg, gehen die anderen Gäste zwischen Tanzfläche, Toilette und Hofausgang hin und her. Schön sind sie, sehr jung und perfekt gestylt. Einer der DJs kommt vorbei und sagt: »Mann, überall nur Models, das gibt's doch nicht.«

Plötzlich fängt eine Frau, Mitte dreißig, dicklich, lange, schwarze Haare, hysterisch an zu schreien: »Where's my wallet? Where's my wallet?« Sofort stehen zwei Frauen, offenbar ihre Freundinnen, neben ihr, bücken sich und suchen auf dem Boden nach dem Geldbeutel. Jemand fragt, ob sie ihn in der Toilette habe liegen lassen. Sie antwortet in perfektem Deutsch – mit einem Mal ist sie dieser Sprache mächtig. Im nächsten Moment sieht sie einen dunkelhaarigen Mann, wieder kreischt sie, diesmal mit Freude in der Stimme. Jetzt fällt sie ihm um den Hals. Den Geldbeutel hat sie offenbar schon vergessen.

Wir gehen kurz raus, frische Luft schnappen. Schnell bildet sich eine kleine Gruppe, man kennt sich. Partytalk. Da ist dieses Mädchen, das ich in München schon häufiger getroffen habe. Das heißt: Eigentlich kenne ich sie aus Miami, als sie eines Morgens in dem Apartmenthaus auftauchte, in dem ich wohnte – das war während der DJ-Messe. In München arbeitete sie dann bei einer Plattenfirma. Jetzt lebt sie in Berlin. Was sie hier macht? Ich weiß es nicht genau: Sie jobbt wohl irgendwie irgendwo irgendwas. Manchmal sehen wir uns zufällig im Nachtleben, und ich frage mich dann jedes Mal, von was sie träumt, was sie sich vom Leben wünscht. Heute Abend ist sie mit einer Freundin unterwegs, und gerade war sie auf einer Hausboot-Party an der

Spree. »War ziemlich langweilig«, sagt sie. Ich frage, wer denn gefeiert hat, und sie antwortet: »Die ... na, diese ...«, sie dreht sich zu ihrer Freundin um, »wie heißt noch mal die ...?« Die Freundin: »Was weiß denn ich?«

Ein anderer erzählt vom Freibad am Olympiastadion, das »wirklich cool« sei, »auch die deutsche Architektur da ist ziemlich cool«. Ich bin mir nicht sicher, ob er sich bewusst ist, was er da eigentlich gerade gesagt hat, aber er grinst jetzt. Vielleicht denkt er: Tolle Provokation, mal sehen, wer darauf anspringt. Doch keiner reagiert.

Das dunkelhaarige Mädchen neben ihm dreht sich von ihm weg. Vor einigen Wochen begegneten wir uns zufällig beim Einkaufen und waren dann zusammen Kaffee trinken. Dabei erzählte sie mir von ihrem letzten Freund und wie alles in die Brüche gegangen war. »Drogen«, sagte sie, »er nimmt einfach zu viel Kokain, und gleichzeitig geht es seiner kleinen Filmproduktionsfirma gar nicht gut. Zwei Kunden sind innerhalb von drei Tagen abgesprungen.« Und das alles zusammengenommen, sei zu viel für ihre Beziehung gewesen. Dann fing das Mädchen an zu heulen, und ich hatte nicht einmal ein Taschentuch dabei. Ihr Freund, sagte sie, war immer ungeheuer selbstbewusst, »der dachte: ›Ich bin der Coolste. Mein Leben funktioniert.‹«

Funktionieren – dieses Wort beschreibt ziemlich gut den Druck, der auf vielen lastet, die nach außen zeigen müssen, dass sie zu den Coolsten gehören. Funktionieren – das bedeutet für sie: arbeiten, feiern, viel Geld verdienen, viel Geld ausgeben. Dazu passt die Nummer-eins-Partydroge meiner Generation: Kokain. Bei Kokain zählt die Leistung, die Hochgeschwindigkeit, sonst nichts.

Ich gehe an die Bar und hole noch drei Sekt auf Eis. An der Theke lehnt Michi Beck von der Popband Die Fantastischen Vier, umgeben von Blondinen, die wie Planeten ihre Kreise um ihn ziehen. Als ich mich an die Theke drängele, kreuze ich die

Umlaufbahn einer Blondine, und sie stößt mir ihren Ellbogen in die Rippen. Ich schaue ihr ins Gesicht, schätzungsweise Anfang dreißig, schätzungsweise Musikbranche, und sehe dann die Mischung aus Angst und Aggressivität in ihren Augen. Ich bekomme plötzlich Lust, ihr ein paar Fragen zu stellen: Wie sicher ist dein Job? Hast du überhaupt einen? Was hältst du vom Krieg gegen den Irak? Und weißt du, was dein Großvater im Krieg gemacht hat? Quatsch, reiß dich zusammen, denke ich. Es ist Samstagabend, Partytime. Ich drehe mich weg, gucke dann aber doch noch einmal zu ihr hin. Ihr Blick ist längst woanders. Ich bin kurz davor, sie in eine Ecke zu ziehen, aber ich fürchte, sie könnte das missverstehen.

Hätte ich mir diese Fragen auch schon vor zwei Jahren an einem solchen Abend gestellt? Bis vor kurzem traf man in solchen Clubs auf die Gewinner oder auf solche, die glaubten, zu den Gewinnern zu gehören. Oder noch genauer: Alle glaubten, hier sind die Gewinner, hier will ich auch sein, auch ich will den Türsteher mit Handschlag begrüßen. In manche Clubs hineingelassen zu werden ist das Privileg einer Elite – man will ja unter sich sein. Und wie jede Elite definiert sich auch diese über bestimmte Codes, die Außenstehenden kaum auffallen. In Berlin ist die Sache mit der Nachtleben-Elite allerdings noch eine Spur subtiler: Die meisten kommen nicht dazu, vom Türsteher nach Hause geschickt zu werden, denn sie erfahren gar nicht erst, wo die Party stattfindet. Natürlich würde niemand hier das Wort »Gewinner« in den Mund nehmen, auch über Karriere redet man nicht – man ist es einfach, man macht sie eben. Den Erfolg, den die jetzt Dreißigjährigen in den vergangenen zehn Jahren hatten, hat den Siegeszug des Nachtlebens begleitet, denn er musste ja gefeiert werden.

Und heute? Noch immer verbringt man seine Abende in Clubs. Dabei folgt man den alten Mustern, umgibt sich mit Glamour, so hat man das doch gelernt, oder? Aber die Zeiten sind längst andere, und man weiß, dass viele Gäste an diesem Abend ängstlich der Zukunft entgegensehen – das verleiht dieser Szenerie etwas Gespenstisches. Ich hätte nie gedacht, dass ich mal in einem Club stehen und mich fragen würde, was wir denn zu feiern haben. Ich habe das Gefühl, dass jeden Moment jemand das Licht anknipsen könnte, einmal laut in die Hände klatschen und sagen würde: »Aufwachen, die Neunziger sind vorbei.«

Der Schriftsteller Ernst Jünger lebte in den Zwanzigerjahren eine Zeit lang in Berlin. In *Strahlungen* schildert er einen Abend in einem Nachtlokal. Er schaut von außen mit einem teilnahmslosen Blick auf das Geschehen und sieht eine sich auflösende Gesellschaft, zwischen Alkohol, Drogen und Sex, Orientierungslosigkeit und Verzweiflung. An den Exzessen im Nachtleben diagnostiziert er den Zustand der Gesellschaft. Seine Berliner Nacht erscheint wie eine Flucht vor dem Tag, vor einem Land, das nicht mehr fest auf seinen Beinen steht: Die Menschen feiern, weil sich die Zwänge des Kaiserreichs aufgelöst haben, neue Regeln und Grenzen jedoch noch nicht etabliert sind.

Wie würde Jünger wohl über den Abend im F.U.N. schreiben? Möglicherweise würde er sich wie in einer Zeitschleife fühlen und so seine Beobachtungen aus den Zwanzigern wie eine Folie unter das neue Berlin legen. Kann sein, dass er auch diesen Abend beschreiben würde wie die letzte Party auf der »Titanic«.

Ich gehöre zu den tausenden jungen Leuten, die in den vergangenen Jahren nach Berlin gezogen sind. Wir alle sind dem Versprechen gefolgt, hier entstehe etwas Neues, Aufregendes – und natürlich wollte jeder gerne dabei sein. Interessante Jobs waren zu haben, man konnte bei der Gründung einer der vielen neuen

Firmen mitmischen, in der Film- oder Internetbranche das große Geld verdienen, Karriere in der Werbung oder bei Zeitungen machen. Vor allem der ehemalige Osten boomte, und viele sind dann auch nach Mitte oder Prenzlauer Berg gezogen.

Der Schriftsteller Maxim Biller wunderte sich einmal, warum es all die schwäbischen Zahnarzttöchter nach Ostberlin ziehe, dorthin, wo vor siebzig Jahren auch etwas Neues, Aufregendes entstanden sei, zynisch ausgedrückt. Weil es da leere und sanierte und auch zum Teil noch billige Wohnungen gebe, hat man geantwortet. Aber, Biller daraufhin verärgert, das könnten sie auch woanders in Berlin haben. Vielleicht konnte Biller, Jahrgang 1960, nicht verstehen, dass es die Zahnarztkinder keineswegs interessierte, dass sie seit den Dreißigerjahren die Ersten sind, die es wieder hierher zieht. Biller, der aus Prag kommt und lange in München lebte, wohnt mittlerweile selbst in Prenzlauer Berg.

Früher zog es Bundeswehr-Flüchtlinge nach Westberlin, und die regimekritischen Intellektuellen der DDR wohnten in Ostberlin, aber heute kommen die, die mitlaufen, in die Hauptstadt, nicht die, die aussteigen wollen.

Mit dem Nationalsozialismus hat das zunächst einmal natürlich nichts zu tun, aber sicherlich mit der Frage, was die Dreißigjährigen vorhaben mit diesem Berlin. Warum sind wir hier, was ist uns wichtig? Viele wollen nicht darüber reden, obwohl sie den ganzen Tag in Cafés sitzen und Latte Macchiato trinken. Das heißt: Sie reden natürlich ununterbrochen, über ihre Wohnungseinrichtung, über den Kurzurlaub in Rom, über Anzüge von Helmut Lang, über die neue Frisur von David Beckham, über die MTV Video Music Awards, über Dieter Bohlen, übers Kiffen, über den Club WMF, über das Praktikum bei Scholz & Friends, über den neuen James Bond, über das Comeback der Neunziger, über Nora Tschirners Sexappeal.

Klatsch und Popkultur, Karriere und Nachtleben – dafür interessieren wir uns, wir sind die Generation mit dem Entertainment-Gen. Tragen wir auch andere Gene in uns? Oder anders gefragt: Wird unser Pop-Trivia-Wissen um die Vornamen von Uwe Ochsenknechts Kindern ausreichen, um bei der nächsten Bundestagswahl zu entscheiden, wen wir wählen sollen, um später im Alter abgesichert zu sein? Die Kinder heißen übrigens Jimmy Blue, Wilson Gonzales und Cheyenne Savannah.

Man kann in Berlin eigentlich gar nicht anders, als der deutschen Geschichte über den Weg zu laufen: Einschusslöcher an den Wänden, Denkmäler, historische Orte überall. In keiner Stadt bekommt man als Deutscher den Spiegel derart offensiv vorgehalten. Ich wohne zum Beispiel im Chamissoplatz-Viertel in Kreuzberg und brauche zu Fuß nur ein paar Minuten zum Flughafen Tempelhof. Ganz klein fühlte ich mich, als ich das Gelände zum ersten Mal betrat, und das obwohl die Flughalle nicht größer als der Bahnhof in einer mittelgroßen Stadt ist, man begreift sofort, was sich die Erbauer des Gebäudes damals dachten: Es sollte Macht demonstrieren. Der Flughafen Tempelhof wurde in den Dreißigerjahren gebaut, sein Bauherr Adolf Hitler wollte ihn zum »Weltflughafen« machen.

Gerade weil heute in Tempelhof noch immer Flugzeuge starten und landen, weil da ein Kiosk und ein Imbiss mit einer prima Bockwurst sind, weil das heute lächerlich kleine Gepäckförderband noch läuft, ist dies ein guter Ort, um zu überlegen, was es heißt, aus diesem Land zu kommen. Ich bin immer ein bisschen neidisch, wenn jemand erzählt, sein Vater sei aus Mailand oder seine Mutter aus Stockholm. Bei mir: deutsch, auf beiden Seiten, über alle Generationen hinweg, väterlicherseits Hessen, mütterlicherseits Pommern. Ich kann mich nirgendwo hinflüchten und sagen, na ja, ich bin ja so deutsch gar nicht. Der Unternehmer Friedrich von Bohlen und Halbach zum Beispiel, einer aus der Krupp-Dynastie, hat auch immer geglaubt, er sei eigentlich mehr Amerikaner als Deutscher. Aber je älter er werde, sagt er heute, müsse er doch feststellen, wie wichtig Wurzeln im Leben sind, Werte. Dabei verdient von Bohlen und Halbach sein Geld in der Biotech-Industrie und hat zu seiner Familie ein eher gespanntes Verhältnis, besonders zu ihrer zweifelhaften Vergangenheit.

Ich bin Deutscher – keine Exotik, keine Leichtigkeit der Fremde in mir. Und jetzt? Ich sitze auf den Treppen des Berliner Flughafens Tempelhof, kaue an meiner Bockwurst und habe ein maues Gefühl im Bauch. Nein, ich fühle mich nicht schuldig. Es ist etwas anderes: Hier, inmitten der Lebendigkeit eines ganz normalen Dienstagvormittags, merke ich, dass ich nicht zu viel weiß über den Alltag unter Hitler, den Alltag im Krieg – sondern zu wenig. Natürlich kenne ich die Fakten, aber ich kann mir nicht vorstellen, wie sich das Leben angefühlt hat, für die, die Karriere gemacht haben, die dabei waren.

Obwohl der Politologe Iring Fetscher nach dem Krieg zum Katholizismus übergetreten ist, schwärmt er mir von seinen Erfolgen als Schütze in Russland vor

Iring Fetscher hält von Gefühlen nicht viel, deshalb bevorzugt er Ironie – er ist immer auf der Suche nach einem kleinen Gag, der das Elend der Geschichte erträglicher machen könnte.

Fetscher, einer der einflussreichsten Denker der deutschen Nachkriegslinken, war im Zweiten Weltkrieg Batterieoffizier und so genannter vorgeschobener Beobachter. Vor ihm auf dem Schreibtisch liegen nun seine Papiere von damals, Tagebuchaufzeichnungen meistens, auch offizielle Berichte, Protokolle über die Vorgänge in seiner Batterie. Nach einem heftigen Gefecht mit den Russen notierte er zum Beispiel: »Plötzlich ist rechts und links kein Nachbar vorhanden. Unangenehm, die Einbrüche.« Er stoppt, muss lachen. »Da sehen Sie es«, sagt er, »diese Soldatensprache, begreifen Sie, wie fremd mir das heute ist?« Das Unangenehme – damit war der Tod von zwei Soldaten gemeint. Unangenehm, das klingt wie: »Heute ist der Regen aber wirklich unangenehm.«

Iring Fetscher hat gelernt, das Leben mit Zahlen zu beschreiben, da haben Gefühle wenig Platz. Zumindest keine unangenehmen, denn gejubelt hat er ganz gern. In einem seiner Berichte schrieb er, dass ihm erlaubt wurde, fünf Schuss mit dem Mörser, der zu seiner Batterie gehörte, abzugeben. »Da war ich stolz«, sagt er, »man wusste ja, jeder Schuss kostete rund fünftausend Mark.« Wie erklärt er sich das heute? »Das war eine Mischung aus kindlicher Abenteuerlust und der Freude an der

Technik. In der Artillerie ist ja viel Mathematik dabei, wenn man es genau macht, Windgeschwindigkeit und -richtung, welche Ladung nimmt man, man muss die Karte lesen können, und: Man muss beobachten können. Dann schießt man sich ein: lang, kurz – Treffer! Ein Erfolgserlebnis!«

Männer reden nicht gerne über Gefühle. Männer verstehen sich oft, auch ohne miteinander zu reden – oder bilden sich das zumindest ein. Auch mit meinem Opa sprach ich selten über Gefühle. Manchmal, beim Spaziergang, fragte er mich, ob es dieses oder jenes Mädchen noch gebe, mehr nicht. Meistens war es mir peinlich, wenn ich Nein sagen musste. Er schmunzelte dann: »Na ja, du musst dein Leben genießen, du machst das schon richtig.«

Wenn ich schon nicht mit meinem Opa über Gefühle sprechen kann, wie wird das dann wohl mit einem Fremden werden, noch dazu über Liebe? Und noch dazu mit einem, der diesen Dingen nicht recht trauen mag?

Iring Fetscher war weder verlobt noch verheiratet, er war ein junger Mann von einundzwanzig, der irgendwo in der Ukraine stationiert war. Sie hieß Ludmila, und sie war die erste Frau, mit der er schlief. Sie habe ihn verführt, sagt er, »wir waren ja damals noch nicht so frühreif wie die Vierzehnjährigen von heute«. Dass Ludmila nicht unbedarft war, sondern offenbar schon ihre eigenen Erfahrungen gesammelt hatte, erfuhr er kurz vor dem großen Moment: Sie gab dem jungen Deutschen ein Glas mit einem Stärkungsgetränk, einer Mischung aus Eiern, Honig und Milch.

»Die Begegnung mit ihr hat mir viel bedeutet«, schrieb er später, zugleich machte er sich lustig über seine eigene Naivität: Er verhütete durch Koitus interruptus und hoffte, dass er einen sicheren Tag im Monat ausgerechnet habe. Doch ganz so sicher war er sich dessen offenbar nicht: Bei seinem nächsten Heimaturlaub verfasste er ein Testament, und darin bat er seine Eltern, sich im Falle seines Todes um ein Mädchen namens Ludmila Petrowa aus Charkow zu kümmern. Und um sein eventuell geborenes Kind.

Sechzig Jahre später. Im Arbeitszimmer des Politikwissenschaftlers Iring Fetscher stapeln sich Papiere, Akten, ausgerissene Zeitungsartikel in Regalen, auf Tischen, in Kartons und natürlich auf dem Boden. Während unseres Interviews wird er immer wieder aufstehen und einen Artikel suchen, der ihm gerade eingefallen ist, oder einen alten Tagebucheintrag aus Kriegszeiten. Ich müsse unbedingt diese eine Stelle lesen: »Warten Sie, einen Moment noch, dann habe ich ihn gefunden …« Manchmal wird er den Text tatsächlich unter einem Berg Blätter hervorziehen und vorlesen, damit mein Tonbandgerät alles aufzeichnet.

Das ist Fetschers Welt: Für ihn sind seine Papiere wichtig, sie geben ihm Halt, und mit ihrer Hilfe hofft er, sein eigenes Leben besser zu verstehen. Verwunderlich also nicht, dass er 1995 eine Autobiografie schrieb: *Neugier und Furcht. Versuch, mein Leben zu verstehen*. Die Texte über sein Leben teilt er in zwei Kategorien ein: in nüchterne Berichte – damit kann er sich identifizieren. Und in Gedichte, emotionale Erzählungen und dergleichen Gefühlsbetontes – damit nicht. Kitsch nennt er das: »Kriegskitsch.«

Iring Fetscher war mit seiner Einheit unterwegs in Richtung Charkow. Irgendwann ging es nicht weiter, und sie blieben in Saporoschje, dem nächstgelegenen Dorf. Fetscher konnte Russisch – er hatte nach dem Abitur eine Dolmetscherschule besucht – und wurde deswegen als so genannter Ortskommandant eingesetzt. Eine Dolmetscherin und Fallschirmspringerin aus Charkow wurde geschickt, die dem jungen Soldaten helfen sollte, mit der Bevölkerung zu reden. Mit Veronika, sagt Fetscher, ging er oft spazieren, aber »mehr war da nicht«. Doch kurz darauf kam ein zweites Mädchen aus Charkow, Ludmila. Die beiden verliebten sich ineinander.

Zwei Dinge waren damals wichtig, sagt Fetscher: »Erstens das Abenteuer. Und zweitens brauchte jeder Soldat ein Mädchen zu Hause«. Ein Mädchen, dem er schreiben konnte, dem er etwas anvertrauen konnte, was sonst niemand wusste, die Eltern nicht und die anderen Soldaten erst recht nicht. »Das gehörte einfach dazu«, erklärt er, »dass man gebraucht wird, dass man geliebt wird, dass jemand auf einen wartet.« Wahrscheinlich ging es auch gar nicht immer darum, wen man zu Hause hatte, sondern *dass* man jemanden hatte. Vielleicht konnte man die Hölle, die man Tag für Tag erlebte, leichter ertragen beim Gedanken: Du darfst jetzt noch nicht sterben, du musst noch für jemanden da sein.

Einmal musste er einem Soldaten, einem ostpreußischen Bauernsohn, helfen, einen Brief zu schreiben. »Er war mehr oder minder Analphabet«, sagt Fetscher. »Ich sagte: ›Du kannst mir ja einfach diktieren!‹ Da antwortete er: ›Na ja, schreib doch, wie es hier so ist, und dass sie was schicken soll!‹« Also gibt Fetscher den Cyrano de Bergerac.

Und er selbst? »Na ja«, er zwinkert mir zu, »dass man gleich zwei, drei Mädchen zum Schreiben hatte, war für mich kein Problem.«

Und was war mit der Treue? Das scheint nicht gerade eines seiner großen Lebensthemen zu sein. Viele Jahre später, in der Aufbruchsphase der Fünfziger- und Sechzigerjahre, hatte sich der Marx-Forscher eine Entschuldigung zurechtgelegt, die er von der marxschen Entfremdungstheorie abgeleitet hatte und die er heute als »höchst fragwürdig« bezeichnet – dabei gerät ihm jedoch sein Schmunzeln eine Spur zu kokett. Gemäß seiner These muss nicht eine Person gleichermaßen Intellekt, Gefühl und Sex ansprechen. Neben einer Freundin, die weit weg wohnte, hatte er auch noch andere Frauen, mit denen er sich vergnügte. »Ich habe das mal ausformuliert«, schreibt Fetscher in seiner Autobiografie, »aber ich kann den Text nicht mehr finden, und es bleibt mir zu hoffen, dass er verloren gegangen ist und nicht eines Tages von meinen Erben im Nachlass entdeckt wird.«

Iring Fetscher, Jahrgang 1922, wird gerne als »Grandseigneur der Politikwissenschaft« bezeichnet. Ab Anfang der Fünfzigerjahre arbeitete er an Universitäten, er lehrte unter anderem in Tübingen, New York und Harvard, und fünfundzwanzig Jahre lang war er Ordinarius für sein Fachgebiet an der Universität in Frankfurt am Main. Er veröffentlichte herausragende Studien zu Karl Marx, sein Buch *Von Marx zur Sowjetideologie* erschien zwischen 1956 und Ende der Achtziger in weit über zwanzig Auflagen – es hat eine Vielzahl Studenten begleitet. 1991 schrieb er einen Bestseller über Märchen mit dem schönen Titel: *Wer hat Dornröschen wachgeküsst? Das Märchen-Verwirrbuch.* Er beriet Willy Brandt in dessen Funktion als Regierender Bürgermeister Berlins und war Mitglied der Grundwertekommission der SPD. Er selbst bezeichnet sich als »grünen Sozialdemokraten«.

Doch jetzt erzählt dieser Mann von der Zeit, die ihn wohl mehr geprägt hat, von einer Zeit, in der er noch nicht Wissenschaftler werden wollte, sondern Offizier. Man muss nur seine Autobiografie *Neugier und Furcht. Versuch, mein Leben zu verstehen* lesen, um eine Ahnung davon zu bekommen, wie wichtig für ihn diese Zeit gewesen ist, auch heute, Jahrzehnte später, noch ist. Knapp fünfhundert Seiten schrieb er damals, bereits auf Seite elf wird der Krieg zum ersten Mal erwähnt und dominiert die restlichen Seiten. Die Autobiografie endet mit dem Jahr 1963, als er dem Ruf an die Frankfurter Universität folgte.

Iring Fetscher wohnt mit seiner Frau in einem schmucklosen Haus in Frankfurt am Main, in der Nähe des Hessischen Rundfunks. Ein kleiner Vorgarten, zwei Stockwerke, im oberen liegt sein Arbeitszimmer. Er empfängt mich zunächst unten, wir setzen uns, und er beginnt sofort, mit Papieren zu rascheln. Seine Eltern hoben fast alle Briefe auf, die ihr Sohn aus dem Krieg geschrieben hatte. An Weihnachten 1944 notierte er zu Hause in Dresden: »Wieder daheim unter deutschen Menschen.« Er hält das Papier jetzt hoch und weiter weg und betrachtet es skeptisch. »Wissen Sie«, sagt er in leichtem Sächsisch, ein wenig nuschelnd, »ich kann nur versuchen, das zu verstehen. Das ist sechzig Jahre her. Und ich frage mich: Wie würde ich mich dazu verhalten, wenn das jemand anderes geschrieben hätte? Aber ich weiß ja: Ich war das.«

Wir gehen die enge Wendeltreppe hoch ins Arbeitszimmer. Er bietet mir den Lesesessel links neben dem Schreibtisch an, nimmt selbst auf dem Stuhl davor Platz. Er sitzt jetzt höher als ich, anders formuliert: Ich muss zu ihm aufschauen.

Einige Wochen nach der Begegnung mit Iring Fetscher höre ich das Tonband des Interviews ab. Ein linker, mit den Grünen sympathisierender Professor erzählt hocherfreut von den Glücksgefühlen eines jungen Soldaten, der gerade ein paar Menschen umgebracht hat. Lang, kurz – Treffer.

Ich tippe nur zwei, drei Sätze ab, dann halte ich das Band an, stehe auf, gehe durch die Wohnung. Warum beschäftigt mich das derart? Hier wird berichtet, wie sich Menschen umbringen. Deshalb. Aber vielleicht entsetzt mich viel mehr die Tatsache, dass nur wenig nötig zu sein scheint, um aus einem Teenager einen Menschen zu machen, der beim Töten Freude empfindet.

Zurück nach Frankfurt, ins Arbeitszimmer von Iring Fetscher. »Wie irrsinnig oberflächlich das ist«, sagt er, »man schießt, landet einen Treffer, und man denkt nie daran, dass man nicht nur Hügel wegbombt, sondern Menschen.« Es folgt einer gewissen Logik, dass Kriegsherren gerne junge Soldaten an die Front schicken. Sie haben meist noch keinen Verwandten oder engen Freund durch den Tod verloren, sie wissen noch nicht, wie schmerzhaft ein solcher Verlust sein kann. Für sie ist Krieg ein Spiel, eine Art Sport. Lang, kurz – Treffer. »Mit Älteren«, sagt Fetscher, »kann man das nicht machen. Erst später, bei Hegel, habe ich nachgelesen, dass junge Menschen abstrakt denken und fühlen, weil sie noch wenig Erfahrung gesammelt haben.«

Iring Fetscher war zunächst ein begeisterter Soldat, der sich freiwillig für eine Offizierslaufbahn entschieden hatte. Seine Eltern waren keineswegs überzeugte Nazis, sondern Nationalkonservative, unterstützten jedoch seine Karriere. Auch sein Vater Rainer, ein Medizinprofessor an der Technischen Hochschule in Dresden, ließ sich anfangs mitreißen von Hitlers Erfolgen, begrüßte im Sommer 1933 sogar das »Gesetz zur Verhütung erbkranken Nachwuchses«. Vater Fetscher erkannte seinen Irrtum noch zur Hitler-Zeit und kämpfte dann öffentlich gegen die Entlassung jüdischer Professoren – was zu seiner eigenen Entlassung führte. Wahrscheinlich wurde er noch am letzten Kriegstag, am 8. Mai 1945, von einem SS-Mann erschossen, weil er mit russischen Soldaten verhandeln wollte. Heute ist nach Irings Vater in Dresden der Fetscher-Platz benannt.

Als Iring Fetscher lange nach dem Krieg einer Freundin von seiner Freude am Schießen erzählte, fand sie das ziemlich abstoßend. Aber das sei normal im Krieg, antwortete er ihr, »du weißt, wenn du nicht schießt, erschießt dich der Gegner«. Und weil er das selbst erlebt hat, hat es sich der bekennende Linke in der Bundesrepublik nicht leicht gemacht, wenn über Krieg und Schuld diskutiert wurde. Er hat immer wieder der These widersprochen, Soldaten seien Mörder. »Beide Seiten«, sagt Fetscher, »verhielten sich eher wie in Notwehr.«

Hat er selbst Verbrechen begangen? »Nein«, beteuert er, »nein, keine Verbrechen. Aber ich habe Menschen in Russland umgebracht, die nur ihr Land verteidigen wollten. Wir waren die Angreifer. Und gleich an meinem ersten Tag im Krieg kam ich morgens zur Grenze, und da lag ein toter russischer Zollbeamter, der am Abend zuvor noch gearbeitet hatte. Unsere Leute haben ihn erschossen, obwohl er kein Soldat war. Das war ein Verbrechen.«

Seine Schuldgefühle lassen ihn nach dem Krieg zum Katholizismus konvertieren. Er selbst erklärt es sich mit religiöser Verzweiflung, er habe dem im Krieg Erlebten einen Sinn abringen wollen. Aber vielleicht hat Fetscher auch nur einen Weg gesucht, so manche Schuld noch im irdischen Leben loszuwerden. Dabei half ihm die Beichte. Als Protestant hätte er seine Schuld mit sich selbst ausmachen müssen.

Die Vergangenheit, Hitler und der Krieg sind ihm trotzdem immer wieder begegnet, in Tübingen, wo er sein Studium begann, und in Paris an der Sorbonne, wo er es fortsetzte. Nachdem er sich in Frankreich eingeschrieben hatte, stellte die Universitätsverwaltung fest, dass der Student Fetscher aktiver Offizier gewesen war, also musste er sich jeden Monat zur Kontrolle melden. Und als er in Tübingen einmal jemanden besuchte, sah er durch die Fenster auf die Stadt, und ihm schoss durch den Kopf: Von hier aus hätte man einen tollen Überblick, um den Gegner zu beobachten.

Fetscher erzählt diese Anekdoten, als sei er über sich selbst erstaunt, und vielleicht ist er das ja tatsächlich. So als blicke der alte Mann auf den jungen Burschen wie auf eine dritte Person – und erschrickt doch gleichzeitig, wie sehr er sich in diesem Fremden wieder erkennt. Näher kann er den Soldaten wohl nicht an sich heranlassen.

Es ist trotzdem merkwürdig, dass Fetscher keinerlei Erinnerung an seine Begegnung mit Adolf Hitler hat. Natürlich erinnert er sich genau an die Umstände, wie er und die anderen jungen Soldaten ihre Pistolen ablegen mussten, bevor sie im Bus vor einen Saal gefahren wurden, vor den Sportpalast in Berlin im Januar 1942. Er weiß noch, dass Göring rot lackierte Stiefel und seine hellblaue Fantasieuniform trug und den riesigen Marschallstab dabei hatte. Außerdem erinnert er sich »an weitere Nazi-Größen wie Keitel, aber Hitler? Da ist nichts.« Wie, nichts, frage ich. »Einfach gar nichts. Ich sehe die Bühne, wir saßen auf der Empore. Ich sehe sie alle stehen: Göring, Keitel … aber da, wo Hitler stehen soll, da sehe ich … nichts Optisches. Er ist eine Leerstelle, eine Projektionsfläche. Ich erinnere mich nur an die Stimme, aber die kannte ich ja aus dem Radio. Was er gesagt hat? Keine Ahnung!«

Es ist für mich schon merkwürdig genug, sich mit jemandem zu unterhalten, der in Uniform einer Rede von Adolf Hitler zugehört hatte – aber dass er sich nicht an ihn erinnert? Warum verdrängt er das? Wahrscheinlich möchte er nicht wahrhaben, dass er und Hitler einmal im selben Raum waren, nicht als Gegner, sondern als Verbündete. Plötzlich tut sich ein Graben zwischen uns auf. Ich will ihn nicht anklagen, aber dieses Verdrängen der eigenen Erinnerung stellt sich zwischen uns. Da gibt es etwas, was er unausgesprochen lässt.

Seine Kinder, sagt er jetzt, wollten von ihm nicht viel über seine Zeit im Krieg wissen, und er hat auch nie das Bedürfnis verspürt, ihnen davon zu erzählen. Wie bei den Weizsäckers, wie bei vielen deutschen Familien. Eine Tochter ist Journalistin geworden, Caroline Fetscher arbeitet für dieselbe Zeitung wie ich, und vielleicht ist es kein Zufall, dass sie seit Jahren vor allem über die Entwicklung auf dem Balkan schreibt. Immer wieder aufs Neue stellt sie sich die Frage, wie es zu diesem Krieg kommen konnte, immer wieder reist sie dorthin und verfolgt Kriegsverbrecherprozesse. Zentral in ihren Artikeln ist das Thema Vergangenheitsbewältigung – vielleicht ist das ihre Art der Auseinandersetzung mit der Vergangenheit des Vaters. Die Tochter des Soldaten Iring Fetscher schreibt Reportagen aus einem Kriegsgebiet. Es ist ihr Krieg, nicht seiner.

Mehrfach nach 1945, erzählt Fetscher, hätten ehemalige Kameraden zu ihm Kontakt aufgenommen, außerdem habe er mit großem Interesse die Werdegänge anderer Soldaten verfolgt, beispielsweise den von Richard von Weizsäcker. Fetschers Eltern waren mit einem Kollegen von Weizsäckers Vater befreundet. Auch während des Krieges begegneten sich die beiden immer wieder, sie gehörten zu Regimentern, die eng zusammenarbeiteten. Fetscher erinnert sich noch daran, wie ihm von Weizsäcker 1944 zugezischt habe: »Warum halten wir noch immer unseren Kopf für das Schwein hin?«

Es wird nicht das letzte Mal gewesen sein, dass ich erfahre, wer mit wem in welchem Regiment kämpfte. Manchmal hat man das Gefühl, Deutschlands Großväter hätten sich beim Aufbau des Landes immer wieder mal zugezwinkert, nach dem Motto: Weißt du noch? Nein, da widerspricht Fetscher, man habe selten über den Krieg gesprochen. Man wusste ja, was der andere erlebt hatte. Man muss sich diese gemeinsame Erfahrung eher wie ein unsichtbares Band vorstellen, dass diese Generation verbunden hat, später, als es aufwärts ging.

Und heute, wenn er zurückblickt auf die Entwicklung, die das Land genommen hat, ist er zufrieden? »Es ist besser geworden«, sagt er, »als wir befürchtet hatten. Entscheidend war: Deutschland war ein Kindergarten. Die Außenpolitik war festgelegt, und wir konnten im Sandkasten Demokratie üben. Auch die innenpolitische Richtung war grob vorgegeben, sowohl der Kommunismus als auch der Nationalsozialismus waren verpönt.« Glaubt er, dass Deutschland heute noch anfällig für den Extremismus wäre? »Gott, ja, ich pflege ja meinen emotionalen Optimismus. Aber ich weiß es nicht.«

In einigen Jahren werden die Fetschers und all die anderen Soldaten nicht mehr unter uns sein, und dann können sie uns nicht mehr allein durch ihre Anwesenheit erinnern, dass nicht alles so selbstverständlich ist, wie wir es gewohnt sind. Ich wünsche mir in diesem Moment, dass sie sich noch Zeit lassen mit dem Abschiednehmen. Ich sehe Iring Fetscher an – ein Mann, der am Anfang seines Lebens mit dem Eisernen Kreuz I. Klasse, am Ende seines Lebens mit dem Bundesverdienstkreuz ausgezeichnet wurde –, er strahlt. »Emotionaler Optimismus« nennt er das.

Warum uns Jungen die Welt offen steht und wir trotzdem mit unserem Leben so wenig anfangen können

Mir geht ein Gedanke von Iring Fetscher nicht aus dem Kopf: Er sei so jung geblieben, weil man ihm und seiner Generation früh wichtige Entscheidungen abgenommen habe. Wobei das vielleicht missverständlich formuliert ist, denn wahre Entscheidungsfreiheit gab es ja im Dritten Reich nicht. Doch genau deshalb, so Fetscher, lebe man als junger Mensch in einer Diktatur unbeschwerter.

Ich versuche, mir das vorzustellen, für mich, für meine Generation. Wären wir anfällig für einfache Antworten auf komplizierte Fragen? Von Kindesbeinen an haben wir gehört, dass wir, um weiterzukommen, unser Leben selbst in die Hand nehmen müssen. Am besten machen wir schon mit sechzehn ein Praktikum in einer Branche unserer Wahl. Ein Studium? Ja, gerne, aber bitte in Mindeststudienzeit. Schon früh haben uns Fragen, Fragen, Fragen gequält: Welcher Beruf passt zu mir? Wo soll ich leben, in der Großstadt oder auf dem Land? Soll ich zusammenziehen mit der Freundin, oder bleiben wir getrennt glücklicher? Sollen Beziehungsprobleme angegangen werden, oder ist verschwinden einfacher, wenn's kriselt? Soll ich mehr auf mich oder mehr auf andere achten? Und wie definiert sich heute überhaupt der Begriff vom Egotrip? Was soll mir mein Beruf bringen: mich beruflich vorwärts, oder soll er ein Dienst an der Gesellschaft sein? Und, und, und.

Natürlich musste sich auch Iring Fetschers Generation Fragen stellen, und Liebe, Karriere, Freundschaften waren früher genauso wichtig. Aber damals hatte die Gesellschaft klare, heute abschreckend wirkende Leitbilder: der tapfere Soldat, die sich um die Kinder sorgende Mutter, der gehorsame Bub. Außerdem war vorgegeben, was wichtig und was unwichtig ist.

Heute steht fast allen fast alles offen. Doch auf eine Frage haben die wenigsten eine Antwort: Wie lebe ich richtig? Wir doktern deshalb an unserem Leben herum, versuchen mal dies und mal jenes. Ich kenne Frauen in meinem Alter, die schwanger werden, weil sie gerade nicht weiterwissen. Ich kenne Männer, die sich aus Angst vor einer erwachsenen Beziehung mit Abiturientinnen anfreunden.

Wir alle sind befallen vom Virus des Sich-jeden-Tag-neu-Erfindens. Es ist der erste Gedanke unter der Dusche: Sollte ich heute mein Leben ändern? Neue Freundin, neue Stadt, neuer Job? Wir leben wie in einem ständigen Multiple-Choice-Test: Antwort a), b), c) oder d). Mhm – alle Antworten sind richtig oder keine. Ich muss mal telefonieren, Herr Jauch.

Unsere Eltern, die 68er, waren die Generation der Antworten: Sie wussten alles, wussten, was an der Vergangenheit des Landes zu kritisieren war, und hatten eine sehr klare Vorstellung von der Zukunft. Sie glaubten, alles sei eine Frage der Erziehung und dass wir, wenn alle diese Erziehungsregeln beachten, am Ende in einer besseren Welt leben würden. Doch wenig ist so gekommen, wie sie sich das ausgemalt hatten.

Vielleicht misstrauen wir den Utopien deshalb: Wir haben mit ansehen müssen, wie sich die Hippie-Träume unserer Eltern in einen Zweitwagen und den Toskana-Urlaub aufgelöst haben. Unsere Eltern sind von all den Kämpfen mit ihren Eltern ermüdet, der Kampf der beiden Generationen war eine Auseinandersetzung über die großen Themen: über das Menschenbild, über Gut und Böse. Beide Seiten hatten für sich ihre Antworten gefunden. Wir Enkelkinder erkennen zwar an, dass etwa die 68er das Land wie bei einer Massage gut durchgeknetet haben und Deutschland heute lockerer ist. Aber zugleich sehen wir auch, dass die erste Bundesregierung, gestellt von 68ern, aus Politikmanagern besteht, die sich um die großen Fragen gar nicht mehr kümmern. Vielleicht haben wir deshalb beschlossen, diesen Weg nicht zu gehen. Wenn der Weg vieler 68er am Ende in Frustration und Zynismus geendet hat, warum sollen wir ihn dann weitergehen?

Als unsere Eltern jung waren, hofften ihre Vordenker, dass am Ende ihres Lebens die Welt ein besserer Ort sei, ein Ort des Friedens, ein Ort der Liebe. Heute erleben wir die Dauerkrise im Nahen Osten, Terroristen wie Osama Bin Laden, Angriffe auf New York und Washington, Diktatoren wie Saddam Hussein, Länder wie Nordkorea, die am liebsten eine eigene Atombombe hätten.

Kann es sein, dass wir Enkelkinder, die aufgewachsen sind mit der täglichen *Tagesschau*-Meldung von Attentaten und gescheiterten Verhandlungen zwischen Israelis und Palästinensern, uns daran gewöhnt haben, dass die Welt nicht besser wird – weil wir es nicht anderes erlebt haben? Haben wir denn noch Zukunftsillusionen, wie wünschen wir uns die Welt im Jahr 2030?

Die Antwort darauf fällt uns schwer. Vielleicht, weil sich unsere Wünsche gar nicht so sehr von denen unserer Eltern unterscheiden, Frieden im Nahen Osten würde beispielsweise unsere Welt verändern. Aber wir haben erfahren müssen: Es gibt keine einfachen Antworten mehr auf die großen Fragen. Anfang der Neunzigerjahre hat die Rockband Guns 'n' Roses ihre Fans aufgefordert: »Use your illusions!« Zehn Jahre später möchte man zurückfragen: Welche denn?

Ein Bekannter, knapp über vierzig, sagte mir mal, dass ihn meine Generation verwirre: Wir könnten so abgeklärt, cool, zielstrebig wirken. Und im nächsten Moment seien wir wie kleine Kinder, die nicht erwachsen werden wollen – nicht erwachsen werden können. Zwar steht uns die Welt offen, doch wir können zwischen all den Möglichkeiten nicht auswählen, sind wie gelähmt. Vielleicht ist das der Widerspruch, den wir aushalten müssen, und wir flüchten uns deshalb ins Nachtleben, in Partydrogen und geben uns Shopping-Exzessen hin, um den Druck auszuhalten, und vielleicht auch, um uns abzulenken.

Unsere Eltern diskutierten in ihrer Jugend nächtelang über alles Private, doch das hat sie nicht zu glücklicheren Menschen gemacht – ein Drittel aller Ehen wird in Deutschland geschieden. Vielleicht haben wir gerade deshalb – sozusagen aus Trotz – die Kunst entwickelt, nächtelang das Design eines Turnschuhs in all seinen Fassetten zu beleuchten. Nur ja keine Tiefe, loben wir lieber die Oberfläche. Wahrscheinlich werden wir noch in zwanzig Jahren nachts in Clubs zu finden sein, uns über die Bedeutung von Nutella für unser Leben unterhalten und uns heimlich fragen, ob wir gerade wieder einmal dabei sind, eine falsche Entscheidung zu treffen.

Weshalb das Leben des Schriftstellers Erich Loest und das Haus, in dem er wohnt, einfach nicht zusammenpassen

Ich werde mich verspäten. Der ICE aus Berlin bleibt eine halbe Stunde vor Leipzig liegen, und ausgerechnet gestern habe ich mein Handy verloren, und, verdammt, wo ist Erich Loests Telefonnummer?

Endlich in Leipzig, schnell mit dem Taxi ins Stadtviertel Gohlis. »Schöne Gegend«, sagt die Taxifahrerin. Es könnte auch ein schöner Tag werden. Die Sonne scheint, und die Stadt liegt an diesem Sonntag wie ausgestorben da: Niemand ist auf der Straße, die Menschen verweilen im Schatten. Nur Erich Loest scheint es nach draußen gezogen zu haben. Ich klingele an seiner Tür, erst zögerlich, dann heftiger, aber niemand öffnet. Mir bleibt nichts anderes übrig, als zu warten.

Wie wohl der Schriftsteller Erich Loest wohnt? Ein Intellektueller, Jahrgang 1926, der einige Bestseller geschrieben hat und der schon fast eine legendäre Figur des Widerstands in der DDR ist. Träger des Großen Bundesverdienstkreuzes. In Leipzig so einflussreich, dass er durch bloße Präsenz die Schließung von zwei Filialen der öffentlichen Bibliothek verhindern konnte. Ich stelle mir eine große Wohnung mit Patina und Flügeltüren vor, mit alten Möbeln, Erinnerungsstücken überall, mit Bildern, ein bisschen schrullig das alles, und die Wände voller Bücher. Er hat wahrscheinlich eine Wohnung, die ein bürgerliches Leben in einem unbürgerlichen Land, der DDR, widerspiegelt.

Wann fängt man eigentlich an, auf Wohnungen zu achten, um ihre Bewohner einzuordnen? Kinderzimmer zählen nicht, auch wenn man als Teenager die ersten Poster an die Wände hängt. Man wohnt hier nur vorübergehend, und alle Freunde wissen: Für die Tapete kann er nichts. Studienbeginn – meistens nur ein Zimmer, immerhin das erste eigene, mehr aber nicht, eigentlich ist es nur eine Art Weiterführung des Kinderzimmers. Dann aber, mit Mitte zwanzig, haben viele plötzlich schöne, eingerichtete Wohnungen.

Bei mir ist es anders gekommen. Ich habe mir irgendwann mit Anfang zwanzig etwas angewöhnt, was sich schwer vermitteln lässt: Ich lasse niemanden gerne in meine Wohnung. Wenn es an der Tür klingelt, stelle ich die Musik leiser und knipse das Licht aus. Mein größtes Horrorszenario ist das aus der »Ferrero Küsschen«-Werbung: Freunde kommen zu einem Überraschungsbesuch vorbei und veranstalten furchtbar spontan ein kleines Fest.

Was würde ein Fremder über meine Wohnung und mich denken? Leere Räume, weiße Wände, nur in der Küche hängen einige Bilder und Poster, der Schriftsteller Michel Houellebecq mit geschlossenen Augen etwa oder ein altes Titelbild von *Life* mit dem betenden John F. Kennedy darauf. Im Bad: das Foto eines leeren, alten Swimmingpools in Kuba und das Bild eines Mädchens, das einen Koffer trägt, aus der Produktion eines Modefotografen. Ansonsten: ein Bett, ein Schrank, einige Regale für Bücher und Platten, Schreibtisch, Esstisch, vier Stühle. Zwei Fernseher, ein Laptop, ein Drucker, zwei Plattenspieler, Mischpult, Boxen. Der Fremde würde wahrscheinlich glauben: Hier ist jemand auf dem Sprung, hier hat jemand große Angst, sich einzurichten, in der Wohnung, im Leben.

Das Haus, in dem Erich Loest wohnt, ist ein weißer Neubau mit viel Glas. Am Eingang eine kleine Kamera, um Besucher zu identifizieren. Durch die Glastür ist das Treppenhaus zu sehen, heller Stein, sauber. Ich setze mich auf den Bürgersteig gegenüber in die Sonne, warte auf Loest, und gerade als ich mir überlege, wie das zusammengeht, dieses Traditionsbewusstsein in seiner Arbeit und die Traditionslosigkeit seines Wohnhauses, sehe ich einen Spaziergänger um die Ecke biegen.

Erich Loest ist braun gebrannt, die noch nicht vollständig ergrauten Haare sind zu einer Art Tolle gekämmt. Er trägt die Farben seiner Generation: Die olivgrüne Hose sitzt sehr weit oben, wie das manchmal so ist bei älteren Herren, dazu ein beigefarbenes Hemd mit kurzen Ärmeln. Er geht weder langsam, noch hat er es eilig, er geht unauffällig mittelschnell. Er winkt, als er mich sieht. Ich stehe auf und warte nun auf ihn, und in den vielleicht zehn Sekunden, bevor er mir die Hand schüttelt, gehen mir alle möglichen Berufe durch den Kopf, die ich dem Spaziergänger zuordnen würde, würde ich ihn nicht kennen: Oberstudienrat, Beamter bei der Bahn, Abteilungsleiter auf einem Amt. Auf jeden Fall: Mittelschicht, ein eher unauffälliger Typ, ohne extremen Ehrgeiz, aber mit festem Willen ausgestattet, wahrscheinlich hat er ein ruhiges Leben hinter sich und wurde vor kurzem pensioniert.

Wir fahren mit dem Aufzug nach oben, Erich Loest wohnt unterm Dach. In der Wohnung stehen schwere Schränke, ein dicker, Schritte schluckender Teppich liegt auf dem Boden. Wir setzen uns in eine Couchecke, davor steht ein sehr großer Fernseher. In der Verlängerung des Wohnzimmers befindet sich ein Schreibtisch, darauf ein Telefon. Nicht gerade viele Indizien dafür, dass hier ein Schriftsteller wohnt.

Was erzählt einem dieses Haus? Vielleicht will einer so unauffällig leben wie Millionen andere, um sich ihnen zugehörig zu fühlen. Einer aus der Mitte des Landes, ein Schriftsteller, der von den Kritikern für seine genauen Schilderungen des Alltags der kleinen Leute gelobt wird – und weniger für sprachliche Brillanz. Einer, der in den Siebzigerjahren ein Buch schrieb, das jenen DDR-Bürgern aus der Seele sprach, die nicht im Ostberliner Intellektuellenmilieu zu Hause waren. Der Roman trug den Titel *Es geht seinen Gang oder Mühen in unserer Ebene.* Und vielleicht will sich jemand, in dem sich die deutsche Geschichte des vergangenen Jahrhunderts so brutal gespiegelt hat, mit Dingen umgeben, die nicht allzu persönlich sind, um nicht immer wieder an alles Erlebte erinnert zu werden.

Erich Loest gehört zu den letzten Jahrgängen, die in den Zweiten Weltkrieg geschickt wurden. Er war Infanterist, kam an die Front und wurde noch in den letzten Kriegswochen zum »Werwolf« ausgebildet. Werwölfe waren eine Erfindung der Nazi-Spitze. Bei einer Niederlage Deutschlands sollten sie sich in die Wälder zurückziehen und mit Anschlägen und Sprengungen das Land verwüsten. Sie waren gedacht als Hitlers Rache.

Nach dem Krieg wurde Loest Kommunist und blieb in der DDR. Nach der Niederschlagung des Aufstandes am 17. Juni 1953 in Berlin wandte er sich vom Regime ab und wurde zu einem seiner schärfsten Kritiker. Das brachte ihn nach Bautzen, wo er ab 1957 sieben Jahre im Gefängnis saß. Immer wieder bot man ihm an, ihn freizulassen, wenn er sich nur öffentlich distanziere. Er weigerte sich, entwickelte schwere Schlafstörungen, bekam Magenprobleme und redete sich irgendwann selbst nur noch mit seiner Häftlingsnummer an: 23/59. Nach seiner Entlassung wollte er unauffällig leben, sich aus der Politik heraushalten. Es gelang ihm fünfzehn Jahre lang, dann krachte es wieder, und er siedelte 1981 in den Westen über. Schon Dezember 1989 hielt er wieder in Leipzig Lesungen ab und zog im Frühjahr 1990 zurück in seine Heimat.

Er hat alle deutschen Systeme der vergangenen Jahrzehnte erlebt, er hat die Nazis und die Kommunisten überstanden und auch den Kapitalismus. Und nun wohnt er in einem Neubau, der nichts von alldem verrät.

Werwolf. Das klingt so Furcht erregend, wie es gemeint war. Was bedeutete es, als junger Mann auserwählt zu werden, damit Hitlers Vermächtnis durch einen weiterleben kann? »Vom Krieg vorher«, sagt Loest, »von der einjährigen Ausbildung etwa ist mir vieles nicht mehr in Erinnerung. Das war einigermaßen gleichförmig, sehr anstrengend, sehr deprimierend, man hatte nicht viel zu essen, hat geschwitzt, war dauernd müde. Aber an die Zeit als Werwolf, die wenigen Wochen, erinnere ich mich, an fast jeden einzelnen Tag.«

Im März 1945 taucht ein hochrangiger Soldat in der Kaserne Plauen auf, der Freiwillige für eine »Nah- und Kleinkampftruppe« sucht. Sie würden in der Slowakei im »Sprengen und Dolchen« ausgebildet werden. Alle jungen Soldaten ohne Fronterfahrung melden sich, auch Loest und sein Kumpel Fritz Gietzelt. Ganz so mutig, wie sie vorgeben zu sein, sind sie nicht, aber keiner redet über die Angst. Wichtiger ist ihnen der Aufschub von ein paar Wochen, denn lieber absolvieren sie einen weiteren Lehrgang, als an die Ostfront geschickt zu werden. Noch immer hoffen sie, dass Hitlers Wunderwaffen bald fertig sind.

Die Bewerber werden geprüft, Sportabzeichen, Kenntnisse in Russisch und Polnisch, das muss reichen. Am Ende werden, so Loest einst in *Durch die Erde ein Riss. Ein Lebenslauf*, »die zwanzig künftigen Kleinkrieger frisch eingekleidet und nach der Slowakei in Marsch gesetzt, die kamen sich heldenmütig vor wie die Ideale in ihren Kinderbüchern«. Einer von Loests Helden war Hagen von Tronje aus der *Nibelungensage*.

Die Krieger fahren los, dem Feind entgegen, Prag, Brünn, schließlich erreichen sie die Stadt Malacky. Es sind nur noch fünfzehn Kilometer bis zu ihrem Reiseziel, doch in den Bergen hören sie es donnern: die Front. Die eine Hälfte will sofort nach Plauen zurück, aus Angst, doch Loest brüllt sie an: »Ihr seid feige Schweine.« Heute sagt er, ihn habe die Angst getrieben, vor sich selbst als Feigling dastehen zu müssen.

Angst – oft höre ich dieses Wort auf meiner Reise zu den Alten. Natürlich kenne auch ich dieses Gefühl, aber die Angst der Alten ist eine andere, sie ist konkreter, fassbarer, und es geht meistens um Leben oder Tod. Diese Angst scheint Energien freizusetzen, vielleicht wirken die Großväter deshalb so energisch auf uns, sie kennen das Leben nicht ohne den Blick ins Angesicht des Todes.

Zurück zu Erich Loest. Gemeinsam machen sich die Soldaten auf den Rückweg nach Prag, dann verlieren sich die Spuren. Einige aus der Truppe kämpfen später im Fichtelgebirge gegen die amerikanische Armee, manche fallen durch Kopfschüsse. Die Gefreiten Erich Loest und Fritz Gietzelt reisen zu einem geheimen Treffpunkt in der Oberpfalz und errichten mit anderen Werwölfen ein Lager im Wald.

Ende April 1945, die russische Armee erobert gerade Berlin, befiehlt ein Oberst nur wenige Tage vor der Kapitulation am 8. Mai vierzig Werwölfen, darunter die zwei Neulinge Loest und Gietzelt, auszuharren. Wochenlang halten sie sich im Wald versteckt, denn der Oberst redet ihnen ein, dass sich Amerikaner und Russen sicher bald zerstreiten würden. Dann seien die Werwölfe die ersten deutschen Soldaten des neuen Bündnisses. Doch eines Tages ruft eine Stimme in den Wald: »Werwölfe rauskommen! Wer sich in zehn Minuten nicht ergibt, wird erschossen! Loest rauskommen, Gietzelt rauskommen!« Die beiden ergeben sich, werden von Amerikanern verhaftet – und schon drei Wochen später wieder freigelassen. Sie haben Glück: Die Alliierten beschließen, dass alle nach 1920 Geborenen zu jung sind, um für Hitler und den Nationalsozialismus verantwortlich gemacht zu werden.

Loest war noch sehr jung, als er Soldat wurde, und natürlich kann man ihn entschuldigen: Er war ja noch ein Kind, das nicht recht weiß, was es tut. Die Sieger hätten aber auch sagen können: Wer alt genug zum Kämpfen ist, kann auch für sein Handeln verantwortlich gemacht werden. »Von einem Tag auf den nächsten waren wir unschuldig«, sagt Loest heute, und in seiner Stimme liegt die Ironie des Zweifelnden. »Uns wurden keine Steine in den Weg gelegt, wir konnten schnell Karriere machen. Wir hatten nicht einmal Zeit, demokratisches Bewusstsein zu entwickeln oder sogar Scham. Die haben uns einfach pauschal vergeben.«

Er wundert sich noch immer darüber, wie selbstverständlich seine Freunde und Bekannten dieses Angebot angenommen haben. Er erzählt von Klassentreffen: »Wenn da einer mal darüber reden wollte, hieß es gleich: ›Du warst doch selbst Anführer in der Hitler-Jugend, sei du doch ruhig.‹« Man wollte vergessen und klappte das Buch Vergangenheit zu.

Erich Loest konnte das nicht, er hat es immer wieder aufgeschlagen. Er fuhr etwa fünfundvierzig Jahre später wieder in die Slowakei, um den Wald zu sehen, in dem sie sich damals versteckt hatten. Die Landschaft sah harmloser aus, als er sie in Erinnerung hatte, lieblich, und er musste lachen, als er in das Tal blickte: »Ich habe sofort zwei Stellen ausgemacht, wo man sich gut verstecken hätte können. Genau da war auch damals unser Versteck.«

Warum hat er diese Reise gemacht? »Der Krieg ist mein Thema«, sagt er, »und er wird es bleiben.«

Ein kurzer Moment zum Innehalten. Erich Loest ist aufgestanden, er will die Kinder anrufen und ihnen sagen, dass er später kommen wird. Er spricht mit seinem Sohn, der ein paar Häuser weiter wohnt. Thomas Loest leitet mit seiner Frau die Linden-Buchhandlung in Leipzig und den gleichnamigen Verlag. Er verlegt nur einen Autor: seinen Vater.

Der Krieg, das ist mein Thema, hat er gesagt. Das gilt nicht nur für ihn, es gilt für seine Generation. Der Krieg war von früh auf ihr Bezugspunkt, auch wenn er noch so furchtbar für sie war.

Das Thema meiner Generation? Vielleicht der Fall der Mauer. Für Westdeutschland wird das ja immer bestritten, denn der Alltag für einen Teenager aus Bergisch Gladbach, Kiel oder Augsburg ist durch die Wiedervereinigung nicht anders geworden. Zumindest bisher nicht. Jedoch auf einer anderen Ebene hat sich auch für die westdeutsche Jugend etwas geändert. Mit der Vereinigung ist der Krieg in das Leben der Deutschen getreten: zuerst Einsätze im Kosovo, dann in Mazedonien und in Afghanistan. Der Bundestagswahlkampf 2002 gipfelte in der Frage, ob der Krieg im Irak mit oder ohne deutsche Soldaten geführt werden soll. Als selbst ernannte Friedenstaube gewann Gerhard Schröder schließlich die Wahl. Die Deutschen, ergeben Umfragen seit Jahren, haben Angst vor deutschen Kriegseinsätzen, aus den unterschiedlichsten Motiven. Doch das war bis 1989 eine theoretische Frage, nun holt uns die Praxis ein.

Vielleicht wird der Krieg, denke ich an diesem Nachmittag in Leipzig, unsere Generation stärker prägen, als wir bisher angenommen haben. Wie werden wir damit umgehen, wenn vielleicht sogar hunderte von Soldaten unserer Generation Einsätze nicht überleben? Unsere Eltern sind nie in einen Krieg gezogen, auch wenn sie heute, an der Spitze der Regierung, darüber entscheiden, ob deutsche Soldaten kämpfen oder nicht. Da packt mich die Angst: Hoffentlich wird es niemals dazu kommen, dass wir einen Krieg »unseren Krieg« nennen müssen.

Sein Krieg, sagte Erich Loest. Es klang traurig, und zugleich schwang eine merkwürdige Art von Stolz mit: Diese Erfahrung kann mir keiner nehmen. »Mein Vater«, berichtet Loest, »hat immer vom Ersten Weltkrieg erzählt, von Flandern und der Westfront. Aber der Zweite, das ist mein Krieg.«

Und dann kommt er auf seinen nächsten Urlaub zu sprechen. An Weihnachten wollen seine Frau und er nach Südafrika fahren, mit guten Bekannten. Die besuchen dort Verwandte, haben einen Schwiegersohn, der mit Nelson Mandela inhaftiert war.

Loest: »So. Und was mache ich bei der Sache? Ich mache einen Abstecher nach Windhoek. Nach *Südwestafrika.*« Das Land wird schon seit Jahrzehnten Namibia genannt, aber als Loest jung war, hieß es Südwestafrika. Bis 1918 war es eine deutsche Kolonie, auf die die Deutschen voller Stolz blickten. »Ich weiß, warum ich da hinfahre. Das gehört zu meinen Kindheitserlebnissen: Heia Safari! Schutztruppe! Deutsche Kolonie! Das sind meine Knabengeschichten.« Und er fügt hinzu, dass er nicht dorthin wolle, weil die Landschaft so schön sei, »aber die muss wahnsinnig schön sein. Wahnsinnig!«

Wahrscheinlich begibt sich jede Generation am Ende ihres Lebens noch einmal zu den Orten ihrer Jugend. Auch wenn diese Orte wie bei Loests Generation heute negativ besetzt sind, so gehören sie trotzdem zur jeweiligen Biografie: Das ist meine Identität, und die lasse ich mir nicht nehmen – was immer da auch war. Oder, wie es Loest formuliert: Das ist mein Krieg.

Es gibt nicht viele, die ihrer Generation mit einer derart großen Leidenschaft für Erinnerung so auf die Nerven gegangen sind wie der Schriftsteller Loest. Er erklärte einmal, dass sich auf der Seelenkarte der Deutschen ein weißer Fleck befinde. In all seinen Romanen umkreist er beständig diesen Fleck, um möglichst viel von der Leerstelle auszufüllen. Nach dem Krieg, sagt er, haben sich Soldaten pausenlos Abenteuergeschichten erzählt: »Wie sie dem Hauptmann die Sau gestohlen haben, wie sie im Puff waren. Damit haben wir unsere Mädels bald gelangweilt.« Ich fange von meinem Opa an, von seiner Zeit als Soldat in Italien, und Loest unterbricht mich: »Dann kennen Sie sicher Geschichten, wie sie Chianti gesoffen haben und in den Bach gefallen sind. Gut. Die harten Geschichten aber wurden nicht erzählt. Nur die Gefangenschaft, ja, darüber wurde gejammert, das konnte man, das war akzeptiert.«

Bei seinem Kollegen Gerhard Zwerenz, Jahrgang 1925, fand

er einmal etwas, was er bis dahin nirgendwo gelesen oder gehört hatte. Zwerenz war Soldat, »bei der Hermann-Göring-Truppe in Italien, auch eine Art Elitetruppe. Die standen gegen die Neuseeländer und Briten, und der Zwerenz beschreibt, dass sich die Soldaten, wenn es im Nahkampf hart auf hart ging, in die Hosen geschissen haben.« Loest gibt mir einen Moment Zeit, sodass ich mir das Bild vorstellen kann. Ich muss mein Gesicht verzogen haben, denn er hat plötzlich diesen Blick, der zu sagen scheint: Na, junger Mann, zu viel Wirklichkeit für Sie? Er sagt: »Das leuchtete mir ein! Die waren alle in Todesangst! Der menschliche Schließmuskel ist auf Nahkampf nicht eingestellt.«

Von Sachsen sagt man ja, sie verfügten über einen sehr trockenen Humor – Erich Loest muss ein sehr sächsischer Sachse sein. Wahrscheinlich kann nur ein Sachse dem Alltag eines Soldaten jeden Glamour rauben, indem er über nicht funktionierende Schließmuskeln spricht.

Der Alltag im Krieg. Als 2002 ein bis dahin unbekannter Text von Sebastian Haffner zum Thema Kameradschaft veröffentlicht wurde – der junge Haffner setzt sich darin kritisch mit seinen Erfahrungen in einer Kaserne auseinander –, startete die *Bild*-Zeitung eine Serie: Man befragte alte Soldaten wie Helmut Schmidt und druckte Leserbriefe von bekannten und unbekannten Wehrmachtsangehörigen ab. Tenor der Reihe: Wer nicht im Krieg war, kann nicht nachvollziehen, was Kameradschaft unter Soldaten bedeutet.

Der CDU-Politiker Rainer Barzel, der in den Siebzigerjahren beinahe Bundeskanzler geworden wäre und im Krieg Seeflieger war, schrieb: »Ohne Kameradschaft in der Besatzung meines Flugbootes wäre ich nicht lebend zurückgekommen. Ich habe mit dieser Tugend positive Erfahrungen gemacht, auch wenn sie, wie alle Tugenden, missbraucht werden kann.«

Der frühere Soldat Hans-Joachim Roß erklärte: »Kameradschaft ist ein Lebenselixier, das uns damals den nötigen Halt gab. Selbst in der Gefangenschaft, wo wir mit vierzig Kilogramm Gewicht apathisch am Boden lagen, waren wir füreinander da.«

Und Herta Langemeyer aus Lamstedt schrieb ihrer Zeitung einen Brief, in dem sie ausführte, dass »auf der großen Flucht 1945 bei bitterer Kälte auch wir Frauen Kameradschaft bewiesen! […] Wir Frauen haben einander geholfen, verzweifelte Mütter getröstet und unsere erfrorenen Kinder im Schnee begraben. Das war Kameradschaft!«

Und wenn man trotzdem verstehen möchte, wie es damals war? Dafür ist wahrscheinlich Erich Loest, der so nüchtern auf die Welt blickt, dass er über das Versagen des Schließmuskels lächeln kann, der richtige Mann. Kann er mir beschreiben, was Kameradschaft bedeutet? »Die eigene, kleine, überschaubare Gruppe, die half sich untereinander raus, weil man aufeinander angewiesen war«, sagt er. »Ich erinnere mich zum Beispiel, dass an der Front die Frage aufkam, wer das Maschinengewehr nehmen soll. Das wollte keiner, weil jeder wusste, dass die gegnerischen Scharfschützen immer auf den mit dem MG zielten. ›Nee, nee, bei uns nicht‹, haben wir gesagt. Bis einer von uns nachgab: ›Ja, ich nehm's.‹ Und sein bester Kumpel gleich darauf: ›Ich mache den Zweiten.‹ Am nächsten Tag waren beide tot. Ich glaube nicht, dass Kameradschaft über die hinausging, die man persönlich kannte. Die anderen waren die anderen.«

Nein, zu den Verklärern gehört Erich Loest wirklich nicht. Blenden wir uns doch für einen Moment noch einmal in seine Kindheit zurück: War der heute Ernüchterte ein Kind im Rausch der neuen Zeit? Wie wuchs er auf, damit ihm noch heute der Krieg beinahe als selbstverständliche Konsequenz von Politik erscheint?

Mit Soldatenfiguren spielte der kleine Erich, zweihundert hatte er, Franzosen, Engländer und viele Deutsche, dazu kleine

Schützengräben, Bunker und Autos. »Sein Stolz war ein sieben Zentimeter großes Hitlerchen, das den Arm strecken konnte«, schreibt Erich Loest in der Autobiografie *Durch die Erde ein Riss*. Interessant daran: Loest schreibt über sich in der unbeteiligteren Er-Form und nennt sich nicht einmal Erich, sondern L. – er braucht wohl diese Distanz.

»So war das in meiner Kindheit«, sagt er, »im Sommer waren wir draußen und haben Fußball gespielt, im Winter drinnen Krieg.« Wie harmlos das in unseren Ohren heute klingt. Doch wir dürfen nicht vergessen, dass damals auch in der Welt der Erwachsenen der Krieg präsent war.

Als der kleine Erich seinen sechzehnten Geburtstag feierte, bekam er eine Pistole geschenkt. Er erhielt eine Ausbildung an der Waffe und wurde ein guter Schütze. »Mir hat das Freude gemacht«, sagt Loest. »Und ich wusste, später muss ich mal besser schießen können als andere.« Er ging zur Hitler-Jugend. Darüber wunderte sich seine Familie nicht, denn sie alle wählten Hitler, auch bei den Nachbarn hörte Erich nie ein schlechtes Wort über den Führer. Zur DDR-Zeit fragte ihn einmal sein Lektor, ob es denn nicht auch in Loests Heimatstadt Mittweida Widerstand gegeben habe. Daraufhin Loest: »So wie ich waren neunzig Prozent.«

Und heute? Alles kauft Loest seinem Enkel, wenn er mit ihm auf den Rummel geht, alles – nur nicht fünf Schuss am Schießstand. Er selbst hat nach dem Krieg nie wieder eine Waffe in die Hand genommen. Und doch unterstützte Loest den Einsatz im Kosovo und den Krieg in Afghanistan. Es gebe Kriegstreiber wie Adolf Hitler oder Slobodan Milošević, erläutert er, denen könne man nur mit Krieg antworten.

Loest weiß sehr genau, was er da sagt, und ist auch bereit dazu, die Verantwortung dafür zu übernehmen. Er begleitete beispielsweise Bundeskanzler Gerhard Schröder bei einer Reise in den Kosovo und fuhr mit ihm und dem Brigadegeneral Fritz von Korff durch Prizren. Danach schrieb er in einem Zeitungsartikel: »Von Korff wird bejubelt und beklatscht. Ich nehme jedes Wort wichtig: Ein deutscher General wird in einer Stadt auf dem Balkan gefeiert als Befreier, als Freund. Zu Soldaten auf Panzern wird hinaufgewinkt.«

Ich werde den Verdacht nicht los, dass Loest nicht nur rationale Gründe für den Einsatz sucht, sondern auch emotionale: Seht her, deutsche Soldaten müssen nicht automatisch für das Böse kämpfen. Endlich, so liest sich die Reportage, stehen sie auf der Seite der Guten.

Das Gute – das sucht Erich Loest seit Kriegsende. Er wird Kommunist und dann SED-Mitglied, beginnt zu schreiben, veröffentlicht Erzählungen und 1950 den Roman *Jungen die übrigblieben*, der ihn bekannt macht. Zentral darin: seine Kriegserlebnisse. Die Hauptfiguren sind, kaum verschlüsselt, die Werwölfe Gietzelt und Loest. Brillant schildert er den Alltag im Krieg und die Verzweiflung nach 1945. Wer das Buch heute liest, spürt die Traurigkeit, die über allem liegt, selbst über der ersten großen Liebe.

Als ihn die SED aufforderte, das Romanende umzuschreiben, kam er dem sofort nach – der junge Autor Loest ist seinem neuen Glauben, dem Sozialismus, schnell verfallen. Er schiebt seinem traurigen Helden und Alter Ego von der zweiten Auflage an Sätze unter, die als beste DDR-Propaganda durchgehen: »Er hätte gerne gewußt, wie es kam, daß er so eifrig war. War es das Wissen um die vielen Tonnen Treibstoff, die nicht produziert werden konnten [...], war es der Ekel vor dem Schieberleben, der ihm die Arbeit gefallen ließ, waren es die Gespräche, die er an den Abenden mit den Kumpels in der Baracke geführt hatte – er wußte es nicht, aber es mußte wohl von allem etwas in ihm wirken. Und da hoffte er, es würde immer so bleiben wie heute.«

Es kam dann anders. Als Vorsitzender des Schriftstellerverbandes Leipzig erlebt er die Niederschlagung des Aufstandes vom 17. Juni 1953 in Ostberlin. Er kritisiert die Führung von nun an öffentlich und denkt in Zeitungsartikeln darüber nach, die DDR »zu entstalinisieren«. 1957 wird er zuerst aus der SED ausgeschlossen, dann verhaftet und wegen »konterrevolutionärer Gruppenbildung« zu siebeneinhalb Jahren Gefängnis verurteilt. Als der Insasse 23/59 am 25. September 1964 aus Bautzen entlassen wird, glaubt er vieles in sich zerstört. Noch heute träumt er von dieser Zeit: »Die Träume von Bautzen haben meine Träume aus dem Krieg verdrängt.«

Zweimal hat Erich Loest den Zusammenbruch einer Gesellschaft erlebt, 1945 und 1989, und »das Vergessen-Wollen-um-jeden-Preis und das Geschichte-Umschreiben-bis-sie-mir-gefällt ist nach jeder Niederlage gleich«, sagt er. Nicht weit weg von seiner Wohnung, in Abtnaundorf, steht ein Mahnmal. Es erinnert daran, dass in einem KZ noch kurz vor Kriegsende Häftlinge brutal umgebracht und verbrannt wurden. Die Opfer seien Widerstandskämpfer gewesen, steht auf der Tafel am Mahnmal. »Dabei waren es Juden. Aber das hätte nicht ins Weltbild der DDR gepasst. Wir waren ja alle Widerständler.«

Kurz bevor die Sonne untergeht, muss Erich Loest los, die Kinder warten schon. Den Magen haben sie ihm wieder gesund operiert, und auch sonst hat er kaum noch Wehwehchen, körperlich gesehen. Mit seiner zweiten Frau lebt er nun seit einigen Jahren hier, sie hat sich in der Nachbarschaft noch eine eigene Wohnung genommen. Das sei wegen ihrer Kinder aus der früheren Ehe, sagt Loest, winkt ab und gibt den milden, altersweisen Mann, der einfach gerne in Frieden leben möchte. Nicht alles im Leben könne so sein, wie man es gerne hätte, sagt er, »wie das eben so ist mit den Frauen!«

Er begleitet mich nach unten, dort stehen Sohn und Schwiegertochter. Wir verabschieden uns, ich setze mich noch für einen Moment in die Sonne.

Dem weißen Fleck auf der Seelenkarte der Deutschen hat Erich Loest sein Leben gewidmet. Und natürlich hat er immer auch über den weißen Fleck auf seiner Seele geschrieben, der einfach nicht verschwinden will: Seit über fünfzig Jahren sucht er die vierzig Werwölfe, die sich damals mit ihm im Wald versteckt hatten. Nur Fritz Gietzelt hat er gefunden, der lebt als Pensionär in Aachen. Über die Schicksale der anderen hat er bisher nichts in Erfahrung bringen können. Er suchte in Kriegsgefangenenlagern, schrieb darüber in Zeitungen und produzierte eine Sendung im Rundfunk – in der Hoffnung, jemand würde sich melden, und wenn es nur ein Verwandter wäre. Wenn sie umgebracht worden wären, glaubt er, müsste es doch Gräber geben oder Witwen, die Bescheid wissen. Fritz Gietzelt und er waren die Jüngsten, die anderen schon Mitte dreißig, dekorierte Offiziere, Nazi-Elite. Was ist aus ihnen geworden? Haben sie sich vielleicht nicht gemeldet, weil sie diese Zeit nicht wieder auferstehen lassen wollen?

Erich Loest, der freundliche Sachse, hat das Rätsel nicht lösen können. Er wird ihm hinterherschreiben, bis zum Schluss.

Warum viele aus meiner Generation so gerne Ego-Shooter spielen und damit die Kämpfe ihrer Großväter erneut austragen

Es ist früher Nachmittag, und wir befinden uns auf einem Parkplatz in Leipzig. Wir, das sind Emily und Jochen und ich. Unser Gespräch ist bei jener Art von Grundsatzdiskussion angelangt, die man normalerweise frühestens nach dem fünften, sechsten Bier führt. »Was ist dir wichtig im Leben? Was ist eigentlich ein Wert?«, frage ich. Emily fällt dazu nicht viel ein, außer Ehrlichkeit, ja, doch, Ehrlichkeit ist ihr wichtig. »Und sonst?« Sie weiß nicht weiter, sieht betreten auf den Betonboden des Parkplatzes. Kurz darauf verabschieden wir uns. Ich habe ein schlechtes Gewissen, ich habe ihr nur ernste Fragen gestellt, und sie wusste so häufig keine Antwort. Soll ich mich entschuldigen? Da sagt die Fernsehmoderatorin Emily Whigham, Jahrgang 1976: »Mir geht es echt super im Moment. War dir das mit uns gerade zu rosa, zu sehr heile Welt?«

Wenn ein Außerirdischer eines Abends in Deutschland landen und den Fernseher anschalten würde, was würde er dann über dieses Land denken? Auf den vorderen Kanälen könnte er sich Sportsendungen ansehen, Nachrichten, Krimis und Serien, die in Kliniken spielen, in Supermärkten, Polizeiwachen und wo sonst typisch deutsches Leben vermutet wird. Je später der Abend, desto öfter müsste er Menschen zuschauen, die einfach nur an Tischen sitzen und sich unterhalten, mal würden die Zuschauer lachen, mal betroffen applaudieren, zuerst bei Sandra Maischberger um Viertel nach acht, dann um neun die Phönix-Politikrunde, später Johannes B. Kerner und Harald Schmidt. Er würde sich wundern, warum ausgerechnet das Sich-miteinander-Unterhalten offenbar zu den beliebtesten Sendeformaten zählt. Es scheint fast, als sehnten wir uns danach – trotzdem sitzen wir natürlich allein und stumm vor dem Fernseher.

Immer wieder würden unserem Außerirdischen auch schwarzweiße Bilder erscheinen, Menschenmassen, die im Gleichschritt durch die Straßen marschieren oder die rechte Hand zum Gruß ausstrecken – all die Dokumentationen und Filme, die zur besten Sendezeit laufen, die doch alle wirken, wie von Guido Knopp gedreht, dem Haushistoriker des ZDF.

Auf den hinteren Kanälen bekäme der Außerirdische noch mehr bunte Bilder präsentiert: Menschen, die singen und tanzen, Menschen, die Bügeleisen verkaufen möchten, und später am Abend Menschen, die sich ausziehen. Und dann würde er sich vielleicht zu einem Kanal zappen, der junge Leute zeigt, die in einem großen Raum sitzen. Jeder hat einen Computer vor sich, sie tippen und reden abwechselnd, und das stundenlang. Da die Programmmacher immer wieder Bilder von realen Personen mit Computeranimationen vermischen, fragt sich der Außerirdische vielleicht, ob diese jungen Menschen eine Weiterentwicklung jener Gattung sind, die er gerade auf den vorderen Kanälen gesehen hat.

Wir sind bei GIGA TV gelandet. GIGA TV ist den meisten Erwachsenen unbekannt, denn der Sender wendet sich an zwölf- bis zwanzigjährige Fans von Computerspielen. Das ist eine eng definierte Gruppe, aber eine, die größer und größer wird. Die Internetseite des Senders wird monatlich mehrere Millionen Mal besucht, so häufig wie die Seiten von RTL oder Sat.1. Für die Computerspielindustrie ist GIGA TV ein wichtiges Instrument, um ihre Produkte vorzuführen. GIGA TV sendet jeden Tag acht Stunden Programm, in der ersten Hälfte wird über

Computerspiele gesprochen, in der zweiten Hälfte werden meistens Nachwuchsstars interviewt, dann unterscheidet sich der Sender kaum noch von MTV oder VIVA. Stellt einer bei GIGA TV ein Computerspiel vor, erklärt er es erst kurz, und schon geht es los: Er spielt live im Fernsehen, und der Zuschauer zu Hause sieht dann dasselbe Bild, das der Spieler sieht. Man begleitet ihn in seine virtuelle Welt und kann erleben, was bei einem Ego-Shooter passiert, wenn man selbst nicht schnell genug schießt.

Und da ist er schon wieder, der Krieg: Ich möchte herausfinden, was virtuelle Kriegsspiele mit der Wirklichkeit zu tun haben, wovon die GIGA-Zuschauer und -Moderatoren träumen, was ihnen wichtig ist im Leben – und was sie an Computerspielen fasziniert, in denen man sich wie ein Einzelkämpfer in einem echten Krieg verhalten muss.

Ich treffe die Leute von GIGA TV nur wenige Kilometer von Erich Loests Wohnung entfernt, auf dem Gelände der Leipziger Messe. Eigentlich sitzt der Sender in Düsseldorf, aber in diesen Tagen findet eine der größten Computerspielmessen der Welt statt, und GIGA TV als eines der wichtigsten Sprachrohre der Szene sendet live aus Leipzig. Die Leipziger Messe sieht aus wie eine große Glaskugel, deren untere Hälfte abgeschnitten wurde, und so passen auf merkwürdige Art Gebäude und Messebesucher zusammen – beide vermitteln einen eher virtuellen Eindruck. Überall sieht man Teenager auf Bildschirme starren, viele tragen Kopfhörer und spielen und spielen und spielen. Viele Besucher haben Prospekte unterm Arm oder Magazine wie *Play*. Auf der Titelseite der neuesten Ausgabe von *Play* sind Soldaten im Einsatz zu sehen, mit Maschinengewehren in der Hand und Tarnfarbe im Gesicht. Besprochen werden neue Spiele wie *Conflict: Desert Storm*, *Medal of Honor* oder *Ghost Recon*, das mit der Zeile »Unsichtbar und unschlagbar! Der preisgekrönte Taktik-Shooter jetzt auf PS 2!« angekündigt wird.

Der größte Betrieb herrscht am Stand von GIGA TV. Man hat dort ein improvisiertes Studio aufgebaut, mit Computern, zwei Sitzecken, und viele Sechzehnjährige schleichen sich daran vorbei mit ihren weiten Hosen und großen Rucksäcken, und wenn einer der Moderatoren an den Rand der flachen Bühne kommt, umlagern sie ihn wie einen Star und wollen Autogramme. GIGA TV ist das MTV der Computerspieler.

Wie es zu dieser Verehrung kommt? Die Zuschauer können sich direkt an die Moderatoren wenden, denn deren E-Mail-Adressen werden alle paar Minuten eingeblendet. Dadurch hat man schnell das Gefühl, dass etwa die blonde Emily – emily@giga4u.de – eine ziemlich gute Bekannte ist. Kaum verwunderlich, dass das Programm mit Soap-Operas wie *Gute Zeiten, schlechte Zeiten* verglichen wird. Der einzige bedeutende Unterschied: Moderatoren wie die blonde Emily stellen keinen erfundenen Charakter dar, sondern sich selbst.

Hinter der Messebühne in Leipzig. Die Pressesprecherin stellt mir die Moderatoren Emily Whigham und Jochen Dominicus, 32, vor. Emily interviewt Popmusiker, Jochen war lange Zeit Spezialist für Spiele, mittlerweile kümmert er sich um den News-Bereich. Wir gehen durch den Lieferanteneingang auf den Parkplatz und setzen uns auf Betonstopper, die Autos am Durchkommen hindern sollen.

Es geht um den Krieg, um unsere Generation, sage ich, und warum die Computerspielindustrie mittlerweile weltweit zwanzig Milliarden Dollar umsetzt. Die beide nicken. Sie tragen Turnschuhe, Jeans, Jochen ein T-Shirt und Emily ein enges Top. Was ihre Großeltern im Krieg gemacht haben, frage ich, und während Jochen mit der Antwort zögert, plappert Emily los: »Ich stehe ja auf der anderen Seite, ich bin Amerikanerin. Ein Großvater wurde von den Deutschen abgeschossen, der andere war in Japan stationiert. Er spricht nicht viel davon. Ich kann mich nur an eine Geschichte erinnern, die hat er öfter erzählt. Wie sich ein Soldat in die eigene Hand geschossen hat, um früher nach Hause zu kommen.« Jochen sagt jetzt, er habe nur eine Oma gehabt, die er hätte fragen können: »Und die hat viel vom Krieg erzählt, von den Bombenangriffen oder wie lange sie oft anstehen musste für ein Stückchen Brot. Mehr weiß ich nicht. Merkwürdig: Nach Opa habe ich nie gefragt. Ich weiß auch nicht, ob er im Krieg gestorben ist. War nie ein Thema. Vielleicht sollte ich mal nachfragen.«

Und schon sind wir mittendrin, ich komme nicht mehr zu Wort. »Ach, da fällt mir noch was ein«, sagt Jochen. »Meine Eltern haben immer wieder versucht, mit meiner Oma darüber zu diskutieren. Aber meine Oma wollte nichts davon wissen. Einmal haben wir in der Schule einen Film über die Judenvernichtung gesehen. Ich habe sie dann darauf angesprochen und gesagt: ›Ich kann mir nicht vorstellen, dass ihr nichts davon mitbekommen habt.‹ Und sie: ›Wir haben es nicht mitgekriegt.‹ Damit war die Diskussion beendet.«

Emily daraufhin: »Wir hatten eine alte Nachbarin, die hat mir mal gesagt: ›Glaub den Leuten nicht, wenn sie behaupten, nichts gewusst zu haben. Das ist eine Lüge. So wie es bei den Beatles war, so war es bei Hitler. Die hatten viele Fans.‹«

Jochen: »Meine Oma meinte, wenn du nicht in dieser Hitler-Jugend drin warst, dann war das gefährlich. Selbstverständlich war sie auch drin, in der Tanzgruppe, schließlich hatte sie damals kleine Kinder. Das geht ganz schnell mit dem Weggucken, der Mensch ist ein Verdrängungswunder.«

Emily: »Heute könnte das nicht mehr passieren. Die Leute sind gebildeter als früher. Außerdem ist in Deutschland doch die Allgemeinbildung so hoch, in Amerika wissen viele längst nicht so viel.«

Jochen: »Wenn der Hunger ausbricht, und einer kommt daher und sagt, wo es langgeht, dann passiert das wieder. Der

Mensch ist so. Sieh mal, die Wirtschaftskrise heute, was da noch auf uns zukommt … Wir sind doch damit aufgewachsen, dass du nichts zählst, wenn du keine Leistung bringst, das geht doch schon in der Schule los …«

Wer redet schon gerne über die Verstrickungen seiner Familie mit dem Nazi-Regime. Wenn Emily und Jochen über ihre Familiengeschichte sprechen, folgen sie den Mustern, die die Wissenschaftler der Untersuchung *»Opa war kein Nazi.« Nationalsozialismus und Holocaust im Familiengedächtnis* herausgearbeitet haben: Überall gab es überzeugte Nazis, aber meine Familie gehörte – Gott sei Dank – nicht zu den Jasagern. Jochen weiß nichts über seine Großväter, er sagt, er habe seine Großmutter nicht einmal danach gefragt. Und als er sie auf die systematisch ermordeten Juden ansprach, beteuerte sie, nichts davon gewusst zu haben. Das hat ihm als Antwort ausgereicht. Zugleich entschuldigt er sie, natürlich sei seine Großmutter keine überzeugte Nationalsozialistin gewesen, sie habe nur mitgemacht, um ihre Kinder zu beschützen.

Und Emily? Eigentlich müsste sie unbefangener mit dem Thema umgehen, sie ist Amerikanerin, und ihre Großväter kämpften auf der Seite der »Guten«. Aber Emily ist in Deutschland aufgewachsen, hat hier ein Gymnasium besucht, und es scheint, das Muster des Verdrängens hat sich auch auf sie übertragen. Sie verspürt das Bedürfnis, die Frage der Schuld von sich zu weisen: »Ich stehe ja auf der anderen Seite.« Dann entschuldigt sie den Siegeszug des Nationalsozialismus mit der zu geringen Bildung der Menschen früher und ist sich sicher, dass das heute nicht mehr passieren könne. Wie solidarisch sie sich mit Deutschland fühlt, zeigt ihre Prise Antiamerikanismus: »In Amerika wissen viele längst nicht so viel.« Wie es scheint, kann man sich der deutschen Verdrängungskultur nicht entziehen.

Emily absolvierte direkt nach dem Abitur in Köln ein Volontariat beim Musikkanal VIVA, wurde übernommen und war schon mit einundzwanzig Redaktionsleiterin von drei Sendungen. Jochen begann nach dem Abitur zuerst eine Lehre als Elektrotechniker, brach sie ab und wurde Tonassistent, studierte dann ein paar Semester Sozialwissenschaften und volontierte daraufhin bei einem Radiosender.

Zwei typische Karrieren der Neunzigerjahre. Die Medienindustrie boomte; 1993 wurden die Sender VIVA und RTL II gegründet, kurz darauf setzte der Wirbel um das Internet ein. Kreative junge Leute wurden gebraucht, die strömten in die Sendeanstalten und gewöhnten sich an den Luxus der frühen Karriere: große Wohnungen, exotische Urlaube, lange, aufregende Nächte.

Doch seit einiger Zeit hört man von überall her schlechte Nachrichten. Jochen beispielsweise hat früher als freier Mitarbeiter bei Radio NRW, einem Privatsender, gearbeitet und ziemlich gut verdient. Der Sender leidet unter Umsatzeinbrüchen und hat sich von freien Mitarbeitern getrennt. »Da steht manche Existenz auf dem Spiel«, sagt er. Die wenigsten seiner Kollegen haben Geld gespart, vieles an der Börse verloren. »Doch darüber möchte ja keiner reden.« Auch bei GIGA TV sind einige Leute nicht übernommen worden. Und dann erzählt Emily eine Geschichte, die ihr sehr nahe gegangen ist – wahrscheinlich weil sie sich selbst darin wieder findet. »Sieh mal, da gibt es welche, die haben als Praktikanten bei RTL angefangen, und plötzlich waren sie Chef-Aufnahmeleiter. Jetzt sitzen sie auf der Straße. Die wissen gar nicht, wie ihnen geschieht. Und gerade die Jungs können nicht damit umgehen. Die sagen nicht: ›Mir geht's gerade schlecht‹, die sagen nur: ›Komm, lasst uns ein Bierchen trinken gehen, alles total toll hier, lustige Party.‹ Das ist schon traurig.« Am Ende unseres Gesprächs wird sie fast identische Sätze über sich selbst sagen, aber das weiß sie jetzt noch nicht.

Männer reden nicht, sie schweigen lieber, so Emily, und Jochen stimmt ihr zu: »Gefühle zeigen – das gilt als peinlich. Wenn man anfängt, über seine Ängste zu sprechen, heißt es gleich: ›Wie bist du denn drauf?‹« Probleme passen nicht in das Weltbild von Siegern: Die gewinnen und genießen – und falls sie doch welche haben sollten, werden sie totgeschwiegen. Unsere Großväter haben ja das Wesentliche auch totgeschwiegen und nur die lustigen Abenteuergeschichten erzählt. Die Gemeinsamkeiten der beiden Generationen sind unverkennbar: Beide traten als Sieger an und glaubten, spielend die Welt erobern zu können. Und dann waren sie plötzlich keine Sieger mehr, sie verstummten. Wir sollten uns also dazu zwingen, Fragen zu stellen, Antworten zu suchen, sonst wird aus uns die »skeptische Generation« des 21. Jahrhunderts.

Ich frage Emily und Jochen, was sie machen würden, wenn sie morgen entlassen würden. »Ich würde vors Arbeitsgericht ziehen«, sagt Jochen, und Emily lacht. Ein Witz, natürlich, aber einer, der sagt: Ich, entlassen? Das wird ja wohl kaum passieren!

Emily: »Ich würde dann reisen, nach Nord- oder Südamerika, ein oder zwei Jahre lang, und supergerne nach Australien. Aber natürlich wäre es besser, man würde selbst gehen. Bei einer Entlassung wäre man gekränkt und würde vielleicht doch nicht wegfahren.«

Jochen: »Man sollte darauf vorbereitet sein. Ich bin jetzt zweiunddreißig Jahre alt, bei mir kann es morgen heißen: ›Sorry, du bist zu alt.‹ Dann müsste ich mich neu umschauen, alles zurückschrauben und in eine kleinere Wohnung ziehen.«

Emily: »Erklär das mal deinen Freunden!«

Jochen: »Dieses Gefühl, du bist jetzt arbeitslos, stelle ich mir wie eine große Einsamkeit vor.«

Emily: »Ich habe schon einmal erlebt, was es heißt, nichts mehr zu gelten. Zwischen meinen Jobs bei VIVA und GIGA TV hatte ich ein, zwei Monate frei. Einmal habe ich bei einer Plattenfirma angerufen, mit der ich bei VIVA viel zu tun hatte und gefragt, ob sie mir eine CD schicken könnten. Die Antwort war: ›Wer bist du noch mal?‹«

Die große Wohnung, gute Beziehungen in die Szene – das ist ihnen wichtig. »Aber wenn du das schon einmal erlebt hast, Emily, warum bist du dann wieder in diese Welt zurückgegangen?«

»Ich liebe diese Welt. Wir leben schnell und oberflächlich. Man muss doch nicht immer tiefgründig sein.«

Was GIGA TV von den anderen Teenager-Sendern unterscheidet, ist der Computer, um den sich alles dreht. Längst hat die Computerspielindustrie in Deutschland die um das Taschengeld der Jugendlichen konkurrierende Musikindustrie überholt, und 2001 hat sie mit rund eineinhalb Milliarden Euro erstmals höhere Umsätze als die Filmindustrie gemeldet, die eine Milliarde Euro verzeichnen konnte. Bisher ist noch nicht statistisch erfasst worden, wie hoch der Anteil von Ego-Shootern daran ist. Diese Spiele, in denen es darum geht, möglichst viele Menschen zu töten, sind sehr beliebt, harmlose Abenteuer- und Strategiespiele sind jedoch mindestens genauso beliebt. Was fasziniert Millionen von Teenagern daran? Und warum erzählen so viele dieser Spiele Geschichten vom Krieg?

Da gibt es zum Beispiel *Medal of Honor*, von dem bereits mehrere Folgen erschienen sind. GIGA-Zuschauer kennen den Werbespot: Zunächst sieht man Dokumentarfilmaufnahmen in Schwarzweiß, die Soldaten kurz vor dem Einsatz zeigen, auf einem Kriegsschiff, das zur Landung an einem Strand ansetzt. Dann werden die echten Bilder in eine Computeranimation übergeblendet, die Soldaten springen vom Schiff ins flache Wasser und rennen in Richtung Ufer. Der Kampf kann beginnen.

Die Szene ist nicht fiktiv, sie stellt die Landung der westlichen Alliierten in der Normandie im Juni 1944 dar, einen der brutalsten Kämpfe des Zweiten Weltkriegs. Wer keine Lust mehr hat, in Frankreich zu kämpfen, wechselt einfach den Ort, zum Beispiel an die Brücke von Remagen. Ein neunzehnjähriger *Medal of Honor*-Spieler aus Schmalkalden in Thüringen hat einem Reporter der *Thüringer Allgemeinen* einmal erzählt, am tollsten sei die realistische Darstellung der Gegner. Schade nur, dass in vielen dieser Ballerspiele die Deutschen die Bösen geben müssten.

Mit großem Ehrgeiz spielen viele Jugendliche die berühmten Schlachten nach – gut möglich, dass ihre Großväter bei einem dieser Kämpfe dabei waren. Ich frage Jochen, der bei GIGA TV live Ego-Shooter wie *Medal of Honor* gespielt hat, und er sagt: »Das Thema Krieg ist für die Fans nur ein Spaßfaktor, das bedeutet nichts weiter.« Warum sind Spiele wie *Medal of Honor* dann so beliebt? Die Spieler wollen Aggressionen loswerden, den Ärger wegballern, den sie in der Schule, mit den Eltern oder ihrer Freundin haben. Und natürlich geht es auch darum, Macht auszuüben. Denn überall, in der Schule, zu Hause, unter Freunden, bestimmen andere über sie – am Computer bestimmen sie über andere. »Krieg fasziniert Männer eben«, sagt Jochen, und neben ihm rutscht Emily nervös hin und her. »Ich war aber mal für GIGA TV bei einer Bundeswehrübung dabei, und damit konnte ich gar nichts anfangen.« Es fehlte ihm wohl der Glamour der Computerwirklichkeit.

Tatsächlich sind gerade einmal siebzehn Prozent der Computerspieler in Deutschland weiblich. Was Männer daran fasziniert? Vielleicht ist es die Technik: Männer kaufen Autozeitschriften und sind auch im Krieg als junge Soldaten begeistert von den Möglichkeiten ihrer Waffen. Davon hat mir Iring Fetscher erzählt.

Jetzt mischt sich Emily ein, eine Spur lauter als bisher: »Warum spielst du überhaupt diese Kriegsspiele?«

»Mir macht das halt Spaß, das ist doch ein sportlicher Gedanke, die Fahne des Gegners zu erobern.«

»Und wenn es darum ginge, Tennisbälle einzusammeln?«

»Das wäre auch super!«

»Wieso gibt es dann keine Spiele, in denen man Tennisbälle einsammeln muss?«

Jochen grinst.

Der amerikanische Psychologe Dave Grossman, zugleich ein konservativer Militärexperte, hat sich lange mit der Frage beschäftigt, ob Kriegsspiele das Verhalten ihrer Fans verändern. In einem *Zeit*-Interview sagte er einmal, dass das Töten eingeübt werden müsse. Die meisten Menschen hätten starke Hemmungen, Artgenossen umzubringen, deshalb würde die US-Armee mit »lebensechten Kampfsimulationen« am Computer das Töten zu einem automatischen Vorgang machen.

Dave Grossman kämpft seit Jahren gegen den Siegeszug der Ballerspiele, wofür er manchmal stark kritisiert wird. Man kann ihm auch entgegenhalten, dass 99,9 Prozent aller Ego-Shooter-Fans weiterhin friedlich leben. Was aber ist das für eine Generation, die sich freiwillig einer Programmierung unterzieht, die auch auf Soldaten angewendet wird? Wonach suchen wir?

Die Autoren Tom Holert und Mark Terkessidis haben sich in ihrem präzise recherchierten Buch *Entsichert. Krieg als Massenkultur im 21. Jahrhundert* den Film *The Beach* genauer angesehen. Sie kommen zu dem Schluss, dass sich – bei aller Unvergleichbarkeit – die junge Generation von heute von der Jugend Anfang des 20. Jahrhunderts zumindest in einem Aspekt kaum unterscheidet: Beide suchen nach neuen Wirklichkeiten.

Die Handlung des Films, basierend auf einem Bestseller des britischen Schriftstellers Alex Garland, liest sich wie von Dave Grossman ausgedacht: Richard, ein junger Amerikaner, reist nach Thailand, vertreibt sich seine Zeit mit Computerspielen und stößt zu einer Gruppe von Aussteigern. Mit der Zeit verwandelt er sich in eine Figur, die aus einem Ego-Shooter-Spiel stammen könnte: Er schmiert sich Tarnfarbe ins Gesicht, zieht sich in den Wald zurück – und irgendwann beginnt er zu töten. Der Regisseur von *The Beach*, Danny Boyle, hat sich für die Verwandlung des gelangweilten Richard in den gefährlichen Attentäter eines Tricks bedient: Der Zuschauer sieht nach der Hälfte des Films einige Szenen aus der Perspektive des Täters – auf der Leinwand sieht man dann wie durch die Augen eines Ego-Shooters.

Holert und Terkessidis vergleichen die Sehnsucht des Einzelnen, der anscheinend echten Erfahrungen nachspüren möchte, mit Soldaten im Ersten Weltkrieg, die »ihr bürgerliches Selbst zugunsten einer mitreißenden Handlungslogik« abgegeben haben. Die Suche nach einer ereignisreichen Realität scheint auch die heutige Jugend umzutreiben. Der Schauspieler Leonardo DiCaprio, der den Amokläufer in *The Beach* spielt, bestätigte genau das in einem Interview. »Meine Generation«, sagte DiCaprio, war niemals »wirklich angeschlossen an einen richtigen Krieg, für den sie hätte kämpfen können, an den sie hätte glauben können, sodass sie ständig und überall nach irgendeiner Realität Ausschau hält.« Mithilfe von Ecstasy-Pillen und Drogen aller Art hoffen jedes Wochenende aufs Neue viele Jugendliche, einen Zustand zu erreichen, mit dem sie, ähnlich wie Soldaten im Ersten Weltkrieg und Richard aus *The Beach*, »ihr bürgerliches Selbst zugunsten einer mitreißenden Handlungslogik« hinter sich lassen können. Bei ihnen gibt nur der DJ die Richtung vor und nicht der Computerprogrammierer.

Zurück auf dem Leipziger Messe-Parkplatz. Emily und Jochen haben nicht mehr viel Zeit, ihre Live-Sendung beginnt in einer halben Stunde. Emily schimpft noch einmal über die Unehrlichkeit ihrer Branche und dass sie am liebsten einmal in einer Sendung eines der Pop-Sternchen fragen würde, warum es nicht selber singt auf der Platte. »Aber dann«, sagt Emily, »wäre ich wahrscheinlich meinen Job los.« Und Jochen wünscht sich bei allen Testern von Computerspielen mehr Unabhängigkeit von der Industrie, »aber wenn nicht positiv berichtet wird, schalten die Konzerne keine Werbung mehr, und das war's dann«. Sie reden davon, dass sie natürlich die Freiheit vermissen, die sie gehabt hätten, wenn sie nicht schon so früh an ihrer Karriere gebastelt hätten. Dann müssen sie in die Maske.

Emily und Jochen machen ihren Job gut, aber sie sind keine überragenden Talente, denen man zutrauen würde, eines Tages *Wetten, dass ...?* zu moderieren. Sie sind zwei von Tausenden, die mit der Jugendwelle der Neunzigerjahre nach oben gespült wurden und die jetzt weiterpaddeln müssen, irgendwie. Was sie mit ihrem Leben vorhaben? Sie wissen es nicht. Vielleicht eine Familie gründen? Ja, hat Jochen gesagt, »dann steht die Karriere nicht mehr so im Mittelpunkt«. Kinder, so seine Logik, würden ihn endlich vom schlechten Gewissen befreien, nicht hart und lang genug zu arbeiten.

An diesem Nachmittag auf dem Parkplatz ist die Leere meiner Generation fast körperlich zu spüren. Die beiden vor mir spiegeln ein Extrem wider, aber Ansätze sind überall zu entdecken: Wir sehen gut aus, liegen gerne in der Sonne, sprechen fehlerfrei in Kameras – wir lieben unsere Oberflächen. Was aber, wenn die Oberfläche Kratzer bekommt? Wenn es hart auf hart kommt, flüchten wir uns ins Kameralächeln und reden uns ein, alles wird gut.

Oder, in den Worten von Emily Whigham: »Mir geht es echt super im Moment. War dir das mit uns gerade zu rosa, zu sehr heile Welt?«

Wie ich mich mit Egon Bahr über den Sieg der deutschen Nationalelf freue und er mir dann von einem Kriegserlebnis erzählt, das ihn in seinen Träumen verfolgt

Als er längst ahnte, dass der Krieg verloren war, sah der Soldat Egon Bahr eines Nachmittags ein feindliches Flugzeug vorbeifliegen. Eine Lancaster, ein viermotoriger britischer Bomber, die sich, offenbar angeschossen, in gerade einmal dreihundert Metern Höhe langsam vorwärts schleppte. »Ein gefundenes Fressen für unsere Zwei-Zentimeter-Vierlingkanonen«, sagt Egon Bahr heute. »Wir haben sie dann abgeschossen.«

Das Flugzeug explodierte beim Aufprall, und Bahrs gesamte Batterie lief zum Wrack. Am hinteren Teil des Rumpfes, dem so genannten Leitwerk, waren kleine Bomben aufgemalt, jede Bombe stand für tausend Kilogramm Ladung. Darunter nur ein Wort: »Berlin.« In diesem Moment empfand er ein Gefühl der Genugtuung: »Vielleicht ist der daran schuld, dass ich keine Briefe mehr bekomme.« Dazu muss man wissen, dass Egon Bahr aus Berlin kommt und zu diesem Zeitpunkt schon lange keine Briefe von seiner Freundin oder seiner Familie erhalten hatte. Abends, als er auf dem Stroh lag und den Tag vor seinem inneren Auge noch einmal ablaufen ließ, dachte er: »Mensch, eigentlich müsstest du dich schämen. Aber du schämst dich nicht. Der Firnis der Zivilisation ist dünn.«

Die Gefühle eines Soldaten; sie werden direkt empfunden, denn es geht ja immer um das Wesentliche, um Leben und Tod. Interessant daran, wie schnell man umschalten kann, wenn es sein muss. Die Soldaten sehen plötzlich, dass an den Bäumen in der Nähe des Wracks die Innereien des toten Piloten hängen. Bei diesem furchtbaren Anblick verschwindet das Gefühl der Genugtuung. Doch als einer der Soldaten ein Bein entdeckt, das aus den Trümmern herausragt, verschwindet das Entsetzen, so als sei es nie da gewesen: »Der Engländer trug fabelhafte Filzstiefel«, erinnert sich Egon Bahr, »da haben einige angefangen zu plündern. Fallschirmseide war etwas sehr Begehrtes im Krieg, Pistolen auch.« An der Plünderung habe er sich nicht beteiligt, betont er.

Warum er heute davon erzählt? Dieses Erlebnis, sagt Bahr, habe sein Leben geprägt, sein Menschenbild, sein Handeln als Politiker. Damals sah er mit eigenen Augen, »wie leicht es ist, aus Menschen Bestien zu machen, das Menschliche zum Verschwinden zu bringen. Was aus den Menschen wird, ob sie gut oder böse handeln«, erklärt er, »hängt oft nicht so sehr vom Einzelnen ab, sondern von der Lage, in die er gebracht wird«. An jenem Abend, nachdem er getötet hatte, schwor er sich: »Wenn du aus dieser Scheiße rauskommst, wirst du mit allem, was du hast und kannst, dafür sorgen, dass eine solche Scheiße nicht mehr passiert.«

Ich treffe Egon Bahr an einem Dienstagnachmittag. Er war einer der engsten Berater von Willy Brandt und einer der Väter der Ostpolitik, und noch immer hat er ein Büro in der SPD-Zentrale in Berlin, im Willy-Brandt-Haus.

Unser Termin ist für zwei Uhr angesetzt, aber einen Tag zuvor merke ich, dass das Spiel der deutschen Nationalmannschaft gegen Korea um halb zwei angepfiffen wird, es ist das Halbfinale in der Fußballweltmeisterschaft 2002, die in Japan und Korea ausgetragen wird. Vorsichtig frage ich am Telefon Frau Winkelmann, Bahrs Sekretärin, ob wir den Termin um eine Stunde verschieben können, vorsichtig, weil man ja nie weiß: Vielleicht verachtet Bahr Fußballfans, vielleicht ist er einer der Linken, die zu Jamaika oder Kamerun halten, weil sie nicht wollen, dass Deutschland andere Länder schlägt. Vielleicht ist er wie Walter Jens, der einmal in einem Interview sagte, er freue sich über jede Niederlage der Nationalmannschaft, weil das die Deutschen im Ausland sympathischer erscheinen lasse.

»Gut, dass Sie daran denken!«, sagt Frau Winkelmann. »Herr Bahr hat sich extra einen Fernseher ins Büro stellen lassen.« Wir verabreden uns, in meinem Kalender steht: »direkt nach Abpfiff.«

Am nächsten Tag, kurz nach drei. Deutschland hat gewonnen und trifft im Finale auf Brasilien. Auch wenn die Spieler das Endspiel ein paar Tage später verlieren werden, man wird sie bei der Rückkehr nach Deutschland wie Sieger feiern. Als ich Egon Bahrs Büro betrete, läuft der Fernseher noch. Und Bahr strahlt und freut sich: »Wer hätte das gedacht?«, und: »Der Oliver Kahn hält ganz fantastisch, nicht?«

Man muss sich das Gespräch, in dem es um Leben und Tod geht, um Loyalität und Patriotismus, vor der Geräuschkulisse der Fußball-WM vorstellen. Loyalität und Patriotismus – Begriffe, vor denen man sich gerne drückt, weil das »Ich bin stolz, ein Deutscher zu sein« an brüllende Skinheads erinnert. Aber darum geht es nicht im Gespräch mit Egon Bahr: Es geht um das eigene Verhältnis zum Heimatland. Durch das geöffnete Fenster sind hupende Autos zu hören, Fans, die mit wehenden schwarz-rot-goldenen Fahnen durch die Straßen fahren und den Sieg ihres Landes feiern.

Egon Bahr wird am 18. März 1922 als einziges Kind eines Lehrers im thüringischen Treffurt geboren, geht in Torgau zur Schule, und als seine Familie nach Berlin zieht, wechselt er 1938 auf das Gymnasium in Friedenau. Sein Vater, weiß er noch, habe 1933 gesagt, mit den Nazis komme der Krieg, aber der begann erst sechs Jahre später und war dann zunächst sehr erfolgreich. Schon 1938 ist sich der Vater sicher, »den Krieg werden wir verlieren«. Aber der junge Egon glaubt ihm nicht – zu leicht werden Polen, Dänemark, Norwegen und Frankreich eingenommen. Erst als er im Juni 1941 das erste Mal im Radio die so genannte Russland-Fanfare hört – die Nazis setzten Franz Liszts *Les Préludes* als Begleitmusik für den Ostfeldzug ein –, fühlt er, »wie der Boden unter meinen Füßen bebte. Da glaubte ich, dass mein Vater doch Recht behalten könnte mit seiner Voraussage: ›Das wird das Ende Deutschlands.‹«

1942 wird Bahr, er ist inzwischen zwanzig, zum Kriegsdienst eingezogen. Er hat die Marschpapiere für den »Mittelabschnitt Minsk« – ein Höllenkommando – schon in der Tasche. Doch er hat Glück: »Dem Führer und Reichskanzler gefiel es, in das unbesetzte Frankreich einzumarschieren. Da brauchte man ein paar Fahnenjunker mehr. Und wie das bei Preußens zu sein pflegt, wird einfach oben auf die Liste geguckt, und der Buchstabe B steht ja ziemlich weit oben.« Statt nach Minsk kam er nach Brüssel, und dort erhielt er den Auftrag, mit seiner Einheit ins französische Crécy-en-Ponthieu in der Nähe von Abbeville zu fahren, der Station, wo seine Batterie später den britischen Bomber abschießen sollte.

Den Unterlagen nach war Egon Bahr ein guter Soldat, auch wenn er heute sagt, der Drill habe ihm nicht behagt. Er schlägt die Leutnantslaufbahn ein, »und wäre auch einer geworden«, wenn da nicht die Sache mit der jüdischen Großmutter gewesen wäre. Das hat ihm schon seine Musikerkarriere vereitelt, denn vor der Einberufung in die Wehrmacht wollte er Musiker werden, erhielt aber keine Studienerlaubnis. Soldat durfte er trotzdem werden. Es braucht nicht viel, um die innere Zerrissenheit zu erahnen, die einer verspüren muss, wenn ihn die Nazis als Menschen zweiter Klasse einstufen, er sich jedoch an der Front für Volk und Vaterland opfern darf.

1944 kommt Egon Bahr auf die Kriegsschule nach Kitzingen am Main, hier soll er zum Leutnant ausgebildet werden. Eines

Tages trifft ein Brief seines Vaters ein, das Gau-Sippenamt habe sich nach seinem Ariernachweis erkundigt. Bahr geht mit dem Brief zu seinem Vorgesetzten, der empört sich – nicht über seinen Soldaten, sondern über den Vorwurf, dass Bahr die Existenz seiner jüdischen Großmutter unterschlagen habe. Es stellt sich heraus, dass die Großmutter in seiner Wehrstammrolle erwähnt war, seine bisherigen etwa ein Dutzend Dienststellen es jedoch versäumt hatten, dies zur Kenntnis zu nehmen. Er wird nicht angeklagt, aber aus der Wehrmacht entlassen. Sein letzter Tag als Soldat soll der 20. Juli 1944 sein, doch an diesem Tag versuchen Generäle, Hitler im »Führerhauptquartier Wolfsschanze« in die Luft zu sprengen. Der Anschlag scheitert, die Wehrmacht sperrt alle Vorgänge, erst zwei Wochen später darf Egon Bahr zurück nach Berlin.

Es gehört zu der absurden Logik von Nazi-Deutschland, dass man einen kriegswilligen Soldaten aus der Wehrmacht entlässt, um ihn zum Dienst bei Rheinmetall-Borsig, eine der größten Rüstungsschmieden des Dritten Reichs, zu verpflichten. »Der Heldenklau war schon durch die Reihen gegangen«, sagt Bahr und meint damit, dass man alle, die kräftig genug waren, schon an die Front geschickt hatte. »Ich wurde in die Abteilung Stahlverkauf versetzt, das war die vornehmste Abteilung überhaupt. Zu der Zeit wurde da nur noch die Anlieferung verschiedener Waffen und Waffenteile an die verschiedenen Empfänger organisiert. Also: Ein Gewehr durfte ich nicht mehr tragen, aber die Waffen verteilen durfte ich.«

Das Ende des Krieges erlebt Egon Bahr mit seiner späteren Frau und Verwandten in Tegel-Ort, am Rand von Berlin. Man wohnt im Haus der Schwiegereltern, dank der Ausbildung auf der Kriegsschule weiß Bahr, dass Halbinseln nicht verteidigt werden, und wo nicht verteidigt wird, wird auch nicht angegriffen. »Es war ein guter Ort«, sagt er, »um das Ende zu erwarten.«

Jeden Tag und jede Nacht sieht man von Tegel-Ort aus das

brennende Berlin. Das Telefonnetz funktioniert noch, die Elektrizität auch, und wenn man in Zehlendorf oder Neukölln jemanden anruft, fragt man zuerst, ob »die Russen da sind. Seid ihr dort schon befreit oder nicht?« So vergehen die letzten Tage im April, und als plötzlich die Telefonleitung tot und der Strom weg ist, da hört Bahr, der Krieg sei nun zu Ende, ganz offiziell. Es ist der 8. Mai 1945.

Heute spricht er von Befreiung. Hat er das damals auch so empfunden, oder war nicht doch das Gefühl der Niederlage stärker? Er antwortet mit einem Zitat aus Richard von Weizsäckers Rede vom 8. Mai 1985: »Was er gesagt hat, war völlig richtig: Wir waren befreit, wir waren aber auch besiegt. Beides stimmte, beides habe ich empfunden.«

Befreit auf der rationalen Ebene, aber emotional besiegt? Nach ersten, prägenden Begegnungen mit Russen und Amerikanern gefragt, erzählt er zwei Geschichten, die beide kein gutes Licht auf das Verhalten der Siegermächte werfen. Einmal, kurz vor Kriegsende, konnte Bahr nur mit konsequentem Auftreten einen russischen Soldaten daran hindern, seine Freundin zu vergewaltigen. Während er dem Mann klar zu machen versuchte, dass sie ein Kind erwarte, und dabei auf ihren Bauch deutete, hatte der Russe den Lauf seines Maschinengewehrs an Egon Bahrs Kehle gelegt. Dazu spielte ein Radio im Hintergrund Unterhaltungsmusik, damit das Volk auch durchhalte. »Ich weiß beim besten Willen nicht mehr, warum er letztlich von ihr abgelassen hatte«, sagt er. Das zu den Russen.

Und die Amerikaner? In der Nachkriegszeit traf er einmal vor dem Rathaus in Berlin auf drei amerikanische Kriegsberichterstatter, er erinnert sich bis heute an das Wappen, das auf ihre Uniformen genäht war: »War Correspondent.« Der Erste fragte ihn: »Haben Sie auch Vergewaltigungen der Russen erlebt?« Er nickte: »Ja.« Da drehte der Amerikaner sich zu den anderen um und sagte: »Seht ihr, auch ein Nazi.«

Trotz oder vielleicht gerade wegen dieser negativen Erfahrungen hat es sich Egon Bahr zur Aufgabe gemacht, die beiden deutschen Staaten zusammenzuführen. Er hat später oft und voller Stolz erzählt, dass eigentlich weder die Sowjetunion noch die USA etwas ändern wollten an der Situation. Also versuchte er, um eine deutsche Wiedervereinigung herbeizuführen, die zwei großen Besatzungsmächte, Russen und Amerikaner, an einen Tisch zu bekommen. Wenn man so will, nahm also der einst Besiegte die Sieger von einst an der Hand und feierte am Ende eigene kleine Verhandlungssiege. Man nannte ihn damals »Tricky Egon«.

Egon Bahr war ein Vordenker; 1960 hielt er in der Evangelischen Akademie in Tutzing einen Vortrag, der »zur Leitlinie von Willy Brandts Ostpolitik« werden sollte, wie die *Süddeutsche Zeitung* später schrieb. Der berühmte Begriff vom »Wandel durch Annäherung« findet sich zum ersten Mal in seiner Tutzinger Rede. Er arbeitete zu dieser Zeit noch als Journalist, und seine Ideen wären wohl für immer in Zeitungsarchiven verschwunden, wenn ihn kurz nach Tutzing nicht Willy Brandt, damals Regierender Bürgermeister von Berlin, an die Spitze des Presse- und Informationsamtes berufen hätte. In den Siebzigerjahren, als Brandt Bundeskanzler war und Bahr sein Minister für besondere Aufgaben, setzten sie dann mit vereinten Kräften die Ostpolitik durch – gegen den Widerstand der Konservativen. Die so genannte »Zone« wurde dabei zur »anderen Seite«.

Die beiden Männer stiegen gemeinsam auf, und auch ihr Abstieg verlief parallel. 1974 trat Brandt zurück, und der nachfolgenden Regierung unter Bundeskanzler Helmut Schmidt gehörte Bahr zunächst nicht an. Er rückte zwar später als Bundesminister für wirtschaftliche Zusammenarbeit nach und wurde Ende der Siebzigerjahre Bundesgeschäftsführer der SPD, aber den Höhepunkt seiner Macht hatte er überschritten. Genauso ging es Willy Brandt, der noch bis weit in die Achtzigerjahre Vorsitzender der SPD blieb, dessen Rolle aber nicht mehr zu vergleichen war mit dem strahlenden Kanzler von 1972, der die nach ihm benannte »Willy-Wahl« gewonnen hatte.

Egon Bahr spricht gerne über »ihn«, doch Brandts Namen nimmt er während unseres Gesprächs nur einmal in den Mund. »Er« muss reichen, eine ganz besondere Art der Verehrung. Natürlich hängt in Bahrs Büro, das ansonsten karg mit einem Tisch und drei Stühlen eingerichtet ist, ein riesiges Bild von »ihm«. Wie war es, frage ich jetzt: »Haben Sie und Brandt jemals darüber gesprochen, dass Sie im Zweiten Weltkrieg gegnerischen Lagern angehörten, in übertragenem Sinne?«

Bis zu diesem Moment saß Egon Bahr leicht nach vorn gebeugt auf der anderen Seite des Schreibtischs und hat nicht lange gezögert mit seinen Antworten. Nun lehnt er sich zurück, er verschränkt die Arme, und seine graublauen Augen schauen streng in meine Richtung. Wie gerne würde ich jetzt in Egon Bahr schlüpfen und sehen, welcher Film gerade vor seinem inneren Auge abgespielt wird.

Er schweigt noch immer. Vielleicht denkt er an die Vorwürfe, die sich Willy Brandt anhören musste, als er längst ein anerkannter Politiker in der Bundesrepublik war. Man sagte, er habe während des Krieges auf deutsche Soldaten geschossen, was sich als falsch erwies. Der populäre Brandt sollte als Vaterlandsverräter gebrandmarkt werden, so wie auch Marlene Dietrich. Dazu muss man wissen, dass Willy Brandt eigentlich Herbert Ernst Karl Frahm hieß und als überzeugter Sozialist 1933 vor den Nazis über Dänemark nach Norwegen floh, 1937 einige Monate während des Bürgerkriegs in Spanien war, 1940 kurzzeitig von den Nazis gefangen gehalten wurde, nach Stockholm flüchten konnte und bis Kriegsende als Journalist in Schweden gelebt hatte. Willy Brandt war ein bekannter Widerständler gegen das Hitler-Regime, und Egon Bahr hatte Hitlers Regime gedient. Zwei Männer, zwei Seiten.

Er lehnt sich nach vorn. »Ich habe nie empfunden, dass er einmal auf der anderen Seite war. Er war nur woanders.« Und dann erzählt er, wie er Christa Wolf in den Siebzigerjahren bei einem Empfang der Ständigen Vertretung der Bundesrepublik in Ostberlin zum ersten Mal begegnete. »Sie kam zu mir und sagte: ›Guten Tag‹, und ich hatte das Gefühl, dass wir beide auf derselben Seite standen.«

Er lehnt sich wieder zurück. »Tricky Egon.« Er hat nicht auf meine Frage geantwortet. Ich frage noch einmal, wie die Gespräche zwischen Brandt und ihm verliefen, wenn es um dieses heikle Thema ging. »Also … nein … Ich kann mich nicht erinnern, dass wir darüber gesprochen haben. Wir hatten offen gestanden auch keine Zeit dafür.«

»Offen gestanden überrascht mich das«, sage ich. »Keine Zeit? Über dreißig Jahre lang?« »Gelegentlich kam mal so eine Bemerkung von seiner Seite«, so Bahr, wobei er das zweite E dehnt, also »geleeeeegentlich« sagt, »über seine spanische Zeit, wie gefährlich das manchmal war, weil man nicht wusste, wer wen umbringen will. Aber aus Büchern habe ich später viel mehr über diese Zeit erfahren als von ihm selbst.«

Wie muss man sich das vorstellen? Beide wussten doch sicherlich, was der jeweils andere gemacht hatte im Zweiten Weltkrieg, und doch konnten sie nie darüber reden. Vielleicht wollte der eine nicht an das Mitläufertum erinnern, vielleicht war es dem anderen unangenehm, darüber mit einem Mann des Widerstandes zu reden. Selbst bei Intellektuellen wie Brandt und Bahr gab es also dieses Schweigeabkommen. Es muss tief in der Seele der Bundesrepublik verwurzelt sein, wenn sich selbst diese beiden daran gehalten haben.

Ende der Siebzigerjahre, Deutscher Herbst. Als die »Rote Armee Fraktion« mit ihren Anschlägen begann, weil sie glaubte, auf der Seite der Entrechteten zu stehen, war Egon Bahr in Bonn

Bundesgeschäftsführer seiner Partei. Ich erzähle ihm von einer Szene aus Heinrich Breloers Film *Das Todesspiel*. Da sieht man den CSU-Politiker Friedrich Zimmermann, der betont, man habe vor der Wahl gestanden, die Kriegserklärung zu akzeptieren oder zu kapitulieren – er meint den Krieg zwischen der Bundesrepublik Deutschland und der RAF. Und er sagt: »Wir haben den Krieg angenommen.« Dann zählt er auf, wer damals im parteiübergreifenden Krisenstab saß: Leutnant Wischnewski, Leutnant Zimmermann, Leutnant Herold, Oberstleutnant Strauß, Oberstleutnant Schmidt ... Diese jungen Terroristen hatten einer Generation den Krieg erklärt, die wusste, was es heißt, an der Front zu kämpfen. Egon Bahr nickt zustimmend.

Wie hat Leutnantsanwärter Bahr diese Tage in Erinnerung? Hat der Krisenstab darüber reflektiert, dass dies ja nicht der erste Krieg ist, an dem sie teilnehmen? »Ja, man wusste, wer Soldat gewesen war. Aber darüber brauchte man nicht zu reden. Wir wussten voneinander, dass wir alle existenzielle Situationen überlebt hatten, und wir hatten gelernt, dass man sie kühl bestehen kann. Man muss existenzielle Entscheidungen sogar mit kühlem Kopf treffen. Das galt für jeden, der dasaß.«

Ein kühler Kopf – und darauf spielte Egon Bahr an – war vor allem bei der Entführung von BDI-Präsident Hanns-Martin Schleyer nötig. Die RAF wollte ihn nur dann freigeben, wenn im Gegenzug die Ausreise der inhaftierten RAF-Mitglieder Andreas Baader, Gudrun Ensslin und Jan-Carl Raspe bewilligt werde. Der Krisenstab ließ sich darauf nicht ein und versuchte, das Versteck Schleyers rechtzeitig ausfindig zu machen. »Das ist wie Krieg«, beschrieb einer der Söhne Schleyers später die Situation des ungewissen Hoffens und Bangens. Doch alles war vergeblich: Am 18. Oktober 1977 gab die RAF bekannt, man habe Schleyer umgebracht.

Was es mit der kühlen Entscheidung genau auf sich hat? Aus der Erfahrung des Krieges, sagt Egon Bahr, entstehe eine Art

Mut, eine kalkulierte Risikobereitschaft, und manchmal habe er den Eindruck, dass Menschen, die eine solche Erfahrung nicht gemacht haben, vorsichtiger, zögernder seien. Er meine das nicht als Vorwurf: »Die Jüngeren haben Glück gehabt, in die Normalität hineingeboren zu werden. Na, wohl dem Volk, das keine Helden braucht!«

»Tricky Egon« meint das natürlich ironisch, aber höre ich da nicht auch ein leichtes Bedauern? Viele machten nach dem Krieg Karriere, doch das Herausragendste an Journalisten wie den *Stern*- und *Spiegel*-Erfindern Henri Nannen und Rudolf Augstein oder an Politikern wie Franz Josef Strauß, Helmut Schmidt und Egon Bahr: Sie scheuten die Auseinandersetzung nicht. Heutzutage wird im politischen Berlin immer wieder beklagt, dass die Debatten im Bundestag nicht mehr mit der gleichen Schärfe geführt werden wie zu den Zeiten, als die Großväter der Republik im Amt saßen. Heute gebe es weniger charakterstarke Parlamentsmitglieder als früher, so die allgemeine Erklärung. Das mag stimmen oder nicht, aber sicher lässt sich sagen, dass eine Soldatengeneration einen direkteren, härteren Diskussionsstil pflegt als die Kinder einer Wohlstandsgesellschaft.

Das unterscheide seine Generation von denen, die heute regieren, sagt Bahr. »Die haben alle nicht vor solchen existenziellen Fragen gestanden, Fragen, bei denen das eigene Leben auf dem Spiel stand.« Und man ahnt, dass dieser Erfahrungsvorsprung die 68er wahnsinnig gemacht haben muss – er wurde ihnen von der Elterngeneration beständig vorgehalten. Doch dann wurde die Regierung Schröder/Fischer die erste bundesrepublikanische Regierung, die Soldaten wieder den Einsatzbefehl erteilte. »Ich hatte das denen nicht zugetraut«, sagt Bahr heute, »die waren am Anfang alle grün hinter den Ohren. Aber sie haben die Prüfung Kosovo bestanden, das war ein beeindruckendes Gesellenstück.«

»Sind Sie ein Patriot?«, frage ich ihn daraufhin.

»Ja.«

»Waren Sie das auch vor sechzig Jahren?«

»Ja.«

»Vor dreißig Jahren?«

»Ja.«

»Hat sich Ihr Verhältnis zu Deutschland in den vergangenen sechs, sieben Jahrzehnten verändert?«

»Nein.«

Und träumt Egon Bahr, der 2002 seinen achtzigsten Geburtstag feierte, noch vom Krieg? Er lehnt sich wieder zurück und beginnt zu erzählen. Silvesternachmittag 1943. Der Soldat Bahr will seine Post holen und geht quer über den Feldflughafen zu der Stelle, wo Briefe und Pakete gelagert werden. Plötzlich taucht am Himmel ein Jagdflugzeug auf, und sofort weiß er: Muss der Feind sein, denn die deutschen Flugzeuge waren nicht mehr in der Luft. »Silvesternachmittag«, dachte er, »da wird der Krieg doch in Urlaub geschickt.« Der Jäger ändert plötzlich abrupt den Kurs, er hat ihn entdeckt, beginnt dann auch schon zu schießen. Bahr schmeißt sich auf den Boden, ein kleiner Grashügel schützt ihn. Nach einer Weile steht er auf und denkt: »Das hätte er sich doch sparen können.« Doch dann: »Das Ferkel kommt wieder!« Der Jäger fliegt ein zweites Mal auf ihn zu. Und ein drittes Mal. Egon Bahr überlebt.

»Davon träume ich immer noch«, sagt er, »wie der Flieger auf mich zukommt, wie er in der Sonne aufblitzt.« Dieses Blitzen, sagt er, das vergesse man nie.

»Was ist Ihr größter Fehler?«, frage ich in die Stille hinein.

»Ich bin immer versucht, an das Gute im Menschen zu glauben – trotz gegenteiliger Erfahrung.«

Ernst Glaeser hat das Generation Golf-*Buch der Zwanzigerjahre geschrieben – Begegnung mit einem vergessenen Bestseller*

Der Schriftsteller Ernst Glaeser ist schon seit Jahren tot. Er starb am 8. Februar 1963 im Alter von sechzig Jahren an Lungenembolie. Die meisten Feuilletons druckten am 9. Februar einen kleinen Nachruf, und seitdem wurden nicht mehr viele Worte über ihn verloren. Zu seinem hundertsten Geburtstag veröffentlichte der Lokalteil »Wetterau« der *Frankfurter Rundschau* – Glaeser wurde im hessischen Butzbach geboren und lebte die letzten Jahre vor seinem Tod in Bensheim an der Bergstraße – eine Würdigung, die Glaesers Schicksal auf den Punkt bringt: »Einst gefeiert – heute vergessen.«

Ich wurde fast auf den Tag genau elf Jahre nach Ernst Glaesers Tod geboren, und obwohl ich das Weidig-Gymnasium in Butzbach besuchte, kannte ich bis vor kurzem nicht einmal seinen Namen. Nur durch Zufall stieß ich auf einen seiner Romane, und dadurch hatte ich – wenn man so will – ein Interview mit seinem Debüt *Jahrgang 1902*. Nur dass diesmal nicht ich die Fragen gestellt habe, sondern das Buch mir.

In den Tagen der Wirtschaftskrise liest man Zeitungen unter anderen Vorzeichen. Ein bekannter Dramatiker aus Berlin hat mir gesagt, dass er die monatlich veröffentlichte Arbeitslosenzahl, die immer um die vier Millionen liegt, plötzlich mit anderen Augen sieht. Seit einigen Monaten denkt er: Hoppla, die eine oder andere Ziffer hinter dem Komma kennst du persönlich.

Solche Sätze müssen in den Ohren vieler Menschen schnöselhaft klingen, aber junge Architekten, Werbeleute, Autoren und Investmentbanker machen zum ersten Mal eine Erfahrung, die in anderen Branchen seit Jahrzehnten zum Alltag gehört; ein Stahlarbeiter schüttelt wahrscheinlich den Kopf über die aufgeregten Akademiker. Dass mir in diesen Tagen ein bestimmter Artikel in der *taz* auffiel, lag an der Überschrift: »Abschied vom Aufstieg«, und ich dachte, ja, daran müssen wir uns gewöhnen.

»Schon einmal«, heißt es darin, »hatte eine ganze Altersgruppe in Deutschland das Gefühl, überflüssig zu sein: der Jahrgang 1902.« Jahrgang 1902? Genauso wie Florian Illies' *Generation Golf* meinen Jahrgängen ihren Namen gegeben hat, war auch *Jahrgang 1902* ein Buch, nach dem eine Generation benannt wurde.

Gerade einmal Mitte zwanzig war Ernst Glaeser, als er 1928 sein Debüt *Jahrgang 1902* schrieb. 125 000-mal verkaufte sich der Roman, er wurde in vierundzwanzig Sprachen übersetzt – ein Bestseller seiner Zeit. Ernest Hemingway jubelte: »ein verteufelt gutes Buch«, und Thomas Mann lobte das sprachliche Talent des jungen Schriftstellers.

1928 – ist das nicht viel zu lange her, um auf diesem Weg etwas über unser Leben zu erfahren? Frank Schirrmacher, Herausgeber der *Frankfurter Allgemeinen Zeitung*, stellte einmal in einem *FAZ*-Artikel eine Formel zum Kern unseres heutigen Denkens auf: Zwanzigerjahre minus Hitler minus Leninismus/Stalinismus plus Bundesrepublik minus RTL. Und Sebastian Haffner schreibt in der *Geschichte eines Deutschen* über die Situation 1923/24, wie man auch heute über die späten Neunzigerjahre schreiben könnte: »Täglich verschlang die ganze Bevölkerung den Börsenbericht. [...] In jedem Laden, jeder Fabrik, jeder Schule wurden einem Aktientips zugeflüstert. Den Alten und Weltfremden ging es am schlechtesten. [...] Den Jungen, Flinken ging es gut. Über Nacht wurden sie frei, reich, unabhängig. [...] Der einundzwanzigjährige Bankdirektor trat auf, wie auch der Primaner, der sich an die Börsenratschläge seiner etwas älteren Freunde hielt. Er trug Oscar-Wilde-Schlipse, organisierte Champagnerfeste, und unterhielt seinen verlegenen Vater. Unter soviel Leid, Verzweiflung und Bettelarmut, gedieh eine fieberhafte, heißblütige Jugendhaftigkeit, Lüsternheit und allgemeiner Karnevalsgeist.«

Wenn Schirrmacher und Haffner Recht haben, lohnt es sich, die Zeit des jungen Ernst Glaeser etwas genauer zu betrachten. Wer war dieser Mann? Bei diesem Talent, bei dieser Aufmerksamkeit – warum kennt man ihn heute offenbar nur noch in Fachkreisen? *Im Westen nichts Neues* von Erich Maria Remarque lesen viele auch heute noch, aber *Jahrgang 1902*?

Der Jahrgang 1902 – dazu sollte man wissen, dass Glaesers Jahrgang der erste in Deutschland war, der im Ersten Weltkrieg nicht mehr zum Kriegsdienst eingezogen wurde. Doch das Gefühl, die »Gnade einer späten Geburt« erfahren zu haben, blieb aus, denn die Arbeitslosigkeit war hoch, das Land steckte in einer Rezession, und viele in Glaesers Alter taumelten verwirrt durch ihr Leben – so weit die Parallelen zu heute. Sie hatten an den Krieg geglaubt, an Deutschland, und nun mussten sie erleben, dass von der Euphorie nicht allzu viel übrig geblieben war.

Jahrgang 1902 erzählt vom Erwachsenwerden in einer kleinen Stadt, davon, wie es einem Jungen ergeht, der zusehen muss, wie sein Land in den Krieg zieht – und der zugleich seine ersten sexuellen Erfahrungen macht. Die Stadt bleibt namenlos, der Junge auch, als wolle der Autor sagen: So war es überall, so erging es den meisten.

Eigentlich möchte der Junge nichts lieber, als endlich hinter »das Geheimnis« der Erwachsenen kommen, möchte erfahren, wie es ist, wenn man sich küsst, und was danach geschieht. Doch um ihn herum ändert sich plötzlich die Stimmung. »Ich machte mir keine Gedanken über den Krieg«, heißt es einmal, »obwohl in diesen Tagen fast jeder von ihm sprach. Er schien mir eine Angelegenheit der Erwachsenen zu sein, die sie untereinander ausmachen möchten, genau wie das Geheimnis.« Die Erwachsenen, sie kennen sich aus mit Krieg und Liebe, der Junge nicht. Das soll sich jedoch bald ändern.

Die Familie beschließt eines Tages, Mutter und Sohn zur Erholung in die Schweizer Berge zu schicken. Doch »wegen der politischen Lage« zögert der Vater – es ist Sommer 1914. Es könne keinen Krieg geben, wird ihm von der Tante gesagt, sie hätte »in allen Ländern so viele Bekannte, die schon dafür sorgen würden, daß er unterbliebe«. Und weiter: »Ihre Freunde in Paris hätten ihr noch vor wenigen Tagen eine Postkarte mit herzlichen Grüßen gesandt. Das ginge doch mit dem Teufel zu, wenn sie morgen diese Freunde Feinde nennen müßte.« Also reisen Mutter und Sohn ab.

Sehr deutlich wird im Buch, dass für viele Zeitgenossen vor Beginn des Ersten Weltkriegs unvorstellbar schien, was dann geschah: Da ist die neunmalkluge Tante, die von Postkarten-Freundschaften auf die politische Entwicklung schließt, da wird ein schwächelndes Kind, ungeachtet der Kriegsgefahr, zur Kur geschickt – man interessiert sich nur für das eigene kleine Glück, nicht für die weltbewegenden Ereignisse.

Kaum im Schweizer Kurort angekommen, freundet sich der Junge mit Gaston an, einem Franzosen in seinem Alter. Auch die Mutter fühlt sich wohl, denn das Publikum ist international, und man teilt viele Interessen. Eines Tages wird in der Empfangshalle ein Telegramm angeschlagen, Österreich hat Serbien den Krieg erklärt. Die Mutter lächelt nur: »Was geht mich Serbien an?« Doch als sie kurz darauf mit dem Sohn den Speisesaal betritt, merkt er, dass nichts mehr ist wie vorher. »Ich sah nach Gaston. Als er mir zunickte, schrie ihn seine Mutter an und riß ihn am Ohr, sehr traurig neigte sich sein Gesicht über den Teller. Ängstlich betrachtete ich den Saal. Wohin ich auch sah, höhnische Blicke. Die Engländer stießen mit den Franzosen an. Sie bildeten mit den Russen die Mehrzahl. Die Österreicher waren abgereist. Auch die Familie aus Bruchsal. Wir waren die einzigen Deutschen.«

Die beiden reisen ab, und schon auf der Zugfahrt ist die Verwandlung spürbar. Ein Passagier schwärmt von den deutschen Tugenden, skizziert auf einer Serviette die Truppenstärke der Kriegsgegner und beschließt, in Anlehnung an die *Nibelungensage*: Siegfried gehört die Zukunft, in diesem Krieg wird er Hagen erschlagen.

Die Kleinstadt verändert sich abrupt, eine alle erfassende Euphorie setzt ein. Der Junge ist erstaunt, denn bisher haben sich die Männer immer wieder mal gestritten; der eine war nationalkonservativ eingestellt, der andere ein Sozialist, einer verteidigte den Katholizismus, ein anderer das Judentum. Nun aber scheinen sie sich einig: »Mein großes Erlebnis war die Einigkeit aller Deutschen. Was gingen mich die Völker an? Ich hatte die Bosheit der Erwachsenen erlebt. In Deutschland waren sich die Menschen plötzlich alle wieder gut geworden.«

Als die Väter zum Kriegsdienst eingezogen werden, wird das Soldatentum Mode. Die Jungen kopieren die Soldaten, zum Beispiel deren Frisur: »Kahl. Glatt. Drei Millimeter. Denn so hatten wir es an unseren Vätern gesehen, als sie ins Feld zogen.« Auch die Mädchen verändern sich: Sie streichen ihre Haare zurück und stecken die Zöpfe hoch, Locken werden eingefettet, bis sie glatt sind. »Diese patriotische Uniformierung wirkte bei den Mädchen noch eindringlicher als bei uns«, heißt es bei Glaeser. Und so wie man heute von einer David-Beckham-Frisur spricht, fand man dafür damals ebenfalls einen Namen: die »deutsche Frisur«.

Doch schon bald dreht der Wind: Erste Meldungen von den Niederlagen der Deutschen erreichen die Kleinstadt, Hunger setzt ein, viele Väter fallen an der Front, andere kommen verstört zurück, und auch der Romanheld macht seine Erfahrungen. Er sieht seinen ersten Toten: »Zwei Männer hoben den Toten auf, leise knirschend löste sich das Gesicht von der gefrorenen Blutkruste, die Stirn war mitten entzwei gerissen. Ich sah das Gesicht des ersten toten Soldaten. Es war kein Heldengesicht, es war eine wahllos zerstampfte Masse.« Der Krieg war zu Hause angekommen.

Und die Liebe? Der Junge verliebt sich in Anna, deren Verlobter an der Front Dienst leistet. Sie kommen sich näher, doch am großen Tag, als endlich »das Geheimnis« gelüftet werden soll – die beiden gehen dafür in ein Waldstück am Rande der Stadt –, wird Anna bei einem Fliegerangriff getötet.

Kurz zuvor gestand sie dem Jungen, dass sie »ihre Unschuld« bereits verloren habe. Da sagt er: »Ich weiß ja gar nicht, was das ist – die Unschuld, die dir dein Bräutigam genommen hat.«

»Weißt du es wirklich nicht?«

»Nein, woher soll ich das wissen? Seitdem Krieg ist, hat niemand mehr mit mir über Unschuld gesprochen.«

Dabei hatte Ernst Glaesers Generation, die Jungen, die übrig blieben, wie Erich Loest sagen würde, ihre Unschuld längst verloren. August, ein hübscher Junge und guter Freund unseres traurigen Helden, hatte eine Affäre mit einer viel älteren, bereits verheirateten Frau. Eines Morgens erzählt er begeistert, dass er gerade zum ersten Mal mit der Frau geschlafen habe. Mit zitternder Stimme fragt der Junge: »Das Geheimnis ist schön?« August: »Ja, es ist schön, man wird so stark dabei.« Doch dann beginnt August zu heulen und sagt: »Als ich es zum zweiten Mal tat, da stöhnte sie immer lauter und wilder, und plötzlich schrie sie einen Namen... Schorsch! Schorsch!« »Schorsch?« »Ja, so heißt doch ihr Mann. Er hat seit über einem Jahr keinen Urlaub mehr gemacht.« Der Junge hat Mitleid mit dem Freund und ahnt zugleich, dass es August nicht allein so geht: »Sie meinen überhaupt nicht uns, wenn sie uns küssen. Wir sind nur Ersatz...«

Der anfangs beschriebene »Glamour des Krieges« weicht gegen Ende des Romans vollkommener Resignation, und vom Geheimnis der Erwachsenen hat der Junge die dunkelsten Seiten miterlebt: So also war das Erwachsenwerden damals.

Jahrgang 1902 zeichnet einfühlsam das Bild einer traurigen Generation. Der Roman liest sich wie ein warmherziges Buch von Christian Kracht.

Warum nur ist Ernst Glaeser, einst ein Bestsellerautor, derart aus dem öffentlichen Gedächtnis gelöscht? Hat er den frühen Ruhm nicht verkraftet? Nein, daran lag es nicht. Glaeser war Mitglied im Bund proletarisch-revolutionärer Schriftsteller und wurde zunächst von den Nazis als Marxist eingestuft, was dazu führte, dass seine Bücher am 10. Mai 1933 öffentlich verbrannt wurden. Ein Jahr später zog Glaeser nach Prag, dann in die Schweiz. Überraschenderweise kehrte er 1939 aus dem Exil zurück.

Ausgerechnet Glaeser, der mit *Jahrgang 1902* eines *der* Antikriegsbücher vorgelegt und noch dazu den Antisemitismus angeprangert hat, ausgerechnet er kehrt zurück nach Deutschland. Obwohl mit Schreibverbot belegt, arbeitete er im Zweiten Weltkrieg sogar als Hauptschriftleiter der Frontzeitung *Adler im Süden.*

Der Dramatiker Carl Zuckmayer verfasste 1943/44 für den amerikanischen Geheimdienst Dossiers über deutsche Intellektuelle und ihr Verhältnis zu Nazi-Deutschland. Über den »Fall Glaeser« schrieb er: »Dessen Übergang zu den Nazis vollzog sich in Formen, die nur als Anschmeißerei, Verrat an sich selbst und anderen und bewusste Spekulation zu deuten sind.« Er, Zuckmayer, kenne Glaeser aus dessen linksradikaler Zeit und habe ihm nie getraut, so ist dies heute in *Geheimreport* nachzulesen. Glaeser sei immer schon ein »Karriere-Revolteur« gewesen.

Ernst Glaeser, der Ex-Sozialist und Ex-Kriegsgegner, konnte sein Handeln später nicht wirklich erklären. Er habe zurück nach Deutschland gewollt, in die Heimat, hat er gesagt, außerdem wollte er »am Untergang Deutschlands teilhaben«. Als wenige Jahre nach Kriegsende in den Feuilletons über sein Verhalten gestritten wurde, meldete er sich auch selbst zum »Fall Glaeser« zu Wort.

»Als ich 1939 nach Deutschland zurückkehrte, geschüttelt von einem fürchterlichen Heimweh, das mich umschlungen hielt, wie der Efeu einen Baum [...], handelte ich vielleicht unvernünftig. Zwar sagte ich mir, du musst zu den Deutschen, da sie in die taumelnde Krise ihres Lebens geraten sind. Aber auch ich befand mich in dieser Krise, und deshalb kam ich ja auch.«

Zwar sprachen sich auch Schriftsteller wie Thomas Mann erst spät öffentlich gegen Hitler aus, aber das ist nichts gegen den Weg, den Glaeser einschlug, als er ein »Adler im Süden« wurde und für die Wehrmacht Zeitung machte. Seine zweite Frau Mathilde, die er nach dem Krieg heiratete, sagt heute, es habe noch einen weiteren Grund zur Rückkehr gegeben: Geldprobleme.

In der Nachkriegszeit stilisierte sich Glaeser gerne als heimlicher Widerständler in Uniform. Stolz sagte er, ein Jahr lang sei das Wort Hitler nicht in seiner Wehrmachtszeitung aufgetaucht. Und unter Pseudonym habe man eine Novelle des von den Nazis geächteten Stefan Zweig gedruckt. Nun ja.

Wie schnell das Gedächtnis das eigene Leben umschreibt! Natürlich lässt sich das deutlicher anhand von Biografien aus der ersten Hälfte des vergangenen Jahrhunderts aufzeigen – klarer können Brüche im Leben eines Menschen kaum vollzogen werden. Aber es geht auch ein, zwei Nummern kleiner. Ein bekannter Fotograf hat mir einmal erzählt, er wundere sich heute noch über sich selbst, er habe in den Sechzigerjahren gegen den Axel Springer Verlag demonstriert und schon kurz darauf für ihn gearbeitet. Bis heute könne er sich den Bruch nicht erklären.

Das Leben des Ernst Glaeser: Aufgewachsen in einer Euphorie, der eine gewaltige Krise folgte – an dieser Umkehrung scheiterte er. Wenn man den politischen Hintergrund einmal beiseite lässt, steht meine Generation heute vor einer ähnlichen Situation.

Doch was hat Glaesers Karriere letztlich zu Fall gebracht? Er hat sich den Tatsachen seines Lebens nie gestellt, suchte immer sein Verhalten zu rechtfertigen, verklärte es auch gerne. Und vielleicht ahnten das die Leser, seine Bücher verkauften sich nach dem Krieg nicht mehr gut, und er musste sein Geld mit Kurzgeschichten für Zeitungen verdienen. Er war wohl kein glaubwürdiger Autor für einen Roman mit dem Titel *Glanz und Elend der Deutschen*. Er erschien 1960, drei Jahre vor seinem Tod, und floppte.

Die Deutschen. Ich bin aufgewachsen in einem Nicht-Verhältnis zu diesem Thema. Deutschland und seine Befindlichkeiten spielten in meiner Jugend keine Rolle, am Beispiel DDR zeigte sich das ganz deutlich: Ich weiß noch, wie lächerlich ich es fand, dass die *Bild*-Zeitung die DDR in Anführungszeichen setzte. Als ich vielleicht zwölf oder dreizehn war, erklärte mir mein Schulfreund Uli, seine Eltern seien von drüben und lebten erst seit den Sechzigern in der Bundesrepublik. Zu »drüben« hatte ich keinerlei emotionalen Bezug – die DDR war ein fremdes Land –, und wenn mich damals jemand gefragt hätte, was mir näher sei, Frankreich oder die DDR, hätte das verwöhnte dreizehnjährige Mittelstandskind mit alljährlicher Atlantik-Urlaubserfahrung sich wohl gegen Ostdeutschland entschieden. Ich war nur einmal vor dem Fall der Mauer in der DDR, und erinnern kann ich mich nur noch an die original Thüringer Bratwurst, die ich auf dem Nachhauseweg bekam.

Mein Nicht-Verhältnis zu Deutschland lässt sich auch noch mit einem anderen Beispiel belegen: In den Achtzigerjahren war der größte Traum vieler junger Deutscher, nach New York zu ziehen. Unsere Hauptstadt war die Stadt am Hudson, natürlich sprach niemand über Bonn, die Stadt am Rhein. Ich bin mit der Idee aufgewachsen, wir seien Kosmopoliten, die erste internationale Jugend.

Und heute, welches Verhältnis habe ich heute zu Deutschland? Durch die Lektüre von *Jahrgang 1902* stellen sich mir ein paar Fragen:

Würde ich Deutschland vermissen? Ja.

Kann ich die Sehnsucht der Exilanten, nach Deutschland zurückzukehren, verstehen? Ja.

Fühle ich mich als Deutscher? Ja.

Fühle ich mich als Europäer? Ja, vor allem in Abgrenzung zu Amerika.

Habe ich ein Problem damit, Deutscher zu sein? Nein.

Schäme ich mich im Ausland, Deutscher zu sein? Nein.

Auch nicht, wenn man über Hitler redet? Nein. Ich trage keine Schuld, nur Verantwortung für die Folgen.

Auch nicht, wenn man anderen Deutschen in Sandalen und weißen Socken, laut schwäbelnd, in Italien begegnet? Na gut, dann manchmal schon.

Fühle ich mich unsicher bei der Beantwortung dieser Fragen? Ja, und wie!

Auf welche Gedanken man durch einen Roman von 1928 kommen kann!

Das Haus des Historikers Joachim Fest sieht von vorn aus wie ein Bunker und von hinten wie ein italienisches Landhaus, und es verrät, welches Bild der Mann von sich selbst hat

Weizsäcker, Reinecker, Fetscher, Bahr und die anderen: Sie allesamt sind Monolithen, Menschen, die enorme Kraft ausstrahlen, die für sich stehen und allein leuchten wollen. Sie alle haben einen Weg gefunden, mit den Erfahrungen aus dem Dritten Reich fertig zu werden. Doch etwas scheint in ihnen zerbrochen zu sein: Wollte man ihre Ausstrahlung in Temperatur ausdrücken, müsste man um sie Angst wegen Unterkühlung haben. Ich kann sie mir nicht so recht vorstellen, wie sie gemütlich mit Freunden und Verwandten an einem Sonntagnachmittag bei Kaffee und Kuchen zusammensitzen und herzlich mit den Kleinen über den Fußboden tollen. Wie war es wohl für die Kinder, mit diesen Vätern aufzuwachsen, die in ihrer sehr bestimmenden Art immer den Ton vorgegeben haben?

Die Kinder des Joachim Fest. Von seiner Tochter spricht Fest mir gegenüber nicht viel, von seinen Söhnen hingegen umso mehr: Alexander ist Verleger des renommierten Rowohlt Verlags, Nicolaus leitet das Kulturressort der *Bild*-Zeitung. In einer Fernseh-Talkshow wurde er, der Boulevardjournalist, gefragt, ob er nicht auch einmal ein Buch wie des Vaters bedeutendstes, die Biografie *Hitler*, schreiben wolle. Fests Biografie *Hitler* erschien 1973 und hat sich bis heute allein in Deutschland über 800 000-mal verkauft – ein Klassiker der Geschichtsforschung.

Nicolaus' Antwort deutete an, dass es nicht ganz einfach sein kann, mit einer so mächtigen Vaterfigur zu leben: »Schriftsteller, ach nein. Wissen Sie, jeder hat seine Talente. Der *Hitler* hat 1200 Seiten – ich könnte Ihnen den auf fünf Seiten zusammenfassen!«

Kronberg ist eine Art hessisches Starnberg ohne See, große Einfamilienhäuser säumen die Straßen. Pünktlich laufe ich den Kiesweg zum Haus hoch. Merkwürdig: In der Mitte befindet sich eine mächtige, dunkle Tür, doch weder links noch rechts davon sind Fenster angebracht. Das kann nicht der Eingang sein, denke ich, gehe wieder ein Stück zurück und suche nach der Vorderseite. Nirgendwo finde ich einen Hinweis auf einen anderen Eingang. Ich gehe den Kiesweg erneut hoch, und noch während ich auf dieses Haus zulaufe, das so kühl und abweisend wirkt, geht die Tür auf, und ein kleines Mädchen winkt mir zu. Hinter ihm steht eine Frau, das muss Frau Fest sein. Sie begrüßt mich, stellt mir ihre Enkeltochter vor, und schon kommt Joachim Fest.

Später, nachdem wir einige Stunden über den Krieg gesprochen haben, führt mich der Hausherr herum. Zu meiner Überraschung wirkt das Haus von der Rückseite eher wie ein italienisches Landhaus, viel Glas, viel Licht, wenig Türen. Außerdem schmückt ein wunderschöner Garten den Hang. In den Siebzigerjahren bauten die Fests dieses Haus. Mit dem Architekten habe er sich immer wieder gestritten, erzählt er, besonders über die Frontseite. Es sei seine Idee gewesen, am Eingangsbereich auf Fenster zu verzichten, auch wenn er wisse, dass dies ein wenig kühl auf Besucher wirke. Er sei zufrieden mit dem Ergebnis und lächelt. Und ich frage mich, ob er sich selbst so sieht: zunächst, in der ersten Phase der Bekanntschaft, reserviert, und danach beinahe italienisch freundlich.

Wir setzen uns ins Wohnzimmer, Frau Fest bringt Tee und Schokoladengebäck und zieht sich dann zurück. Als ich Joachim Fest zum ersten Mal traf, da schritt er mit schnellen Schritten durch die Empfangshalle des Berliner Hotels Adlon, drückte mir und meinem Kollegen – wir sollten ein Interview mit ihm führen – fest die Hand und reagierte ein wenig ungehalten, als wir nicht sofort eine ruhige Ecke fanden. Heute ist von dieser Ungeduld nichts zu spüren. Er legt Wert auf die Kekse, und während wir im Gespräch die Zeit um sechzig Jahre zurückdrehen, fordert er mich immer wieder auf, welche zu nehmen.

Nach seiner vierten Zigarette, Joachim Fest erzählt gerade von seinem Soldatenalltag am Bodensee, frage ich ihn, ob er im Krieg mit dem Rauchen angefangen habe. Man hat ja diese Bilder aus alten Filmen im Kopf: Soldaten, die nicht wissen, ob sie den nächsten Morgen erleben, sind immer verzweifelt auf der Suche nach Ablenkung und Genuss – und nach der nächsten Zigarette. »Nee, ich habe viel später angefangen«, sagt er, »dann habe ich zehn Jahre lang nicht geraucht.«

»Warum haben Sie damit wieder begonnen?«

»Na, raten Sie mal, wer daran schuld ist: Hitler.«

An der Art, wie er den Namen ausspricht, leicht verächtlich, dabei schmunzelnd, und auch mit einer Spur Selbstmitleid gemischt, so als müsse er allein die Last dieses Erbes tragen, kann man einiges erfahren über das Wesen des Joachim Fest. Erstens: Er liebt die Provokation. Zweitens: Er ist von sich selbst sehr überzeugt. Und drittens: Ihm fehlt es durchaus nicht an Selbstironie.

Von 1966 bis 1977 rauchte Joachim Fest nicht, doch dann begann die Arbeit an dem Dokumentarfilm zu seinem Bestseller *Hitler*. Inmitten der Produktion meldete sich Wolf Donner, der damalige Leiter der Berlinale, der Internationalen Filmfestspiele Berlin, bei ihm. Er wolle damit die Festspiele 1977 eröffnen. Das bedeutete, dass das Team nicht wie geplant mehr als sieben Wochen für die Endfertigung hatte, sondern nur drei. Joachim Fest war damals Herausgeber der *Frankfurter Allgemeinen Zeitung* und konnte nur nachts und am Wochenende am Film arbeiten. In den Tagen vor der Abgabe sitzt er also bis morgens um vier oder fünf im Schneideraum, geht danach zurück ins Hotel, setzt sich an die Schreibmaschine, schreibt einzelne Textpassagen um, legt sich hin, schläft zwei, drei Stunden und kehrt dann zurück in den Schneideraum. »Das ging alles hopplahopp«, sagt er heute. »Wir waren ja sehr nervös. Zwei Tage vor Ende saßen wir im Schnitt, alle um mich herum rauchten, und ich dachte, na ja, eine Zigarette schadet nichts.« Seitdem ist es, als hätte er nie aufgehört.

Es gibt wohl kaum jemanden, der sich derart intensiv mit Adolf Hitler und seiner Zeit beschäftigt hat wie Joachim Fest, Jahrgang 1926, Mitglied der Flakhelfergeneration. Während andere in der Nachkriegszeit einfach nur vergessen wollten, hat Fest das alles nicht mehr losgelassen.

Er schrieb Hörfunkserien, drehte Fernsehfilme, vor allem aber hat er eine Vielzahl Bücher veröffentlicht, die (von einer Hand voll Publikationen abgesehen) wieder und wieder um die Dreißiger- und Vierzigerjahre kreisen. Er schrieb über den Widerstand des 20. Juli 1944, eine Biografie über Hitlers Architekten und Rüstungsminister Albert Speer und zuletzt *Der Untergang* über die letzten Monate des Dritten Reiches, die sich am Beispiel von Fests Heimatstadt Berlin eindrucksvoll schildern lassen. Und natürlich nicht zu vergessen seine Biografie *Hitler*, die von Historikern als Standardwerk der Hitlerforschung gelobt wird – und das, obwohl er selbst kein ausgebildeter Historiker sei, wie er vielleicht zu häufig betont.

Er gehört zu jenen, die über all die Jahre hinweg nie müde wurden, diese Zeit immer wieder ins öffentliche Gedächtnis zu rufen. Auf einen Außenstehenden kann das einen obsessiven Eindruck machen. »Wie kommen Sie auf Obsession?«, fragt er mich. Er habe zwar fünf Jahre lang an der Hitler-Biografie gearbeitet, habe dann jedoch die nachfolgenden zwanzig Jahre nur einen einzigen Artikel über diese Zeit geschrieben, mehr nicht. »Ich habe über Thomas Mann, Italien und Schinkel, über die Utopie und die Idee der Freiheit publiziert«, fügt er hinzu.

Und doch kann ich mich nicht ganz von dem Gedanken freimachen, dass dieser Mann, der sich so sehr mit dem Dritten Reich beschäftigt hat, vielleicht trotz allen Ekels auch fasziniert von dieser Zeit ist. Aber mit dem Schlagwort »Distanzlosigkeit« darf man Joachim Fest nicht kommen, kein Vorwurf verärgert ihn mehr. Während unseres Gesprächs erinnert er sich einmal an eine Rezension seiner Speer-Biografie, und plötzlich schimpft er über den Kritiker, der tatsächlich glaube, dass er, Fest, sich von Speer habe hinters Licht führen lassen.

Warum also lässt ihn diese Zeit nicht mehr los? Und viel interessanter noch die Frage: Was passiert mit einem Menschen, der sich tagein, tagaus mit dem Nationalsozialismus beschäftigt, mit den Abgründen des menschlichen Verhaltens? Wer ist dieser Joachim Fest?

1942. Joachim, der mit seinen Brüdern in einem Freiburger Internat lebt, wird im Herbst eingezogen. Er kommt nach Haslach im Kinzigtal und wird bis Mitte Dezember an der Flak ausgebildet, dann ist erst einmal Weihnachtspause. Anschließend wird er mit seinen Klassenkameraden nach Friedrichshafen am Bodensee verlegt, zu einer Flakkompanie. Man muss sich das als eine Art Klassenausflug der etwas anderen Art vorstellen: Die zwei Freiburger Gymnasien werden zu einer Flakbatterie zusammengelegt, in der Batterie daneben sind die Gymnasiasten aus dem Elite-Internat Schloss Salem, in der dritten Friedrichshafener Schüler. Aufgabe ist es, eine große Zahnradfabrik vor feindlichen Fliegerangriffen zu schützen.

Joachim Fest beginnt nun, mir detailliert seinen Alltag zwischen Krieg und Schulunterricht zu schildern. Doch um den sechzehnjährigen Schüler besser verstehen zu können, müssen wir die Zeit zunächst noch ein paar Jahre zurückdrehen, zurück ins Berlin der Dreißigerjahre, in sein Elternhaus.

Sein Vater war Schulrat, bevor die Nazis an die Regierung kamen. Doch 1933 wurde er sofort von den neuen Machthabern aus seinem Amt entfernt, da er Mitglied des Reichsbanners war, einer Vereinigung aus Sozialdemokraten, Gewerkschaftlern und linkem Zentrum, die sich zum Ziel gesetzt hatte, die parlamentarische Demokratie zu schützen. Zwar boten die Nazis Vater Fest in den kommenden Jahren immer wieder an, sich mit dem Regime zu arrangieren, doch er lehnte ab. Geldprobleme plagten die Familie, sogar der Großvater musste erneut anfangen zu arbeiten. »Das waren schwierige Verhältnisse«, sagte Joachim Fest einmal, »als Kind wollte ich immer einen Fußball, der kostete damals nur 3 Mark 75, aber meine Eltern konnten sich das nicht leisten. Das vergisst man nicht.«

Als dann gegen Ende der Flakhelferzeit, Mitte 1944, der Kriegseinsatz näher rückt, meldet sich Fest wie fast alle seine Mitschüler freiwillig zur Wehrmacht. »Wir wussten«, erklärt er, »wer sich nicht meldet, muss zur SS. Mein Vater hingegen meinte, zu Hitlers verbrecherischem Krieg melde man sich nicht freiwillig.« Es kommt zum einzigen politischen Konflikt zwischen Vater und Sohn, an den sich Joachim Fest erinnert. Er setzt sich durch, »ein Segen, von heute aus betrachtet.« Aber, sagt er auch, das moralische Problem, das in diesem Streit stecke, »ist unlösbar«: Der Vater wird von den Nazis aus dem Amt entfernt, der Sohn soll für sie Flugzeuge vom Himmel schießen.

Wie prägt eine solche Erfahrung die Vorstellung vom Leben? Vielleicht verliert man seine Naivität und lernt eher als andere, dass Richtig und Falsch, Gut und Böse nicht immer so leicht auszumachen sind. Vielleicht wird man dadurch auch schneller erwachsen, denn man ist früher mit der Widersprüchlichkeit des eigenen Handelns konfrontiert. Joachim Fest formulierte das einmal so: »Alles politische und historische Urteil kann nur durch Differenzierung entstehen, sonst wird alles ein grauer Brei, und das passiert leider allzu häufig.«

Zurück nach Friedrichshafen, zum Alltag der Flakbatterien. »Wissen Sie«, sagt er, »so merkwürdig das klingen mag: Aber hier war das Leben lockerer als in Freiburg.« Wie bitte? »Ja«, antwortet er, im Internat habe man keine Freiheiten gehabt. Außerdem fiel in der Stellung häufiger der Unterricht aus, ein Griechischlehrer fehlte, Naturwissenschaften fanden kaum statt, vor allem, sagt Joachim Fest jetzt etwas langsamer, »gab es Professor Ernst Kiefer, unseren Deutschlehrer, der auf eine Art, wie ich sie nie wieder erlebt und bis heute aufs Lebhafteste in Erinnerung habe, uns den *Faust*, *Kabale und Liebe* oder *Minna von Barnhelm* begreifbar gemacht hat. Kiefer war zugleich auch Maler und lief immer im schwarzen Cape herum, mit breitkrempigem Hut und rotem Schal. So ging er mit seiner Staffelei durch unsere Stellung, setzte sich zwischen blühende Apfelbäume und malte«. 1948 kaufte Fest dem ehemaligen Lehrer eines seiner Werke ab, »mein erstes Bild!«

Fest schätzte jedoch nicht nur den Maler Kiefer: »Er hatte eine Lebensdevise«, sagt er, »die auch zu meiner geworden ist. Wenn wir über ein Thema diskutierten und verschiedener Meinung waren, pflegte er zu sagen: ›Wer Recht oder Unrecht hat, will ich jetzt nicht entscheiden. Ich gebe Ihnen stattdessen eine Empfehlung: Man muss immer mit dem Zweifel leben und nie gegen den Zweifel. Das ist die Wahrheit über den Wahrheiten.‹« Die Klasse spürte, dass das nicht zuletzt eine politisch gemeinte Äußerung war, erinnert sich Fest, und viele klopften zustimmend auf den Tisch.

Ausgerechnet ein Lebenskünstler, der den Zweifel an Autoritäten nährte, war der Lieblingslehrer von Joachim Fest, einem Mann, der Hierarchien schätzt.

Und meine Lehrer? Bei uns in der Schule gab es ebenfalls Künstlertypen, einer hieß Soltau, und auch er trug wehende

Schals, lud ältere Schüler gerne mal zu Vernissagen ein und bot ihnen das Du an. Oft hörten wir von ihm, wie bedenklich hierarchische und autoritäre Strukturen seien. Und trotzdem: Herr Soltau wurde von uns nie bejubelt, die meisten fanden ihn eher lächerlich. Denn wir merkten, dass es gar keine Hierarchien und Autoritäten gab, gegen die er sich hätte auflehnen können.

Wir hätten damals wahrscheinlich alle nichts gegen den etwas klassischeren Typus Lehrer gehabt. Einer unterrichtete uns in Geschichte und Deutsch, Herr Weileder. Er war konservativ und zugleich ein Linker, war Mitglied in der Gewerkschaft Erziehung und Wissenschaft und nicht im Philologenverband. Herr Weileder bot uns nie das Du an, im Gegenteil, er siezte uns in der Oberstufe – und ich empfand das als ein Zeichen des Respekts. Herr Weileder tanzte nicht zu den Rolling Stones, er kam überhaupt nie zu Schulfeiern, aber ihn begeisterte Friedrich Dürrenmatt, und im Geschichtsunterricht legte er Wert darauf, dass wir nicht nur »Zusammenhänge begriffen«, wie es damals so schön hieß, sondern auch ein paar Zahlen auswendig lernten.

Wirklich zu schätzen begann ich Herrn Weileder, als er sich einmal – zusammen mit nur einer Kollegin – gegen die gesamte Lehrer- und Elternschaft stellte. Dazu muss man wissen, dass 1987 die rot-grüne Koalition unter Ministerpräsident Holger Börner in Hessen die Gymnasien abschaffen und zu Gesamtschulen umfunktionieren wollte. Doch die Bevölkerung wehrte sich mit Demonstrationen – und wählte schließlich im roten Hessen eine CDU-FDP-Koalition an die Regierung. Man kann sich vorstellen, wie SPD-feindlich damals die Stimmung an unserer Schule war, Herr Weileder hingegen heftete sich an seine Anzüge einen SPD-Button, um zu zeigen, dass er die Sache anders sah.

Professor Kiefer bei Joachim Fest, Herr Weileder bei mir: zwei Lehrertypen in Deutschland, die davon erzählen, wie sich Deutschland verändert hat.

Der Soldat Fest. Die Zeiten mit Professor Kiefer sind bald vorbei, die Flakhelfer des Jahrgangs 1926 werden einberufen, bald soll es an die Front gehen. Vorher kriegen sie jedoch noch einmal zehn Tage Heimaturlaub und fahren zurück nach Freiburg. Weil Joachim Fest eigentlich in Berlin gemeldet ist, findet er, als er in Freiburg ankommt, schon den Brief mit dem Einberufungsbefehl für den nächsten Morgen vor. Er beschließt, sich durchzumogeln, geht am Tag darauf zu den Schreibstuben und erzählt etwas von einer Abmachung zwischen Wehrersatzamt, Flakbatterie und zuständiger Militärbehörde in Karlsruhe. Sie glauben ihm und schicken ihn nach Hause. Zehn Tage später werden seine Mitschüler eingezogen, er bleibt zurück.

Doch eines Morgens gegen fünf Uhr holen ihn zwei Männer in Ledermänteln ab. Gestapo. »Nie werde ich vergessen, wie sie zu mir sagten, ich solle zehn Schritte vor ihnen gehen, man wolle es nicht zu auffällig machen.« Am Komturplatz steigen die drei in die Straßenbahn. »Steigen Sie vorn ein, wir setzen uns nach hinten. Aber versuchen Sie ja nicht irgendwelche Dinge!«, sagt einer der beiden Polizisten. Sie fahren zum Hauptquartier in der Dreisamstraße, und Fest wird stundenlang von verschiedenen Beamten verhört. Er wird der Regimefeindlichkeit verdächtigt. Da sich sein Vater noch immer nicht mit dem Regime arrangieren möchte, und da er einmal eine Schulverwarnung für das Zeichnen einer Hitler-Karikatur auf seinem Pult bekommen hat.

Ob er die heute noch zeichnen könne, frage ich ihn. »Haben Sie einen Zettel? Das ist ganz einfach.« Es sind nur wenige Striche, der angedeutete Seitenscheitel, das Bärtchen, fertig. Schon wieder dieser Hitler im Leben von Joachim Fest …

Letztendlich hatte er Glück: Er bekam einen neuen Einberufungsbefehl und musste zur Luftwaffe nach Landau an der Isar. Ein Großteil seiner Mitschüler zog ins Elsass und fiel dort, exekutiert von französischen Truppen, denen sie sich ergeben hatten.

Kriegsende. Joachim Fest erzählt mir von zwei bedeutsamen Ereignissen. Da ist zum einen die amerikanische Kriegsgefangenschaft und zum anderen seine Freundschaft mit Reinhold Buck. Beide haben sein weiteres Leben geprägt: Ersteres hat ihm gezeigt, wie man mit Niederlage und Verrat umzugehen hat, und Letzteres, was Freundschaft und Verlust bedeuten.

Das Kapitel Buck. In Landau trifft Fest Gymnasiasten aus seiner Freiburger Schule, er freundet sich mit einigen an, unter ihnen Reinhold Buck. »Er war hochbegabt, hochmusikalisch«, sagt Fest und schluckt. »Er wollte Dirigent werden. Gleich nach dem Krieg wollte er auf das Konservatorium ...« Und dann sagt er einen dieser Sätze mit Nachhall, deren Bedeutung man erst begreift, wenn schon drei andere ausgesprochen wurden: »Er wurde mein engster Freund, es entwickelte sich eine Freundschaft, wie ich es nie wieder erlebt habe.«

Sein engster Freund? Bei der Vorbereitung auf unser Gespräch ist mir der Name Reinhold Buck nicht untergekommen. Ich möchte wissen, was aus ihm geworden ist. »Er ist gefallen, einfach verblutet, weil er nicht wusste, wie er mit einem Beindurchschuss umgehen sollte. Wie ich später zu hören bekam, war er gerade einmal 150 Meter von mir entfernt, als es ihn erwischte.«

Sein engster Freund, seit sechzig Jahren tot? Warum ist er sich so sicher, dass er sein *bester* Freund war? Er sieht mich an, und dann redet er und redet und redet: »Wir kannten uns von Juni 1944 bis März 1945, wir waren immer zusammen, vierundzwanzig Stunden am Tag, teilten auch das Zimmer. Im Krieg lebt man so eng mit jemandem zusammen wie sonst nie. Wir hatten auch noch die gleichen Interessen, Literatur, Musik, alles. Wir haben zusammen den 20. Juli 1944 erlebt. Es hieß plötzlich: ›Antreten!‹ Dann wurde die Nachricht vom Kompanieführer durchgegeben. Mit Reinhold Buck bin ich anschließend durch die Felder spaziert, es wurde dunkel, und wir gingen weiter und sagten: ›Mensch, wenn der Krieg doch zu Ende wäre. Wenn es Hitler erwischt hätte, gäbe es wieder Aussicht...‹ Wissen Sie, sein Verlust hat mir sehr zu schaffen gemacht. Sicher habe ich später Freundschaften entwickelt, als ich dreißig, fünfunddreißig Jahre alt war. Aber das ist etwas anderes als eine Freundschaft, die man mit siebzehn, achtzehn schließt. Und ja, da ist eben dieser Krieg, den man gemeinsam erlebt. Man hat die gleichen spärlichen Vergnügungen, die gleichen Entbehrungen, steht vor den gleichen Unlösbarkeiten. Man lebt ja ganz im Geistigen, wenn man das so nennen will. Und man steht vor derselben Frage: Wie kommen wir – am besten zusammen – durch den Krieg?«

Ich sitze nun vor Reinhold Bucks bestem Freund und überlege mir, was wohl dieses Etikett »Mein bester Freund« bedeutet. Im *Fragebogen* fragt Max Frisch: »Halten Sie die Dauer einer Freundschaft für ein Wertmaß der Freundschaft?« Ich für mich kenne die Antwort darauf: Mir ist die Intensität einer Freundschaft wichtiger als ihre Beständigkeit. Aber »Mein bester Freund« zu sagen, das erscheint mir noch einmal etwas ganz anderes. Vielleicht habe ich Angst vor der Endgültigkeit, vielleicht habe ich aber solche Sätze einfach auch schon zu oft gehört, ohne dass sie tatsächlich etwas bedeutet haben. Joachim Fest scheint eine ähnliche Einstellung wie ich zu haben, denn nur wenn einem die Intensität wichtiger ist als die Dauer, dann zeigt sich jene Sicherheit, die Fest nach all den Jahrzehnten noch immer sagen lässt: »Reinhold Buck war mein bester Freund.« Natürlich ist es traurig zu hören, dass sein bester Freund schon sechzig Jahre tot ist. Zugleich hat es aber auch etwas Erfreuliches an sich: Joachim Fest hat einige Monate lang erlebt, was eine derart intensive Freundschaft bedeutet. Andererseits: Es ist auch bequem, einen Toten zum Freund zu haben, denn der kann sich nicht mehr verändern – und die Freundschaft muss nicht gepflegt werden.

Der Krieg ist im März 1945 noch lange nicht zu Ende für den Soldaten Fest, es folgt das Kapitel Kriegsgefangenschaft. Wie es dazu kam? Er wird ins Rheinland verlegt, nach Wesel, als die Amerikaner den Niederrhein bei Düsseldorf besetzen. Wenn er davon erzählt, macht die Wahl seiner Worte deutlich, dass nicht der Intellektuelle Fest zu mir spricht, sondern der Soldat: »Wir wurden von da abgezogen und nach Remagen geworfen«, er sagt wirklich geworfen, »sind nachts durch das völlig zerstörte Köln marschiert, am Dom vorbei, hinter Köln ging es über eine der Rheinbrücken, über Königswinter in Richtung Süden und bis zum Brückenkopf von Remagen.«

Remagen. Ich muss an die Computerspiele meiner Generation denken, an *Medal of Honor*, und dass man den Kampf um die Brücke von Remagen nachspielen kann, zu Hause im warmen Zimmer mit einer Dose Cola und Keksen. Ich frage mich, ob wir Jungen vielleicht deshalb so begeistert von diesen Kriegsspielen sind, weil wir zu selten mit denen reden, die wirklich dorthin »geworfen« wurden.

An der Remagener Brücke werden die Soldaten eingeteilt. Der Oberst, der Fests Regiment führt, hat den Auftrag, die Brücke zu sprengen, damit die Amerikaner nicht übersetzen können. Doch die Brücke fliegt nicht in die Luft, und die Amerikaner überqueren sie. Hitler lässt daraufhin alle acht an der Aktion beteiligten Offiziere hinrichten. Heute weiß man, dass eine Sprengung nicht möglich war, da durch einen der Fliegerangriffe die dafür verlegten Zündschnüre zerstört worden waren.

Die Soldaten müssen sich nun verstecken, sie graben sich am Waldrand ein, in der Nähe eines Hauses, je zwei Mann in einem Erdloch. »Ich war dazu verdammt, mit meinem Feldwebel, ein bei allen verhasster Geselle, bewandert in den ungezählten Schikanen eines erfahrenen Spießes, Körper an Körper in einem dieser Löcher zu hocken«, sagt Fest. Gegen sechs Uhr morgens, draußen wird es hell, fordert ihn der Feldwebel auf: »Guck doch mal, wie es oben aussieht.« Doch Fest ist gerade beschäftigt, und so schaut der andere selbst nach. Nach einer Weile fragt Fest, was sich denn drüben bei den Amerikanern so tue. Keine Antwort. Dann dreht er sich zu ihm um: »Der Feldwebel lag mit offenem Mund und aufgerissenen Augen da, er hatte mitten im Stahlhelm ein Loch.«

Sein erster Kriegstoter. Einen ganzen Tag lang muss der Soldat Fest nun neben dem toten Feldwebel liegen, neben einem Menschen, den er nicht einmal hatte leiden können.

Fest will sofort weitererzählen, aber ich unterbreche ihn. »Der Tod, Herr Fest«, sage ich, »wie geht ein Siebzehn-, Achtzehnjähriger damit um? Was haben Sie denn gedacht in diesem Moment?« »Ach, vom Tod ist im Krieg wenig die Rede«, erklärt er, auch nicht in Gedanken, im Inneren – wohl weil der Tod sonst, im Äußeren, überall lauert.

Aber nun weiter: Den toten Feldwebel neben sich, greift Fest zu seiner eigenen Kartentasche. Karten sind schon lange keine mehr darin, stattdessen Bücher, acht oder neun, so genau weiß er das nicht mehr. Er nimmt einen Band heraus und beginnt zu lesen. Literatur, sagt man ja, kann Leben retten.

Irgendwann im Schutz der anbrechenden Dunkelheit kriecht er aus seinem Versteck, sieht sich um und entdeckt auf dem freien Feld ein Anwesen – und Soldaten. Es ist zu dunkel, um zu erkennen, ob es Deutsche oder Amerikaner sind. Plötzlich sieht er einige US-Soldaten über das Feld stürmen, und daraus schließt er, das Gehöft müsse in deutscher Hand sein. Er geht auf das Anwesen zu, biegt um die Ecke und stößt mit einem Amerikaner zusammen. Der schreit sofort: »Hands up!«, verhaftet ihn, nimmt ihm die Waffen ab.

Er wird einem etwa fünf Jahre älteren amerikanischen Leutnant vorgeführt, der perfekt deutsch spricht und der erzählt, er habe in Heidelberg studiert – offenbar ein Emigrant. Fest nennt ihn fortan »den Heidelberger«. Sie reden über dies und das, und dann greift der Heidelberger nach Fests Kartentasche mit den

Büchern, »mal sehen, was wir hier haben«. Er zieht den *Faust* heraus und schmeißt ihn zur Seite. Warum er das mache, fragt ihn Fest, doch der Heidelberger sagt nur: »Ich bestimme hier.« Dann nimmt er den Band mit Hölderlin-Gedichten, auch er fliegt in die Ecke. Ein Buch nach dem anderen landet auf dem Boden. Am Ende lässt er ihm Johann Eckermanns *Gespräche mit Goethe*, *Auf den Marmorklippen* von Ernst Jünger und einen Gedichtband von Josef Weinheber, einem österreichischen Nazi, der ziemlich schwülstig im Pathos der Zeit schreibt. »Können wir den *Faust* nicht gegen Weinheber tauschen?«, bittet ihn der Gefangene Fest. »Nein, Sie haben die längste Zeit bestimmt, was gemacht wird. Das ist vorbei. In den nächsten Monaten lesen Sie zur Strafe Weinheber.«

Da war sie also endlich, seine Befreiung, und doch empfindet er den Moment der Gefangennahme wie eine Niederlage: »Ich war empört«, sagt Fest, »ich dachte wirklich: ›Mein Gott, wir sind von den Händen der einen Barbaren in die Hände der anderen gefallen.‹« Und womit könnte das Kind aus gutbürgerlichem Hause dieses Gefühl besser illustrieren als mit der Schilderung eines rüden Soldaten, der wertvolle deutsche Literatur mit den Füßen tritt?

Die Deutschen und die Amerikaner – eine komplizierte Geschichte. Heute erleben wir Antiamerikanismus in Deutschland gleichermaßen bei Linken und Rechten. Bei der älteren Generation begründen sich die Ressentiments häufig in den Erfahrungen aus der direkten Nachkriegszeit: »Die haben uns besiegt und dann noch umerzogen!« Viele haben eine Weile gebraucht, um den Wert der »Reeducation« zu begreifen, der Erziehung der Deutschen zu Demokraten, mit der die Amerikaner schon in den Gefangenenlagern begannen. Joachim Fest erzählt von der naiv-pathetischen Art, mit der die Amerikaner über Freiheit und Demokratie sprachen, sie fast befehligten. Deshalb wurden sie schon bald abschätzig »Commanding Professors« – befehlende Professoren – genannt.

Die deutschen Soldaten, sagt Fest, seien das Gegenteil gewesen, zynisch und abgebrüht. Er erzählt von einem Mitgefangenen, einem Staatsrat aus Hamburg, der sich damals darüber lustig machte, dass die Amerikaner glaubten, mit der Freiheit gehe es immer gut. Denn in Wirklichkeit gehe es mit der Freiheit doch immer schief! Fest erklärt: »Das war die deutsche Erfahrung: Mit der Freiheit konnten viele nichts anfangen.«

Viele Alte scheinen sich also auch heute noch an diese ersten, häufig negativen Erlebnisse mit den Amerikanern zu erinnern. Joachim Fest weiß aber auch von Positivem zu berichten: Heute sei er besonders froh über die Großzügigkeit der USA in Gefangenschaft und Nachkriegszeit. »Die haben uns doch machen lassen.« Er erzählt, wie am Tag nach der Währungsreform 1948 Ludwig Erhard zu General Lucius Clay, dem Militärgouverneur der amerikanischen Besatzungszone, bestellt wurde. »Was fällt Ihnen ein, einige unserer Bestimmungen abzuändern und hier eine Art freien Markt einzurichten?«, schimpfte Clay. Da schüttelte Erhard den Kopf. »Und was fällt Ihnen jetzt ein, auch noch den Kopf zu schütteln? Sie haben es doch getan!« »Ja«, sagte Erhard. »Aber ich habe nicht einige Bestimmungen abgeändert, ich habe sie alle außer Kraft gesetzt.« »Und wissen Sie«, sagt Joachim Fest und strahlt jetzt richtig, »das hätte sich kein Russe, kein Engländer, kein Franzose und schon gar kein Deutscher gefallen lassen.« Clay aber schmunzelte über die Unverfrorenheit nur und sagte: »Großartig!«

In den Jahrzehnten, als die Bundesrepublik erwachsen wurde, hat Fest immer wieder erlebt, was es bedeutet, die Amerikaner zur Seite zu haben: »Sie haben Berlin gehalten und bis zur Vereinigung wieder und wieder zu uns gestanden – weil sie ihr Wort gegeben hatten, und – anders als die Franzosen und Engländer – haben sie das nicht plötzlich vergessen.«

Das Urteil des Soldaten Fest über Amerika und die Beurteilung Amerikas durch den Publizisten und Historiker Fest in den Nachkriegsjahrzehnten – darin spiegeln sich die verschiedenen in Deutschland vorherrschenden Meinungen über die USA wider.

Ich beginne, langsam zusammenzupacken, mein Tag in Kronberg nähert sich dem Ende, da erzählt Joachim Fest noch ein Erlebnis aus der amerikanischen Kriegsgefangenschaft. Er wurde zusammen mit anderen Gefangenen nach Euskirchen gefahren, zu einem Feldflughafen. Er kannte sich dort aus, mit seiner Einheit hatte er hier zwei Wochen lang gläserne Minen gelegt. Furchtbare Waffen – denn trat man auf diese in Einmachgläser gesteckten Sprengsätze, so zerfetzten tausende von Splittern den Körper. Nun wurden sie genau dorthin gefahren, und Fest packte die Angst, er glaubte, dass sie die von ihnen gelegten Minen freilegen müssten. Sie stiegen von den Lastern, warteten einige Stunden, doch auf einmal hieß es: »Wieder aufsteigen!« Glück gehabt!, dachte er, kletterte auf einen Laster, und dann kam es zu einer Begegnung, die ihn wahrscheinlich noch stärker geprägt hat als die Freundschaft mit Reinhold Buck.

Plötzlich steht ein Sanitätsgefreiter namens Schneider neben ihm, der ihn einstmals verpfiff, weil Fest eine kritische Bemerkung über Hitler gemacht hatte. Zum Glück war er nicht bestraft worden. Schneider begrüßt Fest, doch der will nicht mit ihm reden. Dann sagt Schneider: »Mensch, Fest, du darfst mir keine Vorwürfe machen! Ich habe ja jetzt erst gemerkt, wie uns die Nazis belogen und betrogen haben!« Joachim Fest schüttelt den Kopf, als sei es gestern passiert: »Das fand ich widerwärtig. Bevor wir losfuhren, habe ich mich in eine andere Ecke des Wagens gestellt. Ein bisschen kindisch. Aber ich verachtete ihn, natürlich hätte ich auch neben ihm stehen bleiben können und ihn verachten.«

Menschen wie der Sanitätsgefreite Schneider haben Joachim Fests skeptisches Menschenbild geprägt. Wenn ihn heute jemand auf seine doch recht offenkundige Skepsis dem Menschen gegenüber anspreche, sagt Joachim Fest, dann tauche Schneider unwillkürlich vor seinem inneren Auge auf.

Wer ist Joachim Fest? Er ist einer, der losgezogen ist, um sich und seine Generation zu verstehen, doch dieses Verstehen-Wollen sollte man nicht mit Verständnis-Zeigen verwechseln. Immer wieder ist ihm der Typus des Sanitätsgefreiten Schneider begegnet – auch noch in den Sechziger- und Siebzigerjahren. Fest war erschrocken über diese sich von der im Dritten Reich aufgewachsenen Elterngeneration distanzierende Jugend, die aus seiner Sicht genauso wenig verstanden hatte von den Abgründen des Menschen und die den alten Fehler der Deutschen wiederholte: Sie war einem totalitären Glauben verfallen. Er fühlte sich bestätigt, als aus der Studentenbewegung die RAF entstand, besonders in jenen Momenten, als die Terroristen genauso menschenverachtend Menschen hinrichteten wie SS-Offiziere.

»Ich habe oft das Gefühl gehabt«, sagt er, »Demokratie ist hier nicht heimisch zu machen, die Deutschen wollen das nicht ...« Aber, sage ich, leben wir heute nicht in einer stabilen Demokratie? »Ich fürchte, die Neigung ist immer noch da. Die Bundesrepublik hat Glück gehabt, dass sie bisher keine Krise erlebt hat, die an den Fundamenten wirklich rüttelte.« Seine größte Hoffnung sei Europa, die Vernetzung mit den anderen, aber: »Ich würde keine Hand für irgendetwas ins Feuer legen.«

Joachim Fest gehört zur »skeptischen Generation«, aber sein massiver Pessimismus, woher kommt der? Er hat sich mit dem Nationalsozialismus beschäftigt wie kaum ein Zweiter, wahrscheinlich um seine Erfahrungen – wissenschaftlich untermauert – weiterzugeben, an die Deutschen. Es muss ihn enttäuschen, wie wenig von seinem Wissen bei ihnen tatsächlich ankommt.

Beim Abschied, als er mir in den Mantel hilft, erzählt er von einem jüngeren Handwerker, der vor einigen Tagen im Haus etwas reparierte. Beim Hinausgehen habe der ihn gefragt: »Herr Fest, ich habe im Fernsehen gehört, wir haben keine Schuld. Stimmt das denn?« Joachim Fest sagt, er sei freundlich geblieben und habe geantwortet: »Nein, Schuld wird nicht vererbt, aber Verantwortung, der müssen wir uns stellen.« Während er für mich dieses Gespräch wiederholt, klingt er wie ein älterer Herr, der unzufrieden ist mit der Wirkung seines Lebenswerks. Seine Filme, seine Bücher, seine Artikel, seine Auftritte haben Millionen erreicht – aber wahrscheinlich reicht selbst das nicht aus.

Seine Deutschen, er könne an ihnen verzweifeln, jetzt kommt Fest noch auf einen weiteren Aspekt zu sprechen. Diese ewige Suche nach dem Deutschen sei auch so etwas: »Die Deutschen werden nie zu sich selbst finden, weil keiner genau sagen kann, was deutsch ist. Diese Identitätsdebatten ... Bei Johann Nestroy heißt es: ›Was es nicht gibt, darüber wird am meisten gered't.‹« Ein Thema, das Fest sehr am Herzen liegt: »Wer die Deutschen sind, darüber ist unter den Deutschen keine Übereinstimmung zu finden, eigentlich schrecklich. Aber wir müssen damit zurande kommen und die Widersprüche aushalten.« Pause. »Na ja, und nebenbei gesagt, ob man religiös ist oder nicht: Ab und zu sollten wir ein Stoßgebet zum Himmel schicken, damit uns Gott die Krise ersparen möge.«

So wie jetzt steuern nur selten plötzlich Gefühle seine Worte, das lässt erahnen, wie sehr sich dieser Mann zusammenreißt, um Haltung zu bewahren. Auch Begeisterung hat ihn, der schon sein ganzes Leben lang ein skeptischer Frager ist, nur selten gepackt. Als 1985 der rothaarige Bengel Boris Becker als erster Deutscher Wimbledon gewann und die ganze Welt mit seinem Charme begeisterte, gehörte Joachim Fest zu seinen größten Fans. Er verkörperte etwas für ihn, das eigentlich nicht mehr möglich schien: ein Held aus Deutschland, geliebt von der ganzen Welt. Ich frage Joachim Fest, wie er die Figur Becker heute beurteile, nach all den Skandalen und Schlagzeilen. Er schüttelt nur den Kopf.

Der Journalist Hellmuth Karasek kann bis heute die Wehrmachtshierarchie aufsagen und fühlt sich trotzdem nicht älter als ich

Das Leben des Hellmuth Karasek ist vom Bedürfnis begleitet, vieles unausgesprochen zu lassen. Einmal sagt er in unserem Gespräch: »Es gibt den wunderbaren Satz von Hebbel: ›Oh rührt nicht an den Schlaf der Welt.‹ Wissen Sie, ich möchte auch in Beziehungen nicht immer alles wissen. Ich habe nichts so verachtet wie die Zeit der so genannten sexuellen Befreiung, wo sie sich alles erzählt – und sich fürchterlich gequält haben mit ihren Geständnissen. Ich dachte da immer: ›Könnt ihr nichts für euch behalten?‹«

Später möchte ich von ihm wissen, ob er seinem Vater, der in den Achtzigerjahren starb, gerne noch eine Frage stellen würde. Mich interessiert das, denn sein Vater war Wehrmachtssoldat, ein Anhänger der Nazis, der am liebsten freiwillig zur Waffen-SS gegangen wäre. »Der Vatermord«, antwortet er, »ist kein natürlicher Vorgang, man neigt zu Entschuldigungen. Ödipus handelt ja davon, wohin der Drang, alles zu wissen, uns führen kann. Und es ist tatsächlich so: Man möchte manchmal einen Stein nicht hochheben, weil man das Gewürm darunter nicht ertragen kann.« Deshalb wolle er nicht erforscht wissen, was sein Vater in Russland gemacht habe, nein, lieber nicht.

Zum Gewürm, zur Geschichte dieses Landes gehört auch die Frage, was passiert wäre, wenn die Deutschen den Krieg gewonnen hätten. »Ja«, sagt Hellmuth Karasek, »ein sehr spannungsgeladenes Thema, und ich spüre diese Spannung, diesen

Druck bis heute. Was, um Himmels willen, wäre aus mir geworden, wenn die Nazis gewonnen hätten? Wäre ich Gauleiter geworden? Hätte ich Juden umgebracht oder anderen befohlen, es zu tun?«

»Was vermuten Sie?«, frage ich.

»Ich denke darüber lieber nicht nach. Ich bin sehr froh, dass es nicht dazu gekommen ist. Ich hoffe, die Beschäftigung mit Kultur schützt uns irgendwann vor solchen Dingen. Aber natürlich steht das Böse immer auch zuerst in Büchern.«

Warum der Druck auf ihm stärker lastet als auf Jüngeren? In seiner Kindheit lief alles darauf hinaus, in die Nazi-Elite aufzusteigen. Denn Hellmuth Karasek, Jahrgang 1934, war Schüler auf der Napola Loben in Schlesien, einer »nationalpolitischen Erziehungsanstalt«, die die Schüler zu zukünftigen Führungskräften erziehen sollte, ganz im Geiste Hitlers, der forderte: »Eine gewalttätige, herrische, unerschrockene, grausame Jugend will ich...« Sie sollten den Nationalsozialismus als neuen Glauben übernehmen und sich dafür von Familie und Religion verabschieden.

Hellmuth Karasek besuchte seine Napola ein knappes Schuljahr lang. Welche Spuren hat das bei ihm hinterlassen? Auf den ersten Blick: keine. Wenn Adolf Hitler gewusst hätte, wie sein Exeliteschüler an diesem Sommertag im Garten des Café Einstein in Berlin sitzt, zurückgelehnt, sich gerade eine Zigarre anzündet und später ein Glas Champagner bestellt, er wäre enttäuscht gewesen. Auch auf den zweiten Blick sind keine Spuren zu erkennen. Karasek ist ein freundlicher Mensch, dessen Anzüge öfter mal leicht zerknittert wirken und der in Konferenzen nicht immer die perfekt zur Farbe seines Sakkos passende Krawatte trägt. Seine leicht lockigen, immer etwas längeren Haare zeichnen sein Gesicht so weich, man kann sich kaum vorstellen, dass dieser Mann einmal hart wie Kruppstahl hätte werden sollen.

Karasek ist einer der Herausgeber des *Tagesspiegel*, der Zeitung, bei der ich arbeite, und ich habe in den vier Jahren nur zwei- oder dreimal erlebt, dass er gegenüber einem Kollegen richtig laut wurde. Herrisches Auftreten ist ihm fremd.

Und was sieht man mit dem dritten Blick? Ich habe mir den Text eines Liedes aufgeschrieben, den die Eliteschüler damals gesungen haben, und lese ihn Karasek vor: »Legt Pflug nun und Spachtel / legt Zirkel und Feder nun aus der Hand...« Da unterbricht er mich und spricht den Vers zu Ende: »... es lodert an unserer Grenze / ein blutig roter Brand / nehmt Waffen und Wehre / es geht um unsere Ehre...« So etwas vergesse man nicht, sagt er, schließlich habe die Zeit im Jungvolk und in der Napola vor allem darin bestanden, mit dem Tornister in Kolonnen über lange Straßen zu marschieren. »Im Gleichschritt latschen, bis die Füße wund sind – und immer haben wir Lieder gesungen. Aber Sie dürfen nicht vergessen: Den *Struwwelpeter* kann ich auch bis heute auswendig.«

Ein Kellner tritt an den Tisch, Karasek bestellt einen Latte Macchiato, ich einen Cappuccino, und für einen kurzen Moment sind wir wieder in der Gegenwart. Mir läuft ein Schauer den Rücken hinab, und es ist kein wohliger. Ich schaue mich um, wahrscheinlich hat jeder der älteren Gäste in seinem Langzeitgedächtnis Dinge abgespeichert, die sie besser für sich behalten sollten. Funktionierten wir wie Computer, müsste man diese alten Dateien dringend löschen. Kaum zu glauben, wie lange sich dieses Wissen hält, trotz allem. Unkraut vergeht nicht, sagt man.

Zurück in die Vergangenheit. Ich erzähle, wie verwirrend es für mich ist, plötzlich all diese merkwürdigen Vokabeln und Bezeichnungen in den Mund nehmen zu müssen: »Feldwebel« oder »Fahnenjunker«, und dann sagt Karasek: »Ordnungsprinzipien in der Wirklichkeit imponieren einem immer. Das können Sie auch beim Fußball beobachten, wenn über Aufstellungen und Statistiken gesprochen wird. Oder bei Autokennzeichen: Großstädte haben nur einen Buchstaben, Hansestädte immer zwei … das ist faszinierend! Oder: Nehmen Sie die Hierarchie der Wehrmacht, das ist gar nicht schwer. Zuerst kommt der Soldat, der Grenadier, der Obergrenadier, dann Gefreiter, Ober-, und Stabsgefreiter, der Ufz, der Unteroffizier, das war mein Vater zuerst. Dann der Unterfeldwebel, der Fähnrich, der Feldwebel, der Ober- dann der Hauptfeldwebel, der Oberfähnrich, dann der Stabsfeldwebel, der Leutnant, der Oberleutnant, dann Hauptmann, Major … warten Sie, ja, dann der … Oberstleutnant, Oberst, Generalmajor, der Generalleutnant, dann General, Generaloberst – und der Generalfeldmarschall.« Er lacht jetzt. »Das ist natürlich primitiv, aber es ist trotzdem faszinierend. Bei einem Journalisten funktioniert das nicht. Bei Ihnen zum Beispiel kann man nie sagen: Der Amend ist Oberstleutnant, nein, das geht nicht.«

Obwohl er nicht sehr lange auf der Napola war, holt ihn diese Zeit auch heute noch ein. Neulich, erzählt er, kam ein Mann auf ihn zu, »so ein alter Knacker, und ich dachte, der spricht dich jetzt sicher wieder auf das Quartett an« – das *Literarische Quartett*, die erfolgreiche Büchersendung im ZDF, in der Marcel Reich-Ranicki und Hellmuth Karasek jahrelang Romane zu Tops und Flops ausriefen. »Da quatscht er mich an: ›Auch Napola gewesen!‹ Sagt: ›Wir! Wir waren doch ein tapferer Haufen!‹« Hellmuth Karasek stand auf und ging. Er wollte den Stein nicht aufheben.

»Erschreckt Sie das«, frage ich ihn, »die eigene Anfälligkeit für die Nazi-Ideologie?« »Ja, ich erschrecke auch darüber, dass ich ein großer Wagner-Fan bin, der war nun wirklich ein ekeliger Kerl.« Wäre er ein guter Soldat geworden? »Bestimmt nicht«, antwortet er, »ich wäre zu weich und zu bequem gewesen.« Und so wie er vor mir sitzt und das R so schön rollt, mit der angenehmen Stimme, und so überhaupt nicht dem Klischee des blonden, großen, starken Nazi-Kindes entspricht, möchte man ihm nicht widersprechen. Aber aus welcher Welt kommt dieser Mann? Vielleicht entwirft er das Bild vom weichen, bequemen Genießer auch deshalb, um den Abstand zu dem Karasek, der er auch hätte werden können, hart und brutal und menschenverachtend, deutlich zu markieren.

Blenden wir einige Jahrzehnte zurück, in die mährische Stadt Brünn, wo die Karaseks lebten und Sohn Hellmuth und zwei Töchter aufzogen. Vater Walter arbeitete tagsüber im Sportgeschäft Balóny Baumann und bespannte nachts Tennisschläger, um sich etwas dazuzuverdienen. Immer wenn Karasek von diesem Geschäft erzählt – und das tut er oft –, leuchten seine Augen: »Es war ein schönes Sportgeschäft, berühmt in der ganzen Gegend!« Im Krieg wollten die Tschechen Vater Walter einziehen, doch der weigerte sich, gegen die Deutschen zu kämpfen, und desertierte. Er wäre am liebsten in die Waffen-SS eingetreten, dazu kam es dann aber doch nicht, die Wehrmacht zog ihn ein und schickte ihn nach Russland. »Ich weiß es nicht genau«, sagt Karasek heute, »aber wahrscheinlich hat mein Vater in Brünn mit den Deutschen kollaboriert.« Fast alle Verwandten in der Generation von Karaseks Vater waren überzeugte Nazis.

Über eine seiner frühesten Kindheitserinnerungen schrieb Hellmuth Karasek später in seiner Kolumne »Begegnungen« unter dem Titel: »Als ich einmal blauäugig zu Hitler hochblickte.« 1938 besuchten Hellmuth und seine Mutter, er war gerade vier Jahre alt, Verwandte in Wien. Eines Abends packte sie ihren Sohn und ging mit ihm in den prächtigen Ersten Bezirk. Vor dem Hotel Imperial brannten noch Laternen, und nach einiger Zeit tauchte der angekündigte Redner Adolf Hitler auf, Jubel brach aus. »Ich weiß nur noch«, schreibt Karasek, »dass die Menge ›Heil Hitler‹ schrie und nach vorne drängte, und dass wir schließlich mitgerissen wurden.« Doch der kleine Hellmuth soll gesagt haben: »Mutti, er hat so wunderschöne blaue Augen.« Es war eigentlich viel zu dunkel, um die Augen des Führers sehen zu können, außerdem stand er zehn Meter über der Menge. Trotzdem erzählte Mutter Karasek in den nachfolgenden Jahren immer wieder, dass ihr Sohn von diesen blauen Augen geschwärmt habe.

Nach dem Krieg verblasste die Erinnerung daran sehr schnell, und als der längst erwachsene Hellmuth Karasek sie zuletzt darauf ansprach, antwortete sie: »Was du dir alles einredest«, und schüttelte spöttisch den Kopf.

Zum ersten Mal ahne ich, warum Hellmuth Karasek später ein großer Amerika-Fan wurde, ein Buch mit dem Titel *Go West!* schrieb, und auch sonst alles daransetzte, sich möglichst weit vom dumpfen Deutschtum zu entfernen. So hat er es, trotz sehr nationalsozialistischer Erziehung, auch geschafft, sich gegen den Antisemitismus zu verwahren, obwohl er ihn als Kind als etwas Alltägliches erlebte.

Bis heute geht ihm ein Satz seiner Mutter nicht aus dem Kopf, die immer, wenn es bei Karaseks zu Hause unordentlich war, sagte: »Geht ja zu wie auf der Judenschule.« So oft hat er den Satz gehört, dass er ihm heute noch auf der Zunge liegt, doch er kann sich jedes Mal gerade noch zusammenreißen.

Es war der Antisemitismus, der den lange Zeit überzeugten 68er von seinen politischen Überzeugungen wegtrieb. Als der Autor Henryk M. Broder Ende der Achtziger – als einer der Ersten überhaupt – den Antisemitismus der Linken anprangerte, erinnert sich Karasek, »dachte ich noch, so ein Quatsch. Aber spätestens als Ströbele, damals Parteivorsitzender der Grünen, Anfang der Neunziger die irakischen Angriffe auf Israel verteidigt hat, habe ich gewusst: Jetzt ist es aus. Mit denen will ich nichts mehr zu tun haben.«

Und dann erzählt Karasek einen Witz, einen aus den Fünfzigerjahren. Sagt ein Jude zu einem Freund: »Ich muss auswandern, es geht wieder los.« »Was geht wieder los?« »Na, gegen die Juden und die Friseure!« »Wieso gegen die Friseure?« »Siehst du, genau deshalb muss ich auswandern.«

Auf der Napola. Der Schüler Karasek war sehr unglücklich auf dieser Schule, deren Aufnahmeprüfungen er mit Bravour bestanden hatte und die aus ihm einen wahren Nationalsozialisten machen sollte. Immer wieder schrieb er seiner Mutter, sie solle ihn dort rausholen, aber die Briefe wurden abgefangen und der Schüler Karasek bestraft, einmal mit Stockhieben durch einen SS-Mann. »Ich war ein Muttersöhnchen«, sagt er, »ich habe mich dort nicht wohl gefühlt.«

Schläge gab es viele auf der Napola. Und eines haben sie ihm dort endgültig aus dem Kopf geschlagen: den Glauben. »Ich bin überhaupt nicht gläubig«, sagt er, »denke jedoch, dass der Glaube eine gute Zähmungsmaschine für den Menschen darstellt.« Aber es gab natürlich auch sonnige Momente auf der Napola: Dem Journalisten Johannes Leeb hat Karasek einmal erzählt, wie stolz seine Mitschüler und er auf die Uniform waren, die sie trugen: »Wir [...] haben zusammen mit der Uniform durchaus ein Elitebewusstsein entwickelt: wir fühlten uns sehr geschmeichelt, wenn wir als ›kleine Soldaten‹ angesprochen wurden – die Uniform sah ja sehr militärisch aus« – nachzulesen in *»Wir waren Hitlers Eliteschüler.« Ehemalige Zöglinge der NS-Ausleseschulen brechen ihr Schweigen.*

Im Januar 1945 lässt ihn seine Mutter nicht mehr aus dem Weihnachtsurlaub zurück, man ahnt, dass der Krieg bald zu Ende ist. Nun beginnt die große Zeit der Flucht, und zum ersten Mal erfährt der kleine Hellmuth, dass nur der Weg in Richtung Westen Glück verspricht. Auf keinen Fall, erinnert er sich, wollte man den Russen in die Hände fallen. Man hatte nur ein Ziel: die Amerikaner erreichen.

Ich frage ihn nach den ersten Bildern, die ihm aus der Zeit einfallen. »Tote«, sagt er, er sah die ersten Toten seines Lebens und russische Soldaten – das muss den Jungen ähnlich erschreckt haben. Die schwangere Mutter war mit den Kindern zunächst allein losgezogen, der Vater stieß später dazu. Sie blieben immer wieder auf der Flucht stecken, und wenn es von irgendwoher hieß: »Die Russen kommen!«, brach das Chaos auf den Straßen und in den Verkehrszügen aus, Männer liefen los, Frauen schrien, erst Stunden später habe sich das wieder beruhigt, erzählt Karasek. Sie begegneten zerlumpten Soldaten, die sich durchschlagen wollten, und an Bäumen baumelten die Leichen von Deserteuren, an die man Schilder mit der Aufschrift »Ich bin ein Verräter« gehängt hatte.

Eines Tages, die Familie ist noch auf der Flucht nach Westen, sitzt Hellmuth Karasek auf einer Wiese. Es ist Mai, ein herrlicher Tag, überall Dotterblumen und Löwenzahn, die Geschwister spielen miteinander, da kommt plötzlich eine lehmgelbe Truppe über den Hügel. »Da sagte Frau Strempel: ›Die Russen kommen!‹«, so Karasek. Die Soldaten ziehen dann einfach vorbei. »Frau Strempel?«, frage ich ihn und möchte wissen, wer sie war. Und dann gibt Hellmuth Karasek eine Antwort, die einiges andeutet und doch das Gewürm unter dem Stein nur erahnen lässt. Warum sie die Familie begleitete, wisse er auch nicht, das heißt, er wisse es schon, aber das sei ja auch egal – sie war jedenfalls wichtig für die Flucht, denn sie hatte ein Haus in Niederschlesien, da wohnten die Karaseks später eine Weile.

Eine andere Geschichte aus dieser Zeit fällt Karasek noch ein: Direkt nach dem Krieg wurden die deutschen Soldaten entwaffnet, Vater Karasek beschloss jedoch, seine Pistole nicht wegzugeben. Bei einer Kontrolle wurde er erwischt und an die Wand gestellt. Die Familie sah zu, und der Vater sagte einen Satz, den Karasek heute als »abstrus, aber vielleicht auch richtig« beschreibt. »Wenn Sie mich schon erschießen«, sagte Walter Karasek, »sollten Sie auch meine Familie erschießen.« Die Soldaten ließen dann alle weiterziehen.

Später landet die Familie in Bernburg an der Saale, in der DDR, und Sohn Hellmuth macht dort 1952 sein Abitur und zieht dann zum Studieren nach Tübingen, sechs Jahre später promoviert er. In Stuttgart wird er mit achtundzwanzig Jahren Chefdramaturg am Württembergischen Staatstheater, zwei Jahre später wechselt er in die Feuilletonredaktion der *Stuttgarter Zeitung*, leitet von 1968 an das Kulturressort der *Zeit* in Hamburg und arbeitet schließlich ab 1974 beim *Spiegel*, wo er bis 1991 als Kulturchef tätig ist, bis 1996 ist er dort noch unter Vertrag.

Er schreibt einige Theaterstücke und viele Bücher, darunter zwei Romane, er entdeckt Billy Wilder für das deutsche Publikum neu, moderiert Talkshows, wird Mitglied des *Literarischen Quartetts*. Er gehört zu jenen Figuren im deutschsprachigen Kulturbetrieb, über die jeder eine Anekdote zu erzählen hat, und Karasek liefert auch durchaus gerne Stoff dafür – anders als viele deutsche Intellektuelle stört es ihn nicht, seinen Namen in der Boulevardpresse zu lesen, auch die Kunst der leichten Unterhaltung ist ihm nicht fremd.

Doch was erzählen diese Stationen seiner Karriere über ihn? Heute lebt er in Hamburg und Berlin, ist seit 1982 mit der Journalistin Armgard Seegers verheiratet, hat drei Söhne und eine Tochter. Ein Mann, der angekommen ist? »Ich bin ein Flüchtling«, sagt Karasek, er ist es früh geworden und bis heute geblieben. Was versteht er unter einem Flüchtling? »Bei mir hat sich das in übertriebener Anpasserei geäußert.« Als junger Chefdramaturg in Stuttgart hatte er einen älteren Kollegen, dessen Nähe er oft suchte, und der sagte einmal zu ihm: »Sie können so viel! Sie wissen so viel! Sie müssen nicht immer nachgeben! Sie mit Ihrer Flüchtlingsmentalität! Hauen Sie endlich mal auf den Tisch!« Er habe immer gedacht, das gehe auch ohne, erläutert Karasek. Er habe Glück gehabt, dass er nur selten Widerstand leisten musste. Dann habe er es auch getan. Doch dafür gibt er kein Beispiel.

Die Flucht, das Fremdeln im Westen – für Hellmuth Karasek war das eine Herausforderung, die er bestanden hat. Aber nicht alle in seiner Familie haben den Verlust so leicht ertragen. Die Schwestern kommen später aus der DDR in den Westen nach, sie leben in Würzburg, werden dort als Flüchtlinge beschimpft und sind so arm, dass sie sich sogar einmal ein Paar Schuhe teilen müssen. Beide Frauen schauen auch heute noch etwas wehmütig auf die Zeit in der DDR zurück, schön war es dort, und erst beim Umzug in den Westen begannen ihre Probleme. Während Bruder Hellmuth nach einer Weile begreift: »Die Amerikaner haben mir die Freiheit geschenkt!« und wohl auch deshalb bis heute in seinen Zeitungskommentaren die USA öfter verteidigt als kritisiert, sind die Schwestern noch immer antiamerikanisch eingestellt, sagt er, manchmal sogar antiwestlich: »Das ist der Bruch in unserer Familie.«

Eine seiner Schwestern zieht es nach Frankreich. Sie führt dort lange Zeit ein sehr erfolgreiches Marketingunternehmen. Der Bruder bedient sich eines amerikanischen Verbs, um ihr Leben dort zu beschreiben: »Sie ist in der französischen Bourgeoisie gesettlet.« Lebt in Paris, hat ein Haus am Atlantik, eines in der Bourgogne, ein Weingut in Südfrankreich. Und einer ihrer Söhne spielt heute in der französischen Popband Phoenix.

Wie groß der Bruch unter den Geschwistern ist, wurde einmal bei einer Feier deutlich: Die in Frankreich lebende Schwester bat ihren Bruder, bei einem Firmenjubiläum eine Rede zu halten. Er ging auf ihren Wunsch ein und sprach davon, dass es immer sein größtes Ziel gewesen sei, in der westlichen Kultur anzukommen, und seine Schwester habe es sogar noch weiter geschafft: »Wie kann man weiter im Westen sein als in Frankreich?« Da fing seine Schwester an zu heulen, beschimpfte ihn als »Verräter« und rief: »Der Osten ist unsere Herkunft, der Osten!«

Der Flüchtling Hellmuth Karasek geht bis heute vielen Konflikten aus dem Weg, auch Konflikten mit seiner Mutter. Die alte Dame, obwohl schon in ihren Neunzigern, hat noch eine dezidierte Meinung zu dem, was in der Welt passiert, eine Meinung konträr zu der des Sohnes. So schrecklich wie heute sei es noch nie zugegangen auf der Welt, sage sie gerne, wie furchtbar es sei, was mit »Palästina« passiere. Vor einiger Zeit sagte sie: »Der Bush ist ein Mörder«, und der Sohn antwortete nur: »Mutter, lass uns nicht darüber reden. Behalte deine Meinung, aber bitte verschone mich damit.«

Diese Geschichte erinnert mich an die Auseinandersetzung im Frühjahr 2002 zwischen Martin Walser und Marcel Reich-Ranicki, beide langjährige Weggefährten Karaseks. Im Mittelpunkt von Martin Walsers Roman *Tod eines Kritikers* steht die Figur eines einflussreichen deutschen Literaturkritikers, ein Jude wie Marcel Reich-Ranicki, und auch sonst kaum von ihm zu unterscheiden. Walser wurde vorgeworfen, in diesem Roman antisemitische Vorurteile zu bedienen. Hellmuth Karasek hat sich in diesem Streit ziemlich schnell auf Reich-Ranickis Seite geschlagen.

Ähnlich positioniert er sich in der Nahost-Debatte: Wenn über die Zukunft von Israel und Palästina gestritten wird, schreibt Karasek auch gegen den Antisemitismus an – öffentliche Briefe an seine Mutter. Vielleicht kann man sogar noch einen Schritt weitergehen, um diese Haltung zu erklären: Vielleicht schreibt Karasek auch gegen die Vorstellung an, was aus ihm in einer Welt geworden wäre, wenn Hitler den Krieg gewonnen hätte. Denn wahrscheinlich wäre er dann auf der Seite derer gestanden, die Menschen wie Marcel Reich-Ranicki vernichten wollten, millionenfach.

Es ist wieder Zeit für einen Witz. Karasek erzählt: Die Neonazis kommen zum Kyffhäuser, dem berühmten Bergrücken in der Nähe des thüringischen Bad Frankenhausen, wo in einer

Höhle angeblich bis heute Barbarossa wartet. Doch dieses Mal sitzt Hitler drinnen und wartet wie Barbarossa darauf, geweckt zu werden. Sie sagen: »Führer, du musst wiederkommen. Es ist furchtbar, so viele Ausländer, multikulti, die Türken, die Neger. Kannst du nicht kommen und uns retten?« »Nein«, antwortet Hitler, »ich komme nicht.« Also bitten sie ihn noch einmal, und er sagt: »Okay, under one condition. This time no more Mister nice guy!« Karasek lacht jetzt laut. »No more Mister nice guy, verstehen Sie? Ich habe das immer für einen prima Witz gehalten. Aber gerade habe ich Joachim Fests *Der Untergang* gelesen. Und da heißt es, dass Hitler, als er merkte, dass die Geisterarmeen, die er befohlen hatte, nicht existierten, gesagt haben soll: ›Mein Fehler war, dass ich zu gutmütig war!‹ Der ungutmütigste Verbrecher der Weltgeschichte denkt, er war zu gutmütig – this time no more Mister nice guy.«

Als ich einige Wochen nach dem Treffen mit Karasek das Tonband abhöre, muss ich mehrmals grinsen. Man kann unseren Altersunterschied kaum hören. Karasek gehört der Generation zwischen meinem Großvater und meinem Vater an, aber man könnte glauben, er sei viel jünger. Denn immer, wenn ihm das Gespräch zu ernst wird, erzählt er einen Witz, macht sich lustig über das eine oder andere Detail, vergleicht tragische Entscheidungen in der Kriegszeit gerne mit Lapidarem, so beispielsweise mit dem Verhalten des Fußballspielers Michael Ballack. Der musste im Halbfinale der Weltmeisterschaft 2002 in einer brenzligen Situation mit einem Foul die gelbe Karte riskieren – und war damit für das Endspiel gesperrt.

Ich habe Hellmuth Karasek oft mit jüngeren Kollegen erlebt, und wenn wir zusammen ein Interview führten, hatte ich nie das Gefühl, mit einem Menschen zu arbeiten, der aus einer anderen Zeit kommt. Hellmuth Karasek liebt das Ernste und das Unterhaltende gleichermaßen, und damit ist er in seiner Generation eine Ausnahme. In meiner Generation gibt es viele Karaseks. Wenn es stimmt, dass wir die Generation mit dem Entertainment-Gen sind, dann ist Hellmuth Karasek so etwas wie unser »Uncle of Entertainment«. Und sein Bedürfnis zu verdrängen, wegzuschieben, kann ich gut verstehen. Mir fällt es beispielsweise bis heute schwer, über die Scheidung meiner Eltern zu sprechen.

Hellmuth Karasek ist ein ernsthafter Mensch, aber er hat sich für das Leichte entschieden. Auch in meiner Generation gibt es genau diesen Typus Mensch. Während man diese Entscheidung bei Karasek als Reaktion auf seine Kindheit deuten kann, so haben wir keinen Krieg hinter uns, keine Flucht, keinen geistigen Ballast, den wir loswerden müssten. Wir haben nicht dem Falschen vertraut. Woher kommt also unsere Sehnsucht nach »light«?

Vielleicht lässt sie sich – wie auch bei Karasek – ebenfalls mit der Kindheit begründen. In den späten Siebziger- und Achtzigerjahren hieß es ja jeden zweiten Tag, die Welt gehe morgen an einer Katastrophe zu Grunde. Wir wurden von unseren Eltern zu ernsthaften Gutmenschen erzogen. Doch als wir dann in den Achtzigerjahren älter wurden, Teenager, wollten wir irgendwann nicht mehr so sein. Ich weiß noch, als Sechstklässler sollte ich in eines dieser Bücher schreiben, in denen detaillierte Fragebögen über das eigene Leben auszufüllen waren: Welchen Beruf möchtest du später ausüben? Wer ist dein bester Freund? In wen bist du verliebt? Ich blätterte darin herum, blieb bei den Eintragungen des hübschesten Mädchens der Klasse hängen. Sie hatte auf die Frage, wen sie hasst, geantwortet: »Alle Öks. Die riechen so streng.« Öks war ihre Abkürzung für Umweltschützer. Es war das erste Mal, dass ich dachte: Stimmt, Öks sind uncool. Ich will nicht streng riechen.

Was blieb uns dann? Wir drehten die Musik lauter und feierten die Party unseres Lebens. Es scheint, als hätten wir versucht, mit Techno- und Housemusik das Ende hinauszuzögern. Die Love Parade war unser Protest gegen die ewigen Mahner. Wir wollten uns von diesen Beschwörern des Untergangs absetzen, und was konnte sie mehr schockieren als ein lässig gepflegter Hedonismus?

Atomkraft, Nachrüstung, getrennter Müll und Waldsterben – die Generation meiner Eltern protestierte gegen vieles, und vielleicht ging durch die stundenlangen Sitzblockaden der Sinn für intelligente Unterhaltung verloren – wenn es ihn denn vorher im Nachkriegsdeutschland überhaupt gegeben haben sollte. Schließlich arbeiteten die besten Entertainer aus Deutschland, Österreich und Osteuropa längst in Hollywood, dorthin getrieben vom Nazi-Regime.

Ich verstehe also Karaseks Bedürfnis zu fliehen sehr gut. Aber es freut mich, dass der Mann, der viele Steine in seinem Leben nicht hat aufheben wollen, an diesem Nachmittag im Café Einstein es doch einige Male getan hat. Ich frage ihn, ob er zufrieden ist mit seiner Generation, und er sagt: »Diese Frage habe ich mir merkwürdigerweise noch nie gestellt.« Und dann spricht der Flüchtling aus ihm: »Ich habe gar kein Generationsgefühl, Sie sehen, ich flüchte auch vor meiner Generation.« Und dann erzählt er vom Treffen seines Abiturjahrgangs, das vor kurzem veranstaltet wurde. Fünfzig Jahre Abitur! Karasek ging nicht hin. »Überall diese alten Männer«, dachte er sich. »Um Gottes willen, was für eine grauenhafte Vorstellung!«

Wie ich im Herzen ein Amerikaner wurde und dann erst bemerkte, dass Rödelheim nicht in den USA liegt

Während ich an diesem Buch arbeite, verändert sich das Verhältnis zwischen den USA und der Bundesrepublik dramatisch. Die einst freundschaftlich verbündeten Partner beäugen sich nun misstrauisch, und der Graben ist inzwischen schon so tief, dass Präsident George W. Bush und Bundeskanzler Gerhard Schröder in diesem Leben wohl nicht mehr »best buddies« werden.

Begonnen hat alles mit dem 11. September 2001 und der anschließenden Jagd auf die Terroristen und ihre Unterstützer. Solange es um die Kämpfe in Afghanistan ging, zeigte sich die Bundesregierung solidarisch. Doch seit die USA den Krieg zum Thema gemacht hat, um den Diktator Saddam Hussein abzulösen, sagt Gerhard Schröder: »Nicht mit uns.« Das hat Schröder hier zu Lande Sympathien eingebracht und, da das Ganze während des Bundestagswahlkampfes 2002 hochkochte, auch Wählerstimmen – doch an das wahrscheinlich dauerhaft gestörte Verhältnis zwischen den Regierungen der USA und Deutschlands hat wohl erst einmal keiner gedacht. Nur die Gegner, sie warfen Schröder Populismus vor, ihm sei der Wahlsieg wichtiger gewesen als eine klare Positionierung an der Seite der USA.

Aber ging die Bundesregierung mit diesem Kurs wirklich nur auf Stimmenfang? Oder war es auch eine Eigenheit des selbstbewussten Schröder, der sich von niemandem etwas sagen lassen will – auch nicht vom mächtigsten Mann der Welt, und vor allem dann nicht, wenn er Amerikaner ist? Man darf nicht vergessen, dass in den späten Sechziger- und Siebzigerjahren, als Gerhard Schröder politisch geprägt wurde, Amerika das Feindbild darstellte.

Die Amerikaner würden uns nicht mehr mögen, heißt es nun seit einigen Monaten, noch nie seien die Beziehungen zwischen den Ländern so schlecht wie in diesen Tagen gewesen. Ganz verstehe ich die Angst vieler deutscher Politiker und Kommentatoren vor dem Urteil der amerikanischen Regierung über Deutschland trotz aller Bedenken nicht. Warum hat sie gerade die ältere Generation befallen, und warum spüre ich, spürt meine Generation diese Angst überhaupt nicht?

Wenn ich nachts auf der Terrasse meines Elternhauses stehe und nach schräg rechts schaue, sehe ich am Horizont einige Lichter. Die Lichter gehören zur Ayers-Kaserne, einem der wichtigsten deutschen Stützpunkte der US-Army während des Kalten Krieges in Deutschland. Als kleiner Junge wusste ich nicht viel über die Kaserne, wusste nur, dass wir bei Ausbruch eines Dritten Weltkriegs wegen ihrer Nähe sofort tot wären. Denn die Russen würden eine Atombombe auf die Ayers-Kaserne werfen, und die würde uns natürlich auch erwischen, so hörte ich es jedenfalls von einem Nachbarsjungen.

Meine ganze Kindheit hindurch war diese Kaserne in Sichtweite. Dort arbeiteten amerikanische Soldaten, und einige von ihnen sah man manchmal, wenn sie ihre gebrauchten BMWs und Daimlers spazieren fuhren. Sie waren stolz auf diese Autos, das merkte man ihnen an, auf die Marke, nicht auf den Zustand. Sie schrieben wahrscheinlich ihren Verwandten in Illinois oder Massachusetts von ihrem 7er BMW, den sie sich gleich nach der Ankunft in Deutschland gekauft hatten.

Natürlich kam ich durch diese Kaserne auch schon früh in direkten Kontakt mit Amerikanern. Als Kind spielte ich manchmal im Wald. Einmal, ich war vielleicht sechs oder sieben, sah ich plötzlich, wie einige Männer in Uniformen durch den Wald krochen, sie redeten nicht miteinander. Ich schlich langsam näher, und als ich ganz nahe an die Männer herangekommen war, standen sie auf und begrüßten mich auf Englisch. Die US-Army führte gerade ihr Herbstmanöver durch. Sie lachten freundlich und schenkten mir Schokoriegel, die ich noch nie gegessen hatte, und ich lief ganz stolz nach Hause.

Amerika war für mich etwas Positives, das sollte sich auch später nicht ändern. Als ich dreizehn war, fragte ich meinen Schulfreund Jens, ob er mir nicht die Disco-Platte von den Pet Shop Boys auf Kassette aufnehmen könne. Am nächsten Tag kam er mit dem Band an: »Auf der zweiten Seite war Platz«, sagte er, »ich hab dir noch was anderes aufgenommen.« In der ersten großen Pause legte ich dann die Kassette in meinen Walkman. Das Lied begann mit einer Polizeisirene, dann hörte man eine männliche Stimme »His name is LL Cool J« sagen, ein Drumcomputer explodierte, und eine andere Stimme brüllte: »Aaaaaa! No rapper can rap quite like I can ...«

Ich stand im Pausenhof des Butzbacher Weidig-Gymnasiums, und ich dachte: Du hörst die coolste Musik der Welt. Jens hatte mir *I'm bad* aufgenommen, eine Platte des Rappers LL Cool J. Von diesem Tag an investierte ich drei oder vier Jahre lang mein komplettes Taschen- und Weihnachts- und sonst wie geschenktes Geld in Platten. Jeden Samstag ging ich in Frankfurt zu Boy Records und WOM und kaufte ein. Bei Boy Records passierte es häufiger, dass Schwarze neben mir an den Plattenfächern standen. Ich sah dann immer heimlich rüber, um mir die Hüllen zu merken, die diese Jungs rauszogen. Als ich wieder einmal rüberblinzelte, drehte sich einer zu mir um, zog eine Platte aus dem Fach und sagte: »Hey, homeboy, check this one out. It's fresh«, hör dir die an, Junge. Ich wurde knallrot, griff zu – und noch heute ist *Goin' off* von Biz Markie meine Lieblingsplatte.

Ungefähr zu der Zeit, als ich Hip-Hop entdeckte, diese neue Popkultur aus Amerika, ließen sich meine Eltern scheiden. Meine Mutter zog nach Bad Homburg, in ein Haus mit Kabelfernsehen. Ich entdeckte MTV und saß fortan stundenlang vor dem Fernseher. Sie brachte mir ab und zu einen Vanille-Milchshake, sonst durfte sie mich nicht stören. Da MTV damals viele Wiederholungen sendete, wusste ich sonntags das Programm fast auswendig, weil ich es schon am Samstag gesehen hatte.

US-Soldaten im Wald, Hip-Hop auf dem Schulhof, MTV bei Mama. Ich bin mit Amerika aufgewachsen, so wie mit Helmut Kohl und Boris Becker, dem Golf GTI und der Friedenstaube. Amerika war nie etwas Fremdes, nie etwas Bedrohliches und schon gar nie der Feind. Amerika stand für Abenteuer, Freiheit, Glamour – also alles, was sich ein Teenager wünscht und nicht erlebt.

Warum fallen mir die Geschichten von den Verstecken im Unterholz und der LL Cool J-Kassette gerade jetzt ein? Wahrscheinlich weil Joachim Fest und auch Hellmuth Karasek mir von dem Amerika-Bild, mit dem sie aufgewachsen sind, berichteten. Für Joachim Fest waren die Amerikaner die Sieger, die den *Faust* in die Ecke knallten, kulturlose Gesellen, die den Soldaten Fest in ein Lager steckten. Hellmuth Karasek sah in den Amerikanern die Befreier, die Schutz vor den Russen boten, denn denen durfte man nicht in die Hände fallen, wie seine Eltern es formulierten. Joachim Fest hat erkannt, welcher Segen das amerikanische Verständnis von einer freien, demokratischen Gesellschaft für Deutschland werden sollte. Und Hellmuth Karasek ist Hollywood und dem amerikanischen Kino so oft entgegengeflogen, bis er mit den Vorwürfen konfrontiert wurde, die ansonsten Hollywood gemacht werden: Es gehe ihm *nur* um Unterhaltung, nicht um Inhalte.

Für die Generation meiner Großeltern war Amerika ein fernes Land, für die Generation meiner Eltern war es der Feind, der in Vietnam Bomben abwarf und für den verpönten Kapitalismus stand. Für mich lag Amerika um die Ecke.

Als ich mit neunzehn zum ersten Mal nach New York flog, hatte ich nicht das Gefühl, in der Fremde zu sein. Ich lief am Viacom-Gebäude vorbei, dem Konzern, zu dem der Fernsehsender MTV gehört, und als ich am Eingang das Logo mit dem großen M und dem handschriftlich dazugekritzelten TV entdeckte, freute ich mich einfach nur. Und als ich einige Jahre später mit Anfang zwanzig als Journalist in einem Hotelzimmer in Manhattan einem gewissen LL Cool J gegenübersaß und ihm meine Schulhofgeschichte erzählte, über die er sich kaputtlachte: »The Pet Shop Boys got you into rap music?« – in diesem Moment fühlte ich mich Amerika näher als jemals zuvor.

Natürlich entsprach meine Fiktion von Amerika nicht immer der Realität. Aber nie habe ich eine tiefer gehende Ablehnung gegenüber diesem Land gespürt. Präsident Bill Clinton ist mir näher als Ronald Reagan oder heute George W. Bush, die Umweltpolitik der Vereinigten Staaten bleibt mir ein Rätsel, und das Auftreten von Verteidigungsminister Donald H. Rumsfeld halte ich für alles andere als vertretbar. Aber grundsätzliche Zweifel an den USA? Nein, die habe ich nicht. Mit dem Antiamerikanismus mancher junger Linker und alter Rechter kann ich deshalb nichts anfangen. Die Amerikaner führten nach dem Krieg auf beeindruckende Weise die Demokratie in Deutschland wieder ein, und noch etwas, wovor vor allem die Deutschen immer Angst gehabt hatten: die Freiheit.

Was genau ist es, was mich, den Jungen, der wohl behütet in Deutschland aufwächst, an diesem Amerika so fasziniert? Ist es wie bei Hellmuth Karasek und Joachim Fest der Weg in den Westen, die Sehnsucht nach Freiheit, Demokratie und Glamour? Es scheint viel eher eine Flucht vor den eigenen Wurzeln zu sein.

Deutlich wird das an der Hip-Hop-Kultur: Hip-Hop ist heute überall in Deutschland zu finden, in der Musik, in der Mode, in der Sprache. Die Kinder von Einwanderern haben einen leicht erklärbaren Zugang zu dieser Kultur. Sie fühlen sich von der Haltung der schwarzen Rapper verstanden, die wie sie als Minderheit in einem Land leben und von der Mehrheit immer wieder benachteiligt werden. Es macht keinen großen Unterschied, ob die Band Public Enemy aus New York rappt und die Angst der Weißen vor dem schwarzen Mann vertont oder ob Advanced Chemistry aus Heidelberg rappen: »Kein Ausländer / und doch ein Fremder.«

Ich aber bin kein Einwandererkind. Doch wie viele Teenager aus der Mittelschicht, egal ob in Deutschland oder den amerikanischen Vorstädten, habe auch ich von der Rebellion, die genau diese Musik verkörpert, geträumt. Die so genannten Gangsta-Rapper machen die größten Umsätze in den amerikanischen Suburbs bei weißen Kids, die wenigstens für die Dauer einer CD der Langeweile ihres Alltags entkommen wollen.

Während für amerikanische Kinder das Leben in den schwarzen Ghettos nichts völlig Fremdes ist, gibt es so gut wie keine Verknüpfungspunkte zwischen der Hip-Hop-Kultur und meinen deutschen Wurzeln. Hip-Hop hat, wenn man so will, nichts mit mir und meinem Leben zu tun. Wenn ich mich in diesem Kosmos bewege, umgibt mich eine völlig fremde Welt. Hip-Hop entstand in New Yorks Schwarzenvierteln, seine Tradition lässt sich über den Soul und Jazz bis nach Afrika zurückverfolgen. Wenn also ein Teenager, wie ich es war, davon fasziniert ist, dann kann man das zwar gutwillig mit dem Interesse für Fremdes erklären. Doch viel wahrscheinlicher ist, dass die Kids vor den eigenen Wurzeln flüchten.

Und so gibt es wohl zwei Bewegungen in meiner Generation: die Erinnerungssucht, die möglichst nicht allzu tiefgründig sein sollte, einerseits, und die Flucht in andere Kulturen andererseits. In den Neunzigerjahren wurde Hip-Hop eingedeutscht, und Bands wie Die Fantastischen Vier, das Rödelheim Hartreim Projekt oder Massive Töne gehören längst zur Popkultur wie Herbert Grönemeyer oder Xavier Naidoo. Und so wie ich die letzte Platte von Grönemeyer mochte, sprach ich auf Schulpartys den Text von *Die da* auswendig mit.

Aber so merkwürdig es klingen mag: Je näher Hip-Hop damit an mich heranrückte, desto weniger faszinierte er mich. Das Fremde wurde mir vertrauter – und damit uninteressanter. Ich wollte doch weg von mir, aber Rödelheim liegt nur zehn Minuten von der Wohnung meiner Mutter entfernt.

Während mein Schulfreund Peter in den Krieg zieht, verweigere ich, der Partys wegen

Als ich im Sommer 1993 meine Abiturprüfungen hinter mir hatte, stand ich mit Mitschülern auf dem Schulhof. Einige hielten Sektflaschen in der Hand, wir prosteten uns zu, einer sang das Lied von Marius Müller-Westernhagen: »Freieieieiheit! Freieieieiheit! Freiheieieieit!« »Na ja«, sagte André, den ich seit der siebten Klasse kannte, »Freiheit… mein Zivildienst geht am 1. Juli los.« Und Christian, mit dem ich jahrelang in den Pausen Basketball gespielt hatte, erwiderte: »Ich werde am 1. Juli eingezogen.« Eingezogen. Zum Bund. Ich weiß, wie ich Christian ansah und dachte: Warum geht man freiwillig zur Bundeswehr?

Ich habe den Dienst an der Waffe verweigert, wie fast alle in meinem Jahrgang. Christian nicht, und das machte ihn zum Außenseiter. Doch die meisten entschieden sich für den Zivildienst aus Bequemlichkeit, nicht aus Überzeugung. Es ging nicht so sehr um Pazifismus, es ging um Partytourismus. Bundeswehr, das klang nach Ordnung und Disziplin, nach Spießigkeit. Von montags bis freitags wie in einer Jugendherberge zu leben, wer wollte das schon. Und außerdem hatte die Bundeswehr ein schlechtes Image unter uns Gymnasiasten, aber hinter der Ablehnung steckte mehr: Deutschland war gerade wieder vereinigt worden, hatte Frieden geschlossen mit Ost und West. Der Kalte Krieg war beendet, es herrschte doch jetzt Frieden in Europa – wofür hätten wir also kämpfen sollen?

Rund zehn Jahre später. Die Bundeswehr hat Soldaten stationiert in Afghanistan, im Kosovo und am Horn von Afrika, im Einsatz für den Frieden. Und obwohl die Deutschen ihr Land noch immer nicht im Krieg sehen wollen, hat sich die Einstellung gegenüber der Bundeswehr verändert. Im Herbst 2002 besuchte die Fußballnationalmannschaft die deutschen Truppen in Sarajevo, eintausend Frauen und Männer warteten dort im Feldlager Rajlovac auf ihre Idole. Torwart Oliver Kahn und Teamchef Rudi Völler wurden mit Jubel empfangen und mussten Autogramme geben. Die Zeitungen überschrieben ihre Artikel mit Schlagzeilen wie »Zum Kaffee bei den SFOR-Truppen« und »Unsere Jungs mit unseren Soldaten«. Auf den Fotos sieht man deutsche Nationalspieler wie Gerald Asamoah Arm in Arm mit einem deutschen Soldaten, der eine trägt einen blauen Trainingsanzug mit weißem Bundesadler, der andere eine grüne Uniform mit Deutschlandflagge auf dem Arm. Oliver Kahn ruft den Soldaten zu: »Wahnsinn, was hier los ist!« Ein Soldat aus dem Pfälzischen, berichtet die *Süddeutsche Zeitung*, sagt: »Das ist wie Weihnachten und Ostern zusammen.«

Was ist in diesen zehn Jahren passiert? Es hat ein Image-Relaunch der Bundeswehr stattgefunden, doch nicht durch die Einsätze in den Kriegsgebieten im Ausland, sondern durch die in der Heimat. Wenn es im Inland zu Katastrophen kommt, pumpen die Soldaten Wasser aus überfluteten Kellern, zuerst während der Oder-Flut 1997, dann während der großen Überschwemmung im Sommer 2002, die den halben Osten der Republik unter Wasser setzte. »Die Heilsarmee«, titelte der *Tagesspiegel*. Es mag paradox klingen, aber stolz sind die Deutschen auf ihre Soldaten, wenn sie sich nicht wie Soldaten geben. Wenn Uniformierte wie Helfer in der Not auftauchen und Dämme errichten, damit Häuser nicht weggespült werden, dann lieben wir sie plötzlich.

Nicht ganz zehn Jahre liegen zwischen meinem Abitur und

der Flut im Osten. Viel hat sich in dieser Zeit verändert, vor allem die Außenpolitik ist eine andere geworden: Kosovo-Konflikt, dann der 11. September 2001, daraus resultierend der Krieg in Afghanistan und die Auseinandersetzung mit dem Irak und seinem Diktator Saddam Hussein. Haben all diese weltpolitischen Krisen die Deutschen dazu bewogen, ihre Bundeswehr ins Herz zu schließen? Spricht die *Bild*-Zeitung heute etwa den Deutschen aus der Seele, wenn sie von »unseren Soldaten« schreibt, die »unsere Jungs« treffen, und damit beide Teams auf eine Ebene bringt? Frei nach dem Motto: Die einen kämpfen auf dem Fußballfeld, die anderen auf dem Minenfeld?

Doch das passt nicht ganz mit der Angst der Deutschen vor dem Krieg zusammen. Zwei Drittel der Bevölkerung waren laut Umfragen im Sommer 2002 gegen eine deutsche Beteiligung am Krieg im Nahen Osten. Deutsche Soldaten im Kampfeinsatz, darüber jubelt niemand. Wir sehen es als Pflicht, die man als Teil der westlichen Welt erfüllen muss. Die Distanz der Deutschen zu ihrer Armee ist also trotz Image-Relaunch noch immer groß.

Das zeigt auch sehr eindrucksvoll ein Vergleich zwischen der deutschen und der amerikanischen Film- und Fernsehkultur. Die Amerikaner hatten *Top Gun*, der Tom Cruise zum Star machte, sie drehten einen brutalen Film wie *Black Hawk Down*, und sie bringen erfolgreiche Fernsehserien wie *JAG* – alle drei Produktionen wurden in der Zeit vor dem 11. September 2001 geplant und gedreht, alle drei glorifizieren den Kampfeinsatz der Soldaten. Seit dem 11. September sind die Amerikaner noch faszinierter von ihren Soldaten. Die großen Sender starten Serien wie *AFP: American Fighter Pilot* oder *Profiles from the Frontline*, die das Schicksal von uniformierten Frauen und Männern während der Einsätze in Afghanistan erzählen.

Eine Folge der Serie *JAG*, die ähnlich wie der Film *Top Gun* Jetpiloten in den Mittelpunkt der Handlung stellt, löste in den

USA eine Diskussion darüber aus, welche Abteilung der Sendeanstalten Nachrichten zuerst bekommen soll, die Entertainment-Section oder das News-Department. Denn noch bevor Verteidigungsminister Donald H. Rumsfeld öffentlich Details über ein im Frühjahr 2002 abgehaltenes Militärtribunal bekannt gab, wusste der Drehbuchautor Charles D. Holland davon. Am 30. April 2002 wurde in *JAG* ein Militärtribunal gezeigt, rein fiktiv natürlich. Es war das erste Mal, dass Derartiges im amerikanischen Fernsehen zu sehen war. Ein Gerichtssaal an Bord eines Flugzeugträgers, angeklagt wurde ein Mitglied der islamistischen Terrororganisation Al-Kaida, gekleidet im orangefarbenen Häftlingslook, verdächtigt, an den Anschlägen auf das World Trade Center beteiligt gewesen zu sein.

Sie haben in Amerika für dieses Genre schon einen Namen gefunden: »Militainment.« Und in Deutschland? Der Sender Pro Sieben versuchte vor einiger Zeit, eine Art deutsches *JAG* zu produzieren, in der Hauptrolle der ehemalige Teenie-Star Andreas Elsholz, bekannt aus der Soap-Opera *Gute Zeiten, schlechte Zeiten*; Elsholz sollte den Mini-Cruise geben. Der Versuch wurde bald wieder eingestellt.

Ich kann mir kaum vorstellen, dass sich in Deutschland viele eine Action-Serie über die harten Jungs in einem Bundeswehr-Camp in Afghanistan anschauen möchten. Wer sollte da die Hauptrolle spielen: Heiner Lauterbach als Major, Benno Fürmann als Jungspund?

Was erzählt das über dieses Land, das so vereint in seiner Ablehnung von fiktiven und realen Kriegsszenarien ist? Kaum anzunehmen, dass wir alle überzeugte Pazifisten sind. Doch wenn das Stichwort Krieg fällt, zucken wir zusammen, ob links oder rechts, jung oder alt. Denn: Als wir das letzte Mal kämpften, kämpften wir für das Schlechte. Mit Krieg verbinden wir noch immer Schande, er steht für die Niederlage des Menschlichen.

Den Alten, die den Zusammenbruch miterlebten, ist der Grund für die Ablehnung noch sehr präsent. Und den Jungen? So wie in den Familien Schuld und Verantwortung nicht thematisiert worden sind, so haben wir auch nicht darüber gesprochen, was eine gemeinsame Niederlage und das damit verbundene Gefühl von Schande für dieses Volk bedeutet.

Eine Folge hiervon ist das Schweigen, das sich in der Nachkriegszeit ausgebreitet hat, die Deutschen verloren kein Wort mehr als nötig über den Krieg und seine Bedeutung. Sie wollten nicht einmal hinsehen. Ein Reporter der schwedischen Zeitung *Expressen* erlebte dieses beinahe schon kindliche Hände-vors-Gesicht-Halten einmal am eigenen Leib und beschrieb es eindrucksvoll in einer Reportage: Als er 1946 mit dem Zug durch Norddeutschland fuhr, musste er die ganze Zeit aus dem Fenster sehen, eine solche »Mondlandschaft«, schrieb er, zerstört und zerbombt, habe er noch nie zu Gesicht bekommen. Nach einer Weile wurde er von den anderen Fahrgästen als Ausländer identifiziert – obwohl er kein Wort gesprochen hatte. Er war nämlich der Einzige in seinem Abteil, der aus dem Fenster sah. Die Deutschen wollten die Bilder der Niederlage und der Schande nicht mehr vor ihren Augen haben. Dann kamen die Fünfziger, und die Deutschen waren mit dem Wirtschaftswunder beschäftigt – auch damit konnten sie sich gut ablenken.

Wer zur Bundeswehr geht, begibt sich wieder auf dieses Terrain. Er gehört dann jener Gruppe an, deren Vorgänger einst für die Schande kämpften. Ich erinnere mich, dass wir Gymnasiasten, eingebildet und herablassend zugleich, manchmal sagten: Zum Bund gehen doch nur die Hauptschüler. Einen dieser Hauptschüler, der Soldat wurde, kannte ich sogar ziemlich gut.

Als ich in die Grundschule ging, gehörte Peter Dörre zu meinem Freundeskreis. Peter war ein sportlicher Typ, einige Jahre lang haben wir in derselben Fußballmannschaft gespielt. Er sagte nie viel, und wenn, dann sprach er so leise, dass man ihn leicht überhören konnte. Ich wusste nicht viel über Peters Familie, nur dass er es nicht leicht hatte, der Vater nicht da, die Mutter kämpfte mit sich selbst. Alkohol, sagte man. Nach der Grundschule wechselte ich auf das Gymnasium, und wir verloren uns aus den Augen, bis er mir Jahre später in Gießen begegnete. »Was machst du denn hier?«, fragte ich ihn. Er antwortete, als sei es das Selbstverständlichste auf der Welt: »Ich bin bei der Bundeswehr, und ich gehe bald nach Bosnien.« Wir setzten uns dann in ein Café, und er erzählte.

Vor unserem Treffen, im Juli 1994, hatte der Bundestag beschlossen, erstmals seit dem Zweiten Weltkrieg deutsche Kampfverbände außerhalb des Nato-Gebiets einzusetzen. Wehrdienstpflichtige konnten sich freiwillig melden – einer von ihnen war mein Schulfreund Peter, der bei der Bundeswehr zuerst als Panzergrenadier, dann als Panzerschütze ausgebildet wurde.

Ich frage ihn nach dem Warum.

»Ich glaube an Gott«, sagt er. »Nicht nur so ein bisschen oder manchmal, wenn es mir in den Kram passt. Jeden Abend, bevor ich das Licht ausknipse, lese ich in der Bibel, weil ich so besser einschlafen kann. Dann weiß ich genau, dass Gott meinen Weg begleitet.«

Er wollte freiwillig in den Krieg, weil sein Glaube so stark ist? »Die Kirche will doch Kriege verhindern«, erwidere ich. »Ich weiß, dass viele den Kopf schütteln und sich fragen, wie das zusammengeht«, sagt Peter. »Für mich bedeutet Christ sein, den Glauben aktiv zu leben. Es hat doch schon so viele Gespräche und Vermittlungen gegeben, ohne dass etwas passiert ist. Man hat hilflos zugesehen, wie die französischen UN-Soldaten getötet wurden. Ich denke, man darf sich von niemandem auf der Nase herumtanzen lassen. Deswegen habe ich mich beworben: nicht um Menschen zu töten, sondern um Menschen zu helfen.«

Peter kam mir vor wie ein Außerirdischer. Wie konnte einer so denken, der genauso alt war wie ich, der in derselben Welt aufgewachsen war, die gleichen Turnschuhe trug und anscheinend so lebte wie ich? Ich war mit meinem Zweifel nicht allein.

Ich fragte, ob er einverstanden sei, wenn ich über ihn einen Artikel schreiben würde. Kein Problem, er stehe zu seiner Haltung. Ich schickte den Text an die Redaktion des *jetzt*-Magazins nach München. Dann klingelte eines Tages mein Telefon, der Chef vom Dienst des Magazins war am Apparat und sagte, er glaube mir kein Wort. Er könne sich nicht vorstellen, dass es jemanden wie Peter gebe. Wer dieser Mensch denn sei, bitte schön, und ob ich ihm Peters Telefonnummer geben könne. Ich konnte, und der Artikel erschien.

Peter erzählte mir, dass er noch als Jugendlicher manchmal mit Freunden Krieg gespielt habe. Er habe sich Tarnfarbe ins Gesicht geschmiert und sei mit Kalaschnikow-Nachbauten durch den Wald gerannt. Er mochte Filme wie *Platoon* und *Full Metal Jacket*. Er wisse schon, das eine sei nur ein Spiel und das andere Ernst und dass man beides nicht miteinander vergleichen könne. Ich glaubte ihm nicht, denn genau das tat er ja: Er verglich.

Und so wie er über den Krieg sprach, merkte man, dass er etwas suchte, aber was? »Manchmal habe ich Angst«, sagte er, »riesige Angst, mein Leben zu verlieren. Und ich weiß nicht, ob ich damit fertig werden würde, wenn man mir ein Bein abschießen würde.« Der Vater eines amerikanischen Freundes sei in Vietnam gewesen, und er habe ihm erzählt, dass er noch heute Albträume habe: »Direkt neben ihm sind zwei seiner Kameraden zerfetzt worden.«

Ich glaubte nicht, dass sich Peter Idole aus dem Zweiten Weltkrieg gesucht hat. Er schien viel eher die tragischen Heldenbilder der Popkultur im Kopf zu haben und hoffte wohl damit, die sich in ihm ausbreitende Leere füllen zu können. Ich erfuhr von ihm, dass sein Vater fünf Jahre zuvor gestorben war und er den

Kontakt zu seiner Mutter abgebrochen hatte, aber ich wusste noch immer nicht, was er in Bosnien suchte.

Peter und ich waren damals gerade einmal Anfang zwanzig, und mir fiel es schwer zu verstehen, dass einer, dessen Leben eine Zeit lang mit meinem verbunden gewesen war, plötzlich von Krieg und Angst und Tod redete. Ich verbrachte meine Wochenenden auf Technopartys und hatte mich gerade in eine Studentin verknallt, von der ich nicht mehr wusste, als dass sie rotblonde Haare hatte und Pferde liebte. Ich wollte Spaß, und Peter wollte etwas anderes.

Wir unterhielten uns über die Grundschulzeit, über Lehrer Mohr, über unsere Klassenausflüge in die Rhön, über die Schlittenrennen an einem Hang in der Nähe der Schule, den wir ehrfurchtsvoll »Teufelsberg« nannten. Und während wir lachten und erzählten und ich immer weniger daran dachte, dass vor mir ein Soldat saß, sagte Peter: »Manchmal, wenn ich allein in meiner Stube bin, stelle ich mir vor, wie meine Beerdigung aussehen wird, sollte ich im Krieg umkommen. ›Wer wird dann um mich trauern?‹, frage ich mich. Man wünscht sich ja ein, zwei gute Freunde, auf die man sich verlassen kann. Und ich hoffe, dass Olli und Markus, meine besten Kumpels, auch zu meinem Grab kommen werden. Aber vielleicht werden sie sagen, ich sei ein Idiot, weil ich in den Krieg gezogen bin.«

Wenn ich ihn richtig verstanden habe, zog es Peter nach Bosnien, weil er Anerkennung suchte, weil er vermisst werden wollte. Er wusste nicht wohin mit seinem Leben, und der Krieg, der Kampf um Leben und Tod, verknüpft mit seinem Glauben und dem Gefühl der Einsamkeit, erschien ihm da als einfachste Lösung. Er suchte die Gruppe, das Gemeinschaftsgefühl, früher fand er das in unserer Fußballmannschaft, von der er noch heute schwärmt.

Einer von vielen in einer Kompanie zu sein – vielleicht ist es genau das, was mich abschreckt: Ich möchte nicht gerne einer

Gruppe zugehörig sein, Befehle ausführen, nichts selbst bestimmen können. Peter sah das anders, er suchte die Gemeinschaft, um sich aufgehoben zu fühlen. Und er sehnte sich nach Anerkennung.

Jahre später suchte ich Peter Dörre, über Bekannte und über den Sportverein und bei der Bundeswehr, und ich habe alle Dörres in Deutschland angerufen, die ihre Telefonnummer bei der Telekom angegeben haben. Ich habe ihn nicht gefunden. Ist er in den Krieg gezogen? Hat er überlebt? Ich hoffe, dass Olli und Markus kein Grab besuchen müssen, um Peter zu zeigen, wie sehr sie ihn vermissen.

Als ich Peter traf, war die Bundeswehr, der Krieg weit von mir weg, heute finde ich es normal, dass ständig irgendwo ein Krieg ausgefochten wird, in den Deutschland verwickelt ist. Wir haben uns an ein Deutschland im Krieg gewöhnt, doch hat das unser Verhältnis zum Krieg und zu diesem Land verändert? Für meinen Schulfreund Peter spielten seine Gefühle gegenüber seinem Heimatland keine Rolle, als er sich um einen Einsatz in Bosnien bewarb. Natürlich war Deutschland in ein westliches Bündnis eingebunden, und die deutschen Soldaten kämpften an der Seite von Amerikanern, Franzosen, Engländern. Damals war das Verhältnis zwischen den USA und der Bundesrepublik prächtig. Was aber wäre, wenn sich die Beziehungen zwischen diesen beiden Ländern verschlechtern würden? Spinnen wir die Frage ruhig noch um ein, zwei Ecken weiter. Sagen wir, Bin Laden organisierte noch einmal einen schrecklichen Anschlag auf die USA, und die amerikanische Regierung würde beschließen, den halben Nahen Osten dem Erdboden gleichzumachen. Und sagen wir, dass die Bundesrepublik sich weiterhin weigern würde, an diesem Einsatz teilzunehmen. George W. Bush würde dann noch einmal in einer eindrucksvollen Rede unterstreichen, dass jedes Land, das die USA nicht unterstützt, von nun an zu ihren Feinden zählen würde. Gesetzt den unwahrscheinlichen Fall, dass die hohe Diplomatie in Europa und die UNO versagen würden, gesetzt all das: Wäre ich dann bereit, für die Interessen Deutschlands zu kämpfen?

Ich habe einige meiner Freunde gefragt, was sie tun würden, und sie haben immer darauf hingewiesen, dass diese Situation nie eintreten kann, schließlich sei man Teil des Bündnisses, und außerdem sei man selbst nicht betroffen. Diese Frage sei nur für aktive Soldaten von Interesse. Und natürlich haben meine Freunde damit Recht. Aber trotzdem: Wäre man bereit, für Deutschland im Zweifel in den Krieg zu ziehen und in letzter Konsequenz zu sterben? Nachts einen Zug zu besteigen mit einem Gewehr im Arm, um für das Vaterland fremde Menschen zu erschießen? Nein, ich könnte das nicht. Kein Gedanke könnte mir fremder sein.

Und das, obwohl ich monatelang durch Deutschland gefahren bin und mir all diese Geschichten angehört habe, Geschichten aus dem Krieg. Meine Generation scheint die Kriegsfaszination nicht packen zu können. Oder vielleicht doch? Bei einigen Großvätern, die ich getroffen habe, schwang trotz aller Kritik manchmal eine Art Stolz mit, Stolz auf ein Abenteuer, auf das Abenteuer ihres Lebens.

Im Herbst 2002 haben sich Alexander Kluge und der Dramatiker Rolf Hochhuth im Fernsehen über den Sommer 1914 unterhalten, über jene Wochen, bevor der Erste Weltkrieg ausbrach. Kluge fragte, was zur Kriegsbegeisterung geführt habe, insbesondere bei den Offizieren. Hochhuth sagte: »Die Langeweile, die saßen alle herum und hatten nichts zu tun und wollten endlich auch beweisen, dass sie Krieg führen können.«

Sie waren auf der Suche nach einem Kick, so wie Peter auch.

Bei einem Cappuccino erklärt mir der Enkel von Ernst Jünger, warum man sich nicht so viel um andere Menschen kümmern soll

Ich habe bei den Hinterlassenschaften meines Großvaters nur ein Fotoalbum gefunden, mit Bildern aus seiner Soldatenzeit, aber keine Aufzeichnungen, kein Tagebuch. Ich weiß über seine Jugend im Dritten Reich nur das wenige, was er mir auf unserem Spaziergang erzählte. Wie mag es wohl einem Enkel gehen, dem die Kriegserlebnisse seines Großvaters zugänglich sind? Wie geht es Martin Jünger, dessen Großvater Ernst Jünger die wohl bekanntesten Kriegstagebücher vorgelegt hat?

Ernst Jünger, vielleicht der umstrittenste deutsche Autor des 20. Jahrhunderts, geboren am 29. März 1895 und gestorben am 17. Februar 1998. Einer der wenigen Menschen, die den Halleyschen Kometen in ihrem Leben zweimal sehen konnten. Bekannteste Werke: *In Stahlgewittern*, *Auf den Marmorklippen*, *Strahlungen*, *Das abenteuerliche Herz*. Er war Soldat in beiden Weltkriegen und schrieb über diese Erfahrungen vollkommen distanziert und kühl, so kühl, dass es selbst seinen Enkel darüber leicht schaudert. Von Konservativen und Kriegsteilnehmern verehrt, in Frankreich beliebter als in seinem Heimatland, von den Linken, besonders den 68ern, gehasst. Anarchist, Drogenfreund, Käfersammler.

Er vermachte dem Enkel seine Käfer. Bei einem gemeinsamen Portugal-Urlaub fing es an, erzählt Martin Jünger. Ernst Jünger hatte zwei Söhne, einer von ihnen, Alexander, ist Martins Vater. Martin wurde 1974 geboren, und als er zehn Jahre alt war, nahm ihn Opa Ernst zum ersten Mal zum Käfersammeln mit. »Die Touren sind das Schönste«, sagt Martin Jünger, »du klopfst die Pflanzen ab, hältst den Käscher drunter, und schon fallen die Käfer rein. Oder bei Waldspaziergängen, dann drehst du Steine um und siehst darunter nach …« Mir würde nichts weniger Spaß machen, als unter nassen Steinen nach Insekten zu suchen. »In Portugal sind wir oft losgezogen. Wir haben nachts eine Lampe vor ein weißes Bettlaken gehalten. Innerhalb einer Minute ist es voller Insekten, und wir haben uns die schönsten ausgesucht. Es gibt auch Käfer, die leben zum Beispiel mit Wespen zusammen, Parasiten, also sieht man in den Nestern nach.«

Martin Jünger arbeitet derzeit in Zürich an seiner Doktorarbeit. Er ist Biochemiker und forscht an der Fruchtfliege. Und hier schließt sich der Kreis von Großvater zu Enkel, von Käfer zu Fruchtfliege. Martin Jünger wandelt, wenn man so will, auf den Spuren seines Großvaters. Auch er ist Autor geworden, keiner, der Romane schreibt, aber einer, der das Alphabet der Genetik beherrscht. Sein Großvater begutachtete die Menschen wie Käfer, wie unter der Lupe. Sein Enkel setzt dieses Werk fort, er erforscht den Menschen mit der Lupe.

Ernst Jünger, der in seinem Leben über vierzigtausend Käfer sammelte und archivierte, hat diese Sammlung dem Enkel übertragen. Sie steht noch immer in Jüngers Haus in Wilflingen, Baden-Württemberg, das heute eine Gedenkstätte ist. Ein-, zweimal im Jahr fährt der Enkel nach Wilflingen und sieht nach dem Rechten. Die Käfer sind in drei großen Schränken versammelt, und es ist wichtig, dass die Kästen richtig verschlossen sind und dass ausreichend Desinfektionspulver vorhanden ist. Sonst könnten sich Parasiten einschleichen und die Käfer anknabbern.

Welche Parallelen und welche Unterschiede lassen sich feststellen zwischen Martin und Ernst? Wir haben uns im Café Barcomi's in Berlin-Kreuzberg verabredet, ein netter Ort und übrigens das erste Café in Berlin mit amerikanischem Konzept. Jeden Tag kaufe ich hier einen Cappuccino, und erst jetzt fällt mir auf, dass auch die Geschichte meines Stammcafés eine deutsche Geschichte ist. Denn Bagels und Muffins mögen zwar in den vergangenen Jahren von den Coffeeshop-Ketten aus Amerika nach Deutschland exportiert worden sein, aber sie gehören eigentlich zur jüdischen Küche, und die wurde vor mehr als sechzig Jahren zwangsweise aus Deutschland ausgewiesen.

Da kommt Martin Jünger. Er ist groß und schlank, ein eher sportlicher Typ mit glatten, braunen Haaren, die er zu einem Zopf zusammengebunden hat. Im Gesicht sieht er seinem Großvater ähnlich, er hat das gleiche spitz zulaufende Kinn. Er ist in Berlin aufgewachsen und für ein paar Tage hier, um seine Mutter und Freunde zu besuchen.

»Hallo«, sagt er, »wie geht's?« Wir haben uns drei Jahre zuvor durch einen gemeinsamen Bekannten kennen gelernt, und schon damals fiel mir seine eigenartige Stimme auf. Im ersten Moment hört sie sich weich an, beinahe weinerlich. Aber man erschrickt ein wenig, wenn er widerspricht, weil die Stimme dann tiefer wird, bestimmender. Als ob er einen Widerspruch zwar akzeptiere, aber keineswegs bereit sei, den anderen Standpunkt anzunehmen.

Martin Jüngers Stimme vermittelt den Eindruck eines in sich geschlossenen Menschen. Wenn ein Mann eine Insel ist, wie man sagt, dann liegt um die Insel Martin Jünger mehr Wasser als um andere.

Wir reden über die Gemeinsamkeiten zwischen seinem Großvater und ihm. »Ich werfe mich anderen Menschen auch nicht gleich um den Hals«, sagt Martin. »Ich brauche diesen Raum für mich. Viele verstehen das nicht, aber man braucht doch Zeit für sich!« Und der Großvater? Wenn Martin an ihn denkt, sieht er ihn immer allein im Garten. Abends saß er gerne allein in seinem Pavillon, rauchte eine Zigarette, war für sich –

und doch beobachtete er die anderen im Haus. »Er hat nie viel geredet«, sagt der Enkel, »er war auch uns gegenüber eher verschlossen. Wenn man etwas wissen wollte, musste man ihn schon fragen.«

Einmal, auf einem der üblichen Waldspaziergänge, fragten Martin und seine drei Jahre ältere Schwester den Großvater nach seinen Drogenexperimenten. »Ein General muss auch mal in der Feuerlinie gestanden haben«, so Jünger dazu. Dem stimme er zu, sagt Martin, »ich habe auch vieles ausprobiert«. Martins Schwester wollte daraufhin wissen, ob er denn keine Angst gehabt habe. Diese Frage verstand Ernst Jünger nicht. »Er ist gar nicht weiter darauf eingegangen«, erinnert sich der Enkel. Angst: Ist das ein Thema für ihn? »Nein«, antwortet er, »ich habe auch keine Angst, mich in irgendetwas zu verlieren.«

Ich frage ihn, warum er eigentlich Genforscher geworden sei, und er sagt: »Ich habe schon immer das Leben verstehen wollen, den Bauplan des Menschen, wie sich die Zellen untereinander verhalten. Darüber wissen wir heute noch zu wenig.«

Das Leben verstehen, hat er gesagt. Das will ich auch. Aber nie wäre ich auf den Gedanken gekommen, mich um die Zellen im Körper zu kümmern, eher um Verhaltensweisen, um Gefühle, um Hass und Liebe, und wie es dazu kommt. Es ist, als schlage das Erbe von Ernst Jünger, dem Autor, der die Ästhetik des Krieges wie kaum ein Zweiter beschrieben hat, voll durch. So wie man Käfer betrachtet oder die Fruchtfliege erforscht: Kann man so distanziert auch auf das Leben sehen?

Ich las vor kurzem die *Briefe aus dem Krieg* von Heinrich Böll, und es hat mich erschrocken, dass selbst einer wie Böll bei aller Kritik an Hitlers Regime immer wieder aufs Neue notierte, wie sehr er sich über den deutschen Sieg freuen würde. Heinrich Böll war ein Idol der Linken, der Friedensbewegung, einer, der von manchen belächelt wurde, weil er regelmäßig in die Kirche ging. Doch die Anziehungskraft des Krieges war so stark, dass selbst er sich nicht ganz frei davon machen konnte.

Wie muss es dann einem wie Ernst Jünger gegangen sein? Ich las seine Kriegstagebücher aus dem Zweiten Weltkrieg, beide Bände der *Strahlungen*, und er hat mir den Alltag der Soldaten nahe gebracht. Weil Jünger selten Gefühle beschreibt, sondern nur notiert, was er erlebt, kann man mit ihm eine Zeitreise antreten, wie in einem Dokumentarfilm. Einem Dokumentarfilm allerdings, der die emotionalen Schrecken des Krieges weit gehend ausblendet.

So erzählt er zum Beispiel davon, wie seine Einheit auf dem Vormarsch einmal in ein verlassenes französisches Dorf kam. Es hängt noch frische Wäsche vor den Häusern, die Soldaten ziehen durch die Straßen, gehen in die Häuser hinein, niemand mehr da. Da betritt Jünger ein Café, auch hier kein Mensch. Auf den Tischen aber findet er halb volle, noch warme Tassen. Die Einheimischen sind erst vor wenigen Minuten geflohen.

Oder die berühmte Szene auf dem Dach eines Pariser Hotels bei einem Fliegerangriff der Engländer. Alle suchen in den Kellern Schutz, nur Jünger bleibt oben stehen, mit einem Glas Burgunder in der Hand, in dem eine Erdbeere schwimmt, und genießt den Anblick der brennenden Stadt.

Kann der Enkel die Distanziertheit nachvollziehen, kann er verstehen, dass sein Großvater das menschliche Leid vollkommen auszublenden vermag? »Dass er die Position des Beobachters einnimmt«, sagt Martin Jünger, »finde ich gut. Aber sobald er beschreibt, wie Menschen sterben, ohne ihre Furcht und ihre Leiden wahrzunehmen, kann ich nichts damit anfangen. Ich glaube, er konnte sich in das Dahinter gar nicht hineinfühlen.«

Das Dahinter. Gefühle. Vielleicht kann man das Verhältnis zwischen Ernst und Martin Jünger so beschreiben: Der Junge bemerkt an sich immer wieder Ähnlichkeiten zum Alten, und manchmal erschrickt er darüber, wendet sich ab. »Mein Großvater hat immer im Elfenbeinturm gelebt«, sagt er, »er war immer auf Distanz. Ich weiß nicht, ob das Kälte ist, aber ich glaube, das ist der Grund, warum er so alt geworden ist.« Wirklich? Warum? »Wenn du dich immer mit den Problemen anderer beschäftigst, kostet dich das Kraft, diese Anteilnahme ist anstrengend. Jemand, der anderen hilft, verzehrt sich darin und wird nicht so alt.« Mir fällt Mutter Teresa ein als Gegenbeispiel. Ich frage Martin, ob er selbst alt werden möchte. »Ja«, sagt er, »wenn ich gesund bleiben kann, reisen kann, wie mein Großvater, dann gerne.« Vielleicht zieht er für sich am Ende doch eine ähnliche Konsequenz wie Ernst Jünger.

Wir reden jetzt über die Generation unserer Eltern. Der ältere Sohn von Ernst Jünger, Martins Onkel, starb im Zweiten Weltkrieg. Er war sechzehn, als er fiel. Freiwillig hatte er sich zu einem Einsatz in Italien gemeldet, erzählt Martin, so steht es jedenfalls auf dem Grabstein: »Als Freiwilliger eines Spähtrupps gefallen.« Ernst Jünger sagte später einmal, die Kugel sei eigentlich für ihn bestimmt gewesen. Wie ungerecht, dass sein Sohn früher als er gestorben sei. »Mein Onkel muss ein Draufgänger gewesen sein«, sagt Martin Jünger und erzählt, wie sehr sein Vater Alexander, der jüngere der beiden Brüder, unter dem Verlust gelitten habe, »mein Vater hat ihn bewundert«. So sehr, dass er die Kugel, die den Bruder traf, in seinem Schreibtisch aufbewahrte.

Martins Vater, Jahrgang 1934, Hellmuth Karaseks Jahrgang, war zu jung, um zum Kriegsdienst herangezogen zu werden. Er fand sich nie wirklich zurecht im Schatten seines großen, berühmten Vaters. Er beendete sein Leben durch Selbstmord, als Martin ein Teenager war. Sein Vater habe sich anderen auch nur schwer öffnen können, so Martin, und ich frage ihn, warum er glaube, dass der Vater seinen Weg nicht zu Ende gehen konnte. Als Sohn eines Ernst Jünger müsse man sich abgrenzen, und vielleicht sei seinem Vater das nie gelungen. »Natürlich weiß ich nicht genau, wie schwierig das Verhältnis der beiden wirklich war«, sagt Martin, und man bekommt eine Ahnung, warum es ihm wichtig ist, ein eigenes, selbstständiges Leben zu führen.

Ernst Jünger war Anarchist, einer, der abseits der Gesellschaft lebte, der sich nichts und niemandem unterordnen wollte – was er wohl davon seinem Enkel vererbt hat? Rebellion bei Martin Jünger: Als Teenager hat er Heavy Metal entdeckt, harte, krachende Gitarrensounds von Bands wie Slayer oder Anthrax. Er geht auf ihre Konzerte, lässt sich die Haare lang wachsen, wie seine Idole. Und: Er liebt asiatische Kampfkunst, »ein zentraler Punkt in meinem Leben«, wie er sagt. Ich bin überrascht, so aggressiv wirkt er gar nicht. Was fasziniert ihn daran? »Es geht mir mehr um die Meditation, um den Weg, Ruhe in sich zu finden.« Darüber ist er zum Buddhismus gekommen, und er erklärt, das sei die Religion, die seinem Lebensgefühl am nächsten sei. Ist das nicht vor allem eine sehr ichbezogene Religion? »Ja, das mag sein, denn sie geht von der Idee aus, dass du mit dir im Reinen sein musst, um mit anderen Menschen umgehen zu können.« Das passt ganz gut in das Bild der Insel Martin Jünger, die das Meer um sich herum sehr schätzt, ganz wie der Großvater: Ich bin gerne für mich.

Ich stelle Martin Jünger meine Lieblingsfrage, entliehen aus dem *Fragebogen* von Max Frisch: Was ist ihm wichtiger, die Intensität oder die Länge von Freundschaft? »Ich brauche lange, um eine Freundschaft aufzubauen«, sagt er. »Meine besten Freunde kenne ich seit fünfzehn, zwanzig Jahren.« Er ist heute achtundzwanzig.

Über den Krieg redeten sie zu Hause nie. Ich frage ihn nach den Kriegstagebüchern seines Großvaters, da stellt sich heraus, dass er sie nicht gelesen hat, nur ein paar Auszüge, mehr nicht. Ich erzähle ihm, dass etwa Joachim Fest Bücher von Ernst Jünger im Gepäck hatte, als er Soldat war, doch Martin sagt nur kurz: »Ah ja?« Es scheint, als wolle er an diesem Morgen nicht darüber reden. Er hat sich sein Bild zurechtgelegt, das Problematische der Person Ernst Jünger ausgeblendet: schweigsam, ja, aber auch irgendwie cool – welcher Opa hat schon mit LSD experimentiert!

Dieses Wegsehen geht mir so auf die Nerven. Es muss doch möglich sein, das Leben des eigenen Großvaters in seiner Gesamtheit zu betrachten und nicht nur die Ausschnitte, die einem gerade passen. Martin Jünger lehnt vieles an seinem Großvater ab, den kühlen Umgang, den er mit anderen Menschen pflegte, die Selbststilisierung des eigenen Ichs. Und trotzdem lässt sich dessen Wesensart in seinem eigenen Leben wieder finden: Martin glaubt, man stirbt schneller, wenn man sich zu viel um andere kümmert. Und: Er wäre gerne Jetpilot bei der Bundeswehr.

Sein Großvater wäre stolz auf den Enkel, wenn er das hören könnte.

Der Psychoanalytiker Horst-Eberhard Richter mustert mich und sagt mir dann, rein äußerlich hätte ich prima in die Nazi-Zeit gepasst

Die letzte Station meiner Reise: Ich bin mit Horst-Eberhard Richter in seinem Büro im Gießener Universitätsklinikum verabredet, nur ein paar hundert Meter davon entfernt wurde ich geboren. 1962 wurde Richter auf den Lehrstuhl für Psychosomatik in Gießen berufen und baute diesen Bereich zu einem führenden Zentrum für psychosomatische Medizin aus. Richter, der bis November 2002 auch dem Sigmund-Freud-Institut in Frankfurt am Main vorstand, zählt zu den prägenden Figuren der Psychotherapie im Nachkriegsdeutschland – und gehört zum linksliberalen Mainstream dieses Landes. In den Achtzigerjahren war er eine der Leitfiguren der Friedensbewegung und Gründungsmitglied der deutschen Sektion des IPPNW, der Vereinigung »Internationale Ärzte für die Verhütung des Atomkriegs«, die 1985 mit dem Friedensnobelpreis ausgezeichnet wurde.

Richter ist einer, dessen Standpunkte feststehen und seit langem publik sind und die er in zahlreichen Interviews, Fernsehauftritten und öffentlichen Aufrufen gerne wiederholt. Er ist, wenn man so will, das Gegenmodell zu Martin Walser: ein Linker, der links geblieben ist – also ein wahrhaftiger Gutmensch, einer, der immer überzeugt davon ist, auf der Seite der Entrechteten zu stehen, das haben ihm zumindest seine Gegner immer wieder vorgeworfen. Ich erwarte mir deshalb von dem Treffen mit Horst-Eberhard Richter keine neuen, überraschenden Sichtweisen.

Nach dem Interview will ich zum Grab meines Großvaters fahren, das nur zwanzig Autominuten entfernt liegt. Seit seiner Beerdigung war ich nicht mehr da, und ich bin unsicher: Wie wird es mir jetzt gehen mit ihm? Ich bin also mit dem Kopf mehr bei meinem Opa als bei Horst-Eberhard Richter, als ich in seinem Büro ankomme.

Seine Jugend im Dritten Reich? Er sei, rein optisch betrachtet, nicht der Typ gewesen, den die Nazis favorisiert hätten, sagt Richter, Jahrgang 1923. Er holt ein vergilbtes Blatt Papier, eine Übersichtstafel aus dem Biologieunterricht der Dreißigerjahre. Thema: das Menschenbild des Dritten Reichs. Fein säuberlich werden die unterschiedlichen Typen beschrieben und von der Haarfarbe auf ihre Charaktere geschlossen. »Sehen Sie«, sagt Richter, »ich war eher der ostische Typ, unten rechts, ganz weit unten.« Die Eigenschaften seines Typs: fleißig, engherzig, liebt die Ruhe, mittelmäßig begabt, Gemeinschaftsgefühl. Er deutet auf die Leiste oben links: nordischer Typ. Eigenschaften: willensstark, kühn, zurückhaltend, freiheitsliebend, Begabung zu Führertum und Organisation in Wissenschaft und Politik, Gemeinschaftssinn, geringe Unterordnung, weitschauend. »Das ist natürlich lächerlich, aber als Schüler kam mir das überhaupt nicht lächerlich vor«, sagt Richter. »In meiner Klasse saß in der Reihe vor mir ein HJ-Führer, der war einen Kopf größer als ich, der …«

Er bricht den Satz ab, sieht mich an, mustert mich, und dann sagt er: »Sie hätten gut reingepasst, Sie hätten das Klischee prima erfüllt.« Ich kann mit Richters Formulierung, ich hätte »gut reingepasst«, wenig anfangen. Sicherlich, er bezieht sich allein auf das Äußere, oder will er mir vielleicht doch auch etwas anderes damit sagen? Vielleicht: Du wärst auch dabei gewesen? Will er mir verdeutlichen, wie leicht man verführt werden kann, wenn der eigenen Eitelkeit geschmeichelt wird? Da ist natürlich etwas dran – aber deshalb wird man kein begeisterter Nazi.

Auch der Verführung durch Macht und Erfolgsaussichten kann man widerstehen – zumindest glaube ich, dass meine Generation das kann. Wir würden uns nicht so gut in die Nazi-Gesellschaft einfinden, wie sich manche Alten das heute denken. Das habe ich auf meiner Reise gelernt: Die Alten sind für die Jungen keine Vorbilder, auch wenn sie später die Demokratie der Bundesrepublik aufgebaut haben. Ihre Biografien sind uns eher Warnungen.

Mag sein, dass wir genauso hedonistisch, genauso selbstverliebt, genauso fitnessbesessen sind wie die Nazi-Jugend. Aber wir wollen die Welt nicht erobern, und wir wollen auch niemanden unterdrücken. Wir wissen, dass der Stärkere kein Recht hat, den Schwächeren zu vernichten. Das macht den Unterschied zwischen den zwei Generationen aus.

Ich frage Horst-Eberhard Richter, ob er noch immer Fußball spiele, wie in einigen Artikeln über ihn zu lesen war, und er sagt: »Ich musste aufhören damit. Diese abrupten Bewegungen macht mein Körper nicht mehr mit. Aber Skilanglauf, seit zehn Jahren laufe ich beim Engadiner Skimarathon mit.« Er erzählt, dass er gerade vom Bergsteigen kommt. Das gehe, wenn auch langsamer als früher, aber Viertausender schaffe er noch. Er hat schon immer gerne auf diesen Wanderungen fotografiert, »und auf den Filmen, die ich dort oben mache, sieht man, wie ich mich verändert habe. Früher habe ich die Gipfel fotografiert, heute sind auf den Bildern vor allem Blumen zu sehen.«

Er wurde in Berlin geboren und wuchs dort auch auf, zog nach dem Krieg ins hessische Gießen, wo er nun seit vierzig Jahren wohnt. Keine Berge weit und breit. Woher kommt sein Interesse? »Es war«, sagt er, »eine der wenigen Möglichkeiten, an meinen Vater heranzukommen. Eigentlich war ich für die Kraxelei nicht geboren.« Fast wichtiger als das Buhlen um die Aufmerksamkeit des Vaters: Richter wuchs zu einer Zeit auf, als körperliche Ertüchtigung und sportlicher Ehrgeiz untrennbar mit dem Jungsein verbunden waren. »Also habe ich meine Ängste niedergekämpft.«

Es gab noch ein zweites Hobby, das ihn näher an den Vater heranbringen sollte: die Jägerei – auch das im Dritten Reich eine beliebte Freizeitbeschäftigung. Vater Richter war dreißig Jahre lang Jäger, sein Sohn wurde schon mit vierzehn Jahren »Jungjäger«. Richter als begeisterter Jäger und Fallensteller: Das passt so gar nicht zu dem Richter, diesem schlanken Mann mit großer Brille und weißgrauen Haaren, der in den vergangenen Jahrzehnten immer wieder aufs Neue für den Frieden eingetreten ist. Aber seine Begeisterung für Sport und Schießen verweist deutlich auf seine Jugend in den Dreißiger- und Vierzigerjahren. Richter besteht darauf, er habe damals sehr wohl unbewusst gespürt, dass seine innere Welt nicht mit der äußeren übereinzubringen sei. »Wissen Sie, ich habe mich sehr früh für Dichtung und Philosophie interessiert, ich habe früh für Mädchen geschwärmt... Der Sport gab mir die Möglichkeit der Kompensation. So konnte ich meine Sensibilität tarnen.« Immer habe er gedacht, die anderen passen in die Zeit, er aber nicht. Er hatte nie das Gefühl, voll und ganz zu dieser Jugendbewegung zu gehören, die »Deutschland wieder groß machen« sollte, wie es damals hieß.

Daran hat meine Generation nie gedacht, Deutschland wieder groß zu machen. Aber anders machen, das wollten wir so einiges, zumindest bis vor zwei Jahren: Internet, New Economy, Start-up. Damals tauchten plötzlich Leute auf wie der junge Shawn Fanning, der die Musiktauschbörse Napster erfand – einer von uns, der eine Baseballkappe trug und weit geschnittene Hosen, und neben dem sich Bertelsmann-Boss Thomas Middelhoff gerne fotografieren ließ. Heute ist Thomas Middelhoff nicht mehr im Vorstand von Bertelsmann, Napster geht es nicht gut, und von Shawn Fanning hört man nichts mehr. Er ist verschwunden, genauso wie unser naiver Glaube an den ewigen Wirtschaftsboom. Manche von uns haben ihn sogar für eine Ideologie gehalten.

Und der junge Horst-Eberhard Richter? Er fand sich auf der Biologie-Tafel rechts unten wieder und versuchte, sich selbst zu beweisen, dass er doch in seine Zeit passte. Er war stolz darauf, am Schießstand von Berlin-Wannsee im Durchschnitt neunzehn von fünfundzwanzig Wurftauben zu treffen. Er war Spielführer der Handball-Schulmannschaft, und er war in der Hitler-Jugend.

Wie hat man sich das Haus Richter vorzustellen? Man wohnte in bester Berliner Lage, in der Nähe des Kurfürstendamms, der Sohn besuchte eine Schule im Nobelbezirk Grunewald. Die Macht der Nazis – was bekam er davon mit? Ich fürchte mich ein wenig vor seiner Antwort: Wird er genauso reagieren wie Herbert Reinecker, der sagte, man habe von der Verfolgung der Juden nichts wissen wollen, habe sich lieber um seine eigenen Angelegenheiten gekümmert?

»Die Hälfte meiner Schulklasse«, sagt Richter, »war jüdisch, aus begüterten Familien. Sie alle mussten nach und nach fliehen.« Wusste er, warum? »Ich habe mir später Vorwürfe gemacht: Warum hatte ich nicht schon in der Schule Mut? Warum habe ich den Mund gehalten?« Keine Entschuldigung, keine Erklärungsversuche, keine Verteidigung, einfach nur Eingeständnis. Ich empfinde Respekt – merkwürdig, dass sich dieses Gefühl erst bei dieser Begegnung, meiner letzten mit einem der Alten, einstellt. Egon Bahr fand ich beeindruckend, Joachim Fest brillant, und bei Erich Loest habe ich mich wohl gefühlt. Aber vor Horst-Eberhard Richter habe ich Respekt.

Er erzählt weiter: Wenn die alten Freunde von damals sich heute zum Klassentreffen in Deutschland versammeln, wenn viele der jüdischen Klassenkameraden aus Amerika angereist kommen, dann ist Richter derjenige, der ihnen jedes Mal sagt, dass er sich

»immer noch ganz mies« fühlt. »Jetzt hör doch auf damit«, erwidern sie zumeist. Sie wollen sich lieber über ihre ehemaligen Lehrer unterhalten, über Schülerstreiche und die Kindergeburtstage, die sie damals gemeinsam feierten. Das Gefühl von Schuld, das ich nicht habe, hat Richters späteres Leben geprägt.

So hat er sich immer den Begegnungen gestellt, auch in den Zeiten des Kalten Krieges. 1985 referierte Richter für die Vereinigung »Internationale Ärzte für die Verhütung des Atomkriegs« in Moskau, und dabei begegnete er einem russischen Arzt. Dieser kam mit offenen Armen auf Richter zu, der sich zunächst darüber wunderte. Man kannte sich nicht persönlich. »Er hatte festgestellt, dass wir einst im selben Frontabschnitt einander gegenübergelegen hatten. Das war rührend, sehr rührend.«

Ich komme noch einmal auf seinen Vater zurück und dessen Karriere unter den Nazis. Richter gehörte zur Wirtschaftselite Berlins. Weiß der Sohn etwas über die Verstrickungen seines Vaters, über dessen Einstellung zu Hitler? Wir tasten uns gemeinsam vorwärts. Richter erzählt vereinzelte Bruchstücke, an die er sich erinnert. Verfärbt er sie – vielleicht unbewusst – in die eine oder andere Richtung? Ich höre zu.

Er sagt: »Mein Vater war still, aber konsequent. Er war ein radikaler Antimilitarist. Er war befreundet mit einem Schulrat, und über ihn erreichte er, dass ich in der Sekunda von der Hitler-Jugend beurlaubt wurde, weil ich angeblich nicht mehr in der Schule mitkam.« Und: »Ihm hat die Nazi-Philosophie nicht gelegen, er ist nicht in die Partei eingetreten, obwohl er als Abteilungsdirektor immer wieder dazu gedrängt wurde.« Und: »Andererseits sagte er einmal, eines müsse man diesen Leuten lassen: Früher hätten die Arbeiter ihre Gehaltserhöhung dazu genutzt, um am Wochenende einen Schnaps mehr zu trinken. Dass man nun sage, jeder sei für das Ganze verantwortlich, verschaffe ihnen eine neue Selbstachtung.« Und: »Bei einem Urlaub in Kärnten, ich war vielleicht fünfzehn oder sechzehn, war ich wahnsinnig verliebt in ein gleichaltriges Mädchen, das mit seinen Eltern im selben Hotel wohnte wie wir. Ich drängte meinen Vater immer wieder dazu, Wanderungen mit der Familie des Mädchens zu unternehmen. Das hatte eine furchtbare Konsequenz: Der Vater des Mädchens war ein richtiger Nazi, und er versuchte die ganze Zeit, meinen Vater davon zu überzeugen, wie wichtig deren Sache sei. Das hat meinen Vater so genervt.«

Es sind die Erinnerungen eines Kindes, eines Jugendlichen. Heute sagt Richter, er wisse sehr wenig von seinem Vater, zu wenig, und jahrelang habe er sich nach dem Krieg danach gesehnt, ihm zu begegnen, um ihm Fragen stellen zu können. Und dabei hätte Richter seinen Vater gerne schon Ende der Dreißiger so einiges gefragt.

Aber schon direkt nach dem Abitur 1941 rückt der Krieg näher für den Hobbyschützen, und er wird, wie auch Joachim Fest in Freiburg, vor drei Möglichkeiten gestellt. Erstens: aktive Offizierslaufbahn. Zweitens: freiwilliger Kriegsdienst, verbunden mit der Chance, sich die Waffengattung auszusuchen. Oder, drittens, er lässt sich einziehen und weiß nicht, wo und wie er eingesetzt wird. Er entscheidet sich, wie Fest, für den zweiten Weg. Er wird am 1. Oktober 1941 Rekrut, kommt im Winter 1941/42 nach Russland. Er ist Artillerist und liegt mit der sechsten Armee hundert Kilometer vor den Toren Moskaus.

Einmal wird unter allen Soldaten der drei zusammengehörenden Batterien ein Wettbewerb zur Auswahl von Richtkanonieren ausgerufen, und der Jungjäger Horst-Eberhard Richter belegt den zweiten Platz. »Fortan brauchte ich als Richtkanonier nicht mehr das schwere Gerät zu schleppen. Ich stand vorn am Fernrohr und musste zielen.« Man unterscheidet zwischen direktem und indirektem Beschuss. Entweder zielt Richtkanonier Richter direkt auf die Panzer der Russen oder auf ein acht bis zehn Kilometer entferntes Ziel, meistens ein Dorf.

Ich höre ihm zu, und seine Begeisterung erinnert mich an Iring Fetscher, der in Russland auch voller Elan auf den Gegner zielte. »Ich habe viel geschossen«, führt Richter aus, »ich hatte ein gutes Gedächtnis für die Zahlen, die man sich merken musste, und das Erringen einer Stellung war ein Erfolg. Es entsprach meinem sportlichen Ehrgeiz, ich musste meine Leute dirigieren, sie mussten mein Geschütz schnell bewegen, damit wir treffen konnten.«

Dann frage ich nach dem ersten Toten, den er im Krieg sah. Nach einem erfolgreichen Angriff, nach einer großen Offensive, an einem wunderschönen Frühlingstag rückte Richter mit seiner Einheit vor – ohne Widerstand gegnerischer Truppen. Und plötzlich liegt da im Gras ein junger, blonder Soldat, mit dem Gesicht nach unten, wie unverletzt und doch regungslos. Richter dreht den Körper um und sieht ein verstümmeltes Gesicht, an dem nichts mehr menschlich scheint. »Ich war unheimlich geschockt«, erzählt er, »als ich mit eigenen Augen sah, was mit unseren Zielen passierte. Aus den indirekten, nicht weiter definierten Zielen wurden Häuser und Straßen, durch die man marschierte. Plötzlich sah ich Frauen und Kinder auf der Straße liegen, und ich musste damit rechnen, dass wir sie mit unserem Geschützfeuer getroffen hatten.«

Wie er damit umgegangen ist? Der Psychologe Richter analysiert den Soldaten Richter: »Es setzt eine Art Abspaltung ein, die es überhaupt erst ermöglicht, dass man es nach ein paar Wochen im Krieg weiterhin fertig bringt, inmitten der Toten, Appetit zu haben und regelmäßig zu schlafen. Man schaltet elementare Funktionen ab, indem man bestimmte Dinge nicht mehr an sich heranlässt.« Er beschreibt, was der Psychologe Wolfgang Schmidbauer »Zentralisation« nennt. Man kühlt innerlich ab. Ich muss an Ernst Jünger und seinen Enkel denken, an die beiden Unterkühlten, und frage mich, ob ein solches Verhalten auch vererbbar ist.

Wie lange das Abschalten und Wegpacken funktioniert, hat Richter selbst erlebt. Als er Jahrzehnte später, im Jahr 1998, mit seiner Frau ins Kino ging, versetzte ihn der Film *Der Soldat James Ryan* von Steven Spielberg in seine Jugend zurück. Die brutale Anfangssequenz, ein Nahkampf, löste bei Richter ein Chaos der Gefühle aus, das so stark war, dass er daraufhin seine zweite Autobiografie *Wanderer zwischen den Fronten* zu schreiben begann. Der US-Soldat Ryan habe auf der richtigen Seite gekämpft, so Richter, »ich hingegen auf der Seite der Schuldigen«. »Was löst das langfristig bei einem aus?«, frage ich. »Man schießt, denn man denkt: Wenn ich nicht schieße, tut es der andere. Man erfährt am eigenen Leib, dass der Skrupel, den uns die Kultur beibringt, verlöscht. Und hinterher bricht dann Angst aus, Selbstverachtung, Selbsterniedrigung.«

Um den Krieg innerlich überleben zu können, versucht der Artillerist Richter, nicht nur seine Gefühle auszuschalten. Wie viele andere Soldaten, wie beispielsweise Joachim Fest und Heinrich Böll, sieht er von Anfang an keine Möglichkeit, dem Krieg zu entgehen. »Ich kann mich nur in meinen kleinen Bereich zurückziehen«, beschließt Richter, »und jeden Tag ein paar Seiten in meinen Reclam-Bändchen lesen.« Er liest Friedrich Hölderlin und Friedrich Nietzsche, besonders ein Gedanke des Philosophen begeistert ihn: Niemand kann einem im Labyrinth der Philosophie folgen, dort ist man frei. »Das war keine innere Emigration«, sagt Richter heute, »es war einfach ein Bedürfnis.«

Richter hat Glück. Auf dem Weg nach Stalingrad im Winter 1942 steckt er sich bei einem kleinen Jungen mit Diphtherie an, Lähmungserscheinungen treten auf. Er wird zurück nach Deutschland geschickt und erlebt das Ende von Stalingrad in einem Berliner Lazarett. Nach einem halben Jahr wird er zur Sanitätstruppe versetzt – und kann 1943 sein Medizinstudium aufnehmen.

Ende 1944 wird er zum Feldunterarzt befördert, obwohl er, wie er sagt, »von Klinik keine Ahnung« hat. Dezember 1944 bis April 1945 ist er an der Italien-Front stationiert, dann greifen die Amerikaner an – und Richter desertiert mit zwei anderen Soldaten nach Südtirol. Hier schließt sich ein Kreis im Leben des Horst-Eberhard Richter: In den Bergen seines Vaters, die ja auch langsam zu seinen Bergen geworden sind, »fühlte ich mich wie zu Hause«, sagt er über die Flucht, »und ich dachte, hier oben kriegt mich niemand mehr«. Die kleine Truppe schleppt sich, trotz Richters leichter Gelbsucht, über zwei schneebedeckte Pässe und findet in Nordtirol, in einem entlegenen Berggasthof, Unterschlupf.

Während unten im Tal und auch sonst überall Deutschlands Niederlage am 8. Mai 1945 besiegelt wird, entwischt Richter tatsächlich ein Vierteljahr lang der Wirklichkeit. Die Deserteure unternehmen Bergtouren, »die schönsten, die Sie sich vorstellen können! Es gab ja keine Touristen!« Nach einer einwöchigen Tour kommt er zurück zu seiner Hütte, und dort erwarten ihn französische Soldaten. Obwohl Richter als Arzt einen Rot-Kreuz-Ausweis bei sich trägt, wird er verdächtigt, ein Werwolf zu sein. Während sich also hunderte von Kilometern entfernt Erich Loest tatsächlich als Werwolf in den Wäldern versteckt, wird Richter verhaftet und in ein Gefängnis nach Innsbruck gebracht.

Dort sitzt er ein halbes Jahr ein, und nichts passiert. Er versucht, sich ins Krankenhaus der Stadt einliefern zu lassen, denn die Lebensbedingungen sollen dort wesentlich angenehmer sein. Er meldet heftige Beschwerden in der Lebergegend, seine Augenbindehäute sind leicht gelblich, und der Trick gelingt.

Während unseres bisherigen Gesprächs geht mir immer wieder durch den Kopf, mit welchen Bildern ein Regisseur das Leben des Horst-Eberhard Richter verfilmen würde. Die wohl behütete Jugend in Berlin, der Biologieunterricht, das Jagen und

Schießen, der erste Tote, das Studium im zerbombten Deutschland, die Berge, die Verhaftung. Doch die nun folgende Szene bietet allein genug Stoff für einen Film über die Absurdität des Lebens nach Kriegsende.

Richter kommt also ins Krankenhaus und stellt fest, wer außer ihm in seinem Krankensaal liegt: lauter Präsidenten und Minister aus Ländern, die mit den Nazis kollaboriert haben. Sein Bett steht neben dem des Außenministers von Bulgarien, zwei Betten weiter liegt der slowakische Staatspräsident, und in einem eigenen Zimmer, erzählt er, liegt Leni Riefenstahl, Hitlers Filmemacherin. Er ist ihr ein paarmal begegnet, »aber sie war ganz für sich«. Richter ist die kleinste Nummer auf der Etage, »eine Null«, wie er selbst sagt.

Nach zwei Monaten kommt es zur Verhandlung vor dem Militärgericht, und da nichts gegen den Angeklagten Richter vorliegt, wird er freigesprochen. Es ist jetzt Ende Januar 1946.

Wenn man über Deutschland unmittelbar nach Kriegsende spricht, ist oft von der »Stunde null« die Rede, was, rational betrachtet, sicher nicht aufrechtzuerhalten ist, aber gefühlt haben diesen vollkommenen Neuanfang damals sicherlich viele Deutsche. Was hat die »Stunde null« in Richters Leben verändert? Bereits 1946 lernte er seine spätere Frau kennen, mit der er bis heute verheiratet ist. Seine Schwiegereltern nahmen ihn wie einen Sohn auf. Der Schwiegervater, ein Sozialist, war von den Nazis verfolgt worden und nach dem Krieg ein gebrochener Mann. Kurz nach der Heirat sagte jedenfalls eine gute Freundin zu Richters Frau: Du hast dich in ihn verliebt, weil du in ihm das Abbild deines Vaters gefunden hast. »Damals habe ich das energisch bestritten«, sagt Richter, »heute weiß ich, sie hatte Recht.« Wieso, frage ich, weil er auch zermürbt war? »Nein«, antwortet er. »Ich glaube, ich sollte in ihren Augen den Weg zu Ende gehen, den ihr Vater nicht mehr gefunden hat.« Eine typische Lebensentscheidung im Nachkriegsdeutschland, der Ehemann als Vaterersatz.

Auch seine akademische Laufbahn begründet sich auf seinen Kriegserlebnissen, jedenfalls indirekt. Die Erfahrung, ganz allein zu sein, sagt er heute, »dieser Schmerz ist das Thema meines Lebens geworden«. Und wie viele andere vor und nach ihm stürzt sich der junge Student in die Arbeit, um zu verarbeiten. Er studiert an der Berliner Humboldt-Universität Philosophie und schreibt seine Doktorarbeit über das Thema Schmerz. Seine These: Es ist wichtig, den Schmerz zu spüren.

Damals warf dies einen völlig neuen Blick auf die Psyche. Die Helden-Psychologie der Nazis hatte etwas anderes verlangt: Schmerz musste man sich verbeißen, nach dem Motto: Was uns nicht umbringt, macht uns nur härter. Richter hingegen führt aus, welche Bedeutung das Zulassen des Schmerzes für die männliche Psyche hat. Heute sagt er über die Arbeit daran: »Ich wollte, ohne es auszusprechen, mir mein eigenes Leiden akzeptabel machen.«

An dieser These hält Richter noch immer fest, egal ob er sich zum 11. September 2001 zu Wort meldet oder zum israelisch-palästinensischen Konflikt. »Die Amerikaner stellen sich nicht ihrem Schmerz«, sagt er, »sie denken, sie können ihr Leiden auslöschen, wenn sie nur lange genug bomben.« Und: »Israelis und Palästinenser können erst ihren Frieden finden, wenn sie gegenseitig begreifen, dass sie eine Leidensgemeinschaft bilden.«

Als 1991 der Golfkrieg ausbrach, erklärte Richter in einem *Brigitte*-Interview, dass sich vor allem Männer für die Zuversicht begeistern würden, man könne durch Kriege Konflikte lösen, Männer seien »von technischer Gewalt ganz anders beeindruckt als Frauen«. Ist diese These noch zeitgemäß? Frauen, meint Richter zu mir, seien ja jahrzehntelang anders geprägt worden, Mitleid und ganz generell humanes Denken seien deshalb bei ihnen stärker ausgeprägt. »Mit dem neuen Typus der Karrierefrau, die zunehmend auch egoistische Elemente der Männerwelt übernimmt«, führt er aus, »können jedoch diese Eigenschaften auf dem Weg nach oben verloren gehen.« Dreht man Richters These weiter, so könnte man sagen, dass die Frauen meiner Generation sich – um zu erfahren, wer sie sind – eher an den Großvätern orientieren müssten. Denn die sind ihnen in ihrem Verhalten ähnlicher als die Großmütter, die höchstens in der Küche Karriere machen durften. An diesem etwas überraschenden Aspekt zeigt sich, wie erfolgreich die Emanzipation war. Die jungen Frauen haben sich verändert, die jungen Männer sind, wie junge Männer immer schon waren.

Wir werden vom Telefon unterbrochen. Kaum aufgelegt, möchte Richter noch etwas zu seiner Generation sagen: Eigentlich bestehe sie aus zwei Generationen. Da sei einmal die Flakhelfergeneration, jene Männer, die am Ende des Krieges eingezogen worden sind. Und seine Generation, die von Anfang an dabei gewesen ist. Was die beiden unterscheidet, will ich wissen. »Wir sind gebrochener zurückgekommen. Wir haben weniger erzählt, wir waren stumm.« Um das zu verdeutlichen, erzählt Richter von einer Stelle in Martin Walsers Roman *Ein springender Brunnen*: Eines Tages erreicht die Familie die Nachricht vom Tod des älteren Bruders von Johann – Walsers Alter Ego. Die Mutter ist ganz verzweifelt, Johann hingegen zeigt keinerlei Gefühle. »Das ist im ersten Moment nachvollziehbar«, sagt Richter, »aber auch später kommt ja nichts dazu, kein Gefühlsausbruch, nichts.« Da verliert ein Mensch seinen Bruder, und er spürt nichts. Das kann einer wie Richter nicht fassen.

Seine Stimme klingt jetzt etwas brüchiger. In dem *Brigitte*-Interview von 1991 sagte er: »Viele Ältere bezweifeln, dass sich Kriege verhindern lassen.« Warum gerade ist seine Generation nicht immun gegenüber der Kriegstreiberei? Er überlegt: »Ich weiß es nicht.« Pause. Er räuspert sich. »Was ist mit mir selbst geschehen? Ich habe mich immer wieder dafür eingesetzt, die Wiederkehr der Unmenschlichkeit zu verhindern. Meine ... Erinnerung... ich hatte einen Traum, wissen Sie. In dem Traum bekomme ich in einer durchsichtigen Plastikhülle die Habseligkeiten eines gefallenen Soldaten ausgehändigt und werde beauftragt, das Paket an mich zu nehmen und herauszufinden ... Und ich frage: Wem? Wem? Aber niemand gibt mir eine Antwort ...«

Seine Stimme ist kaum noch zu hören. Was tun? Ich bin unsicher und sage gar nichts. Er schaut auf den Boden. »Vor ein paar Tagen«, sagt er, »hat mir die Schwester eines gefallenen Schulfreundes ein schönes Foto von ihm geschickt. Er war Marineoffizier. Und ich habe es nicht geschafft, das Foto aus der Hand zu legen ...«

Er weint.

Ich zögere, dann sage ich: »Herr Richter, ich will Sie gar nicht länger ...« »Ich geniere mich nicht, bleiben Sie ruhig. Alten Leuten geht das manchmal so ...« Nach einer Weile, die mir wie eine halbe Stunde vorkommt, sieht Richter wieder auf. »So, geht schon wieder.« Ich frage: »Sie haben einmal gesagt, wer mit unerledigten Konflikten stirbt, stirbt nicht gut.« Er antwortet: »Als ich vor einiger Zeit nachts in die Klinik eingeliefert wurde und mein Herz nur mit Elektroschocks wieder in Rhythmus kam, da habe ich mir die Frage gestellt: Kann ich sterben? Ich bin so dankbar, dass ich zu den wenigen gehöre, die nicht in Stalingrad umkamen, und dass ich achtzig Jahre alt werden durfte. Ja, ich habe mich hinreichend mit dem Leben ausgesöhnt. Ich bin so weit, dass ich versöhnt sterben kann.«

Es ist Zeit zu gehen. Er begleitet mich zur Tür. Nach unserem Abschied vertrete ich mir an der frischen Luft noch ein bisschen die Beine. Sein Traum von diesen Habseligkeiten, die Dankbarkeit, nicht in Stalingrad umgekommen zu sein – vielleicht erklärt das den Antrieb, den viele aus dieser Generation nach dem

Krieg hatten. Doch nicht allen ist es gelungen, ihre Erfahrungen in Energie umzusetzen: Viele sind verzweifelt, hatten Albträume, sind nicht mehr zurechtgekommen in der Welt nach dem Krieg.

Ich habe mit denen gesprochen, die es geschafft haben, die die Bundesrepublik geprägt haben, das Land, in dem ich aufgewachsen bin. Und so unterschiedlich sie auch sein mögen, so unterschiedlich sie mit ihren Erlebnissen umgehen, eines eint sie: Sie haben Angst, die Menschen könnten noch einmal so werden, wie sie selbst einmal waren. Tief drinnen haben sie also Angst vor sich selbst, sie lieben sich nicht. Vielleicht konnten sie deshalb auch mit ihren Kindern nicht so liebevoll umgehen, wie es für die Kinder – und für dieses Land – gut gewesen wäre.

Warum ich am Grab meines Lieblingsgroßvaters keine Trauer empfinden kann, sondern sich nur Leere in mir ausbreitet

Wer war er?

Um das herauszufinden, frage ich meine Großmutter, meinen Vater, meinen Onkel, meine Tante, meinen Bruder und Arthur, den letzten noch lebenden Bruder meines Großvaters. Ich versuche mich an Opa zu erinnern, und ich fahre zu seinem Grab. »Heinrich Amend, geboren am 11. Mai 1918, gestorben am 28. Juni 2001« steht auf der dunkelroten Grabplatte. Sonst nichts.

Auf dem Friedhof ist nicht viel los an diesem Freitagnachmittag. Außer mir ist nur eine etwas ältere Frau in blaugelben Gummistiefeln hier, sie gießt gerade. Ab und an sieht sie kurz zu mir rüber, mustert mich skeptisch, doch als ich ihr freundlich zunicke, nickt sie zurück und widmet sich wieder ihrem Grab.

Ich stehe hier am Grab und weiß nicht, worauf ich gehofft habe, aber was es auch gewesen sein mag – es tritt nicht ein. Ich spüre nichts. Im ersten Moment denke ich noch, du musst warten, du bist zu gehetzt, nimm dir etwas Zeit. Ich stehe eine gute Viertelstunde vor dem Grabstein, vielleicht sogar eine halbe. Inzwischen ist die Frau mit der Gießkanne gegangen. Ich bin jetzt allein mit meinem Opa und den anderen Toten. Wie gerne würde ich eine tiefe Trauer spüren, einen herzzerreißenden Abschiedsschmerz, Wehmut, aber es fühlt sich leer an.

Leer? Ich konzentriere mich. Ich schließe die Augen und versuche, mir sein Gesicht vorzustellen. Es gelingt mir, doch dann schieben sich andere Bilder davor. Ich denke an meinen Job in

Berlin, daran, dass ich unbedingt die Stromrechnung bezahlen muss. Ich denke an das Abendessen vor drei Tagen bei Daniel in Mitte, als dieses Mädchen aus Tel Aviv sagte, ich solle unbedingt mal Ferien machen in … Opa, wo bist du?

Er war mein Lieblingsopa. Wir sind oft zusammen spazieren gegangen, und dabei habe ich ihm von meinem Leben erzählt. Er hörte mir immer interessiert zu, fragte nach, machte mir nie Vorwürfe, kritisierte mich nie. Meinen Vater trieb das manchmal zur Weißglut, und oft sagte er auf dem Nachhauseweg: »Du hättest deinen Opa früher erleben sollen!« Früher.

Sein Leben als junger Mann. Er wusste viel von mir, aber was weiß ich von ihm? Er hat nie über sich und seine Vergangenheit geredet. Vielleicht war ich deshalb so überrascht, als er, alt und krank, eines Tages mit mir spazieren ging und vom Krieg erzählte. Es war das erste und einzige Mal, dass er von sich sprach.

Es waren Anekdoten, Schnipsel, wild durcheinander und anscheinend zusammenhangslos. Einmal beispielsweise, als sie kurz vor Marseille lagen, wuschen sie ihre Uniformen in einem Rinnsal, und als sie sich der Stadt näherten, merkten sie, dass das Rinnsal eine der Trinkwasserzufuhren für die Bevölkerung war. Er lachte kurz: »Im Trinkwasser! Stell dir das mal vor!« Später dann, in Acquasanta, einem Dorf bei Genua, lagen sie einige Monate lang. Er lernte die sechzehnjährige Tina kennen, eine hübsche Italienerin. Mehr sagte er nicht, er blinzelte nur verschmitzt – Männergeschichten, Abenteuergeschichten. Es klingt, als spreche er vom Urlaub, nicht vom Krieg. Als habe er vier Wochen in Italien am Strand gelegen, viel Wein getrunken und gut gegessen und natürlich viele Frauen kennen gelernt.

Mein Opa war damals einundzwanzig. Wahrscheinlich trugen sich die meisten dieser Geschichten tatsächlich so zu – aber das sind eben nur Ausschnitte aus dem Leben der Soldaten. In Wirklichkeit lebten die deutschen Soldaten in der ständigen Angst vor

Partisanenüberfällen, jederzeit konnte jemand um die Ecke biegen, das Gewehr geschultert, und einen erschießen. Davon hat mein Opa nie erzählt, weder seinen Söhnen noch seiner Frau. Ich saß ihnen allen gegenüber und fragte und fragte, doch die brutalste Geschichte, von der meine Familie weiß, lässt sich erzählen wie ein Lausbubenstreich.

Eines Abends, die Einheit meines Großvaters war gerade in der Champagne einmarschiert, feierten sie mit dem Getränk der Region ein Gelage. Sie fragten nicht, ob sie die Flaschen haben dürften, sie bezahlten auch nicht dafür. Sie nahmen sie sich einfach, schließlich waren sie die Sieger, die Eroberer.

Und sonst? War er bei Erschießungen dabei, hat er selbst getötet? Hat er erlebt, wie ein Soldat neben ihm erschossen wurde? Und seine Ängste, wie ist er damit umgegangen? »Er wollte nicht darüber reden«, darüber sind sich mein Vater und meine Oma, Jahrgang 1918 wie mein Opa, einig. »Verschwiegen wurde nichts«, fügt mein Onkel noch hinzu.

Während ich dieses Kapitel schreibe, an einem Montagabend in meiner Berliner Wohnung, fällt mir auf, dass ich nicht gefragt habe, wie mein Opa eigentlich sein rechtes Auge verloren hat. Ich weiß nur, es war ein Granatsplitter. Ich rufe meine Oma an. »Davon«, sagt sie, »hat er auch nie erzählt. Aber eines Abends sagte jemand im Fernsehen, es könne immer etwas im Leben passieren, was niemand vorhergesehen habe. Es ging gar nicht um den Krieg, ich weiß nicht mehr, um was … Da sagte dein Opa plötzlich: ›Stimmt, das ist wahr.‹« Und dann? »Dann hat er erzählt, dass sie damals dachten, er hätte bei dem Angriff beide Augen verloren, so blutüberströmt, so stark war sein Gesicht in Mitleidenschaft gezogen worden. Erst als sie Stunden später die Mullbinden abnahmen, sah man, dass nur ein Auge verletzt war.« Er hat stundenlang gedacht, er sei bis zu seinem Lebensende auf beiden Augen blind? Und darüber hat er nie gesprochen? »Nur dieses eine Mal«, sagt meine Oma. Ich rufe meinen Vater an, erzähle ihm davon. »Das höre ich zum ersten Mal«, sagt er, »davon hat er nie erzählt.«

Ich laufe mit dem schnurlosen Telefon durch die Wohnung und kann es nicht fassen. Sie haben nicht miteinander geredet. Keiner mit keinem. Aber wie soll man um einen Menschen trauern, von dem man so wenig weiß, den man eigentlich nicht gekannt hat? Die Leere, die ich am Grab meines Großvaters spürte, hat einen Grund.

Heinrich Amend wird 1918 geboren, als Kind einer Bauersfamilie. Er besucht die Volksschule, macht anschließend eine Buchbinderlehre. Er schließt sie ab, wird dann jedoch nicht übernommen. Er sucht Arbeit, findet sie schließlich bei der Bahn, zunächst als Rangierer. Das ist die eine Seite.

Heinrich Amend wächst in einer streng protestantischen Familie auf. Die Eltern betrachten in den Dreißigerjahren die regierenden Nationalsozialisten voller Skepsis, und das hat vor allem einen Grund: Ihr Sohn Heinrich ist begeistertes Mitglied der Hitler-Jugend. Bald hat er eine kleine Gruppe unter sich, und die trifft sich jeden Sonntagvormittag – genau wenn Gottesdienst ist. Nach dem Krieg erzählt Heinrich seinen Söhnen manchmal von einem Streit zwischen seiner Mutter und ihm: »Dieser Hitler kann kein guter Mann sein«, soll sie gesagt haben, »wenn er will, dass ihr sonntags zur HJ geht und nicht in den Gottesdienst.« Doch Heinrich widersetzt sich seiner Mutter und geht nicht mehr in die Kirche. Die Hitler-Jugend ist ihm wichtiger, er ist begeistert von der Kraft der nationalsozialistischen Bewegung.

1939 wird er eingezogen. Zuerst sitzt seine Einheit im Hunsrück, im Jahr 1940 marschieren sie durch Frankreich, im Laufe des Krieges kommt er nach Italien, wo er die längste Zeit stationiert bleibt. 1939, kurz vor seiner Einberufung, heiratet er seine Jugendfreundin Luise, 1943 wird sein erster Sohn geboren, mein Vater. Er nennt ihn Sigurd, nach einem Helden aus der *Ni-*

belungensage – jene von den Nazis zu ihren Zwecken umgedeutete mittelalterliche Erzählung, die von tapferen, sich dem Untergang entgegenstemmenden Helden erzählt. Ganz so, wie es von den deutschen Soldaten ab 1943 verlangt wurde. Sigurd, das passt perfekt ins Weltbild der Nazis. Der Bruch von 1945, der Versuch, die Vergangenheit zu vergessen und neu anzufangen, lässt sich am Vornamen des zweiten Sohnes ablesen. Mein Onkel, geboren 1946, trägt den harmlosen Namen Rolf-Dieter – von den *Nibelungen* keine Spur mehr.

Mein Großvater führte im Krieg kein Tagebuch, aber ein Dokument ist erhalten geblieben, ein Fotoalbum aus dem Jahr 1940. Es ist schwarz und aus Leder, nicht besonders hoch, aber sehr breit, und es wird von einer braunen Kordel zusammengehalten. Darin sind knapp zweihundert Fotos, schwarzweiß, die meisten im Kleinformat. Sie erzählen von einer Reise, die im Januar 1940 am Bahnsteig von Frankfurt-Bonames beginnt, von da in den Hunsrück führt, dann nach Frankreich.

Vorn im Album liegt ein kariertes Blatt Papier, ziemlich gelb mittlerweile, darauf hat mein Großvater mit blauer Tinte und in Sütterlinschrift eine Art Routenverlauf notiert. Die Eintragungen beginnen am 9. Mai 1940 und enden am 29. Juni. Für jeden Tag, an dem seine Einheit weitergezogen ist, hat er die Wegstrecke an den rechten Rand geschrieben und ganz unten auf der dritten und letzten Seite die Zahl 742 Kilometer zweimal dick unterstrichen.

Es muss aufregend gewesen sein für den Jungen vom Land, plötzlich legte er eine so weite Strecke im Ausland zurück. »Es war das erste Mal, dass wir von zu Hause wegkamen«, sagt sein Bruder Arthur, der damals am Russland-Feldzug teilnahm. »Wir haben vorher ja noch nie fremde Sprachen gehört.« Geschweige denn andere Lebensweisen gesehen, davon berichtete mein Großvater später seinen Söhnen.

Und was erzählen die Fotos über meinen Opa? Man sieht ihn

mit anderen jungen Soldaten, mal stolz in Pose, mal bei der Pferdepflege, mal beim Schneeschippen, mal an einem Geschütz. Eine Fotostrecke über mehrere Seiten zeigt die Einheit, wie sie mit dutzenden von Pferden und Wagen über einen Fluss setzt. Je weiter man blättert, desto öfter sind auf den Bildern Spuren des Krieges zu sehen: erst eine zerstörte Brücke im Hintergrund, dann ein völlig zerbombtes Dorf, ein paar Seiten weiter ein riesiger Haufen aufeinander gestapelter toter Pferde.

Lag es in der Absicht meines Großvaters oder war es eine Konsequenz des Krieges, dass drei der zweihundert Fotos, eines am Anfang, eines in der Mitte und eines auf der letzten Seite des Albums, davon erzählen, was der Krieg mit ihm angestellt hat? Ganz vorn sieht man ihn in frischer Uniform, in Mantel und Mütze, wie er vor einem Hauseingang steht. Er lächelt milde und sieht rechts an der Kamera vorbei, den Blick in die Weite gerichtet, so als liege irgendwo am Horizont eine glänzende Zukunft. Das zweite Bild ist leicht verwackelt. Es zeigt drei Soldaten mit Stahlhelm und einer Art Regenumhang, die ein im Schlamm steckendes Geschütz in Position gebracht haben, nun schießen oder gerade geschossen haben. In ihren Gesichtern ist nichts zu erkennen: Sie lächeln unverbindlich, wirken weder traurig noch entsetzt, sie sehen leer aus. Auf der letzten Seite sind sechs Porträts von Soldaten eingeklebt, eines davon zeigt meinen Großvater, der wieder rechts an der Kamera vorbeisieht. Diesmal fehlt das Lächeln, und sein Blick geht nicht mehr in die Ferne. Er hält den Kopf leicht gesenkt.

1945 wird er verwundet, er verliert ein Auge und darf nach Hause. Dann ist der Krieg vorbei, und der Aufbau beginnt. Die junge Familie ist nach der Geburt meines Onkels zu viert, das Geld ist knapp, Heinrich Amend muss zwei Arbeitsstellen annehmen. Morgens sitzt er als Schalterbeamter im Bahnhofsgebäude, und nachmittags hilft der gelernte Buchbinder in einer

Druckerei aus. Seine Frau verdient zu Hause ein Zubrot als Schneiderin, und wenn ihr Mann Nachtschicht hat, schläft sie nicht, sondern näht noch zwei Kleider mehr. Sie arbeiten und arbeiten und arbeiten, sie bauen ein Haus, und sie reden nicht viel. »Wir haben unseren Vater kaum gesehen«, erinnert sich mein Onkel. »Wenn wir aus der Schule kamen, war er meistens schon wieder weg.«

Die Söhne gehen auf das Gymnasium, worauf die Eltern sehr stolz sind. Und eines Tages liest ihr Vater in der Gewerkschaftszeitung der Bahn von einem Schüleraustauschprogramm zwischen Deutschland und Frankreich, und er bietet den Kindern an, nächsten Sommer daran teilzunehmen. Mein Vater fährt 1959, mein Onkel ein Jahr später, und per Zufall landen beide in der Champagne.

Was muss da in meinem Großvater vorgegangen sein, sind doch die Söhne nun genau da zu Besuch, wo er nicht einmal zwanzig Jahre zuvor als Feind eingezogen war. Er hat mit ihnen nie darüber geredet. Er hat ihnen nur gesagt, es sei wichtig, ins Ausland zu gehen, fremde Sprachen zu lernen, fremde Kulturen zu studieren. »Den Horizont erweitern« – das war sein Lieblingsspruch.

Mein Vater und mein Onkel finden in Frankreich schnell gute Freunde, die sie auch zu Hause in Deutschland besuchen. Jedes Jahr in den Sommerferien fahren sie nach Frankreich. Beide lernen die Sprache, beide studieren später Französisch, beide werden später Lehrer und unterrichten Französisch. Ist dies also die Geschichte einer deutsch-französischen Freundschaft, die die ewige Rivalität der beiden Länder abgelöst hat? Ja. Aber sie ist nicht frei von Spannungen.

Mein Vater ist dem Erbe des Krieges noch Jahrzehnte nach Kriegsende begegnet, als er mit seiner Klasse während eines Schüleraustauschs in Frankreich war. Eines Morgens liefen die Schüler aufgeregt zu ihm, sie hatten überall in der Stadt internationale Flaggen an den Häusern gesehen – nur die deutsche war nicht dabei. Das war im Jahr 1984, die Alliierten feierten die vor vierzig Jahren stattfindende Invasion in der Normandie, ein entscheidender Schlag gegen Hitler-Deutschland. »Da war wieder dieses Gefühl«, sagt mein Vater, »du gehörst nicht dazu, dieses Gefühl von Scham.«

Mit meinem Großvater haben weder mein Vater noch mein Onkel jemals über solche Momente gesprochen. Nur ab und an wurde deutlich, dass er tatsächlich in Hitler-Deutschland gelebt hat. Sätze wie: »Unter Adolf wäre das nicht passiert«, habe er nie gesagt. Aber gelegentlich hörten sie: »Wenn die Amerikaner sich auf unsere Seite geschlagen hätten, dann hätten wir den Krieg gewonnen.« Derartiges erzählte die Wehrmacht den Soldaten gegen Kriegsende, um sie zu motivieren.

Das Erbe des Dritten Reiches und des Krieges begleiten die Generation meines Großvaters bis heute, und was sich einmal in den Köpfen festgesetzt hat, ist offenbar schwer wieder aus ihnen rauszukriegen. Während meines Besuchs bei Arthur, dem Bruder meines Großvaters, musste ich mir Sätze über die tapfere Wehrmacht, die angeblich keine Verbrechen begangen hatte, anhören, und er schimpfte über die bösen Russen, die noch schlimmer gewesen seien, und über die Amerikaner… Es tut mir in der Seele weh, wenn ich meinem eigentlich liebevollen Großonkel Arthur gegenübersitze und er solchen Unsinn erzählt. Ich widerspreche ihm, doch meinen Widerspruch übergeht er einfach.

Arthur träumt seit fünfzig Jahren immer wieder davon, was er 1945 erlebt hat: Auf der Flucht aus Russland ist er auf einem Schiff gelandet, als Einziger seiner Einheit – alle anderen gelten bis heute als verschollen. Er sieht dieses Schiff im Traum, wie es über das Meer tuckert, er hört überall Schreie von Verwundeten, und dann schaut er auf seine silberne Uhr, die jeder Wehrmachtssoldat bekommen hat. Sie funktioniert immer noch, doch innerlich schließt er mit dem Leben ab, denkt: »Das überlebst du nicht.«

Sechzig Jahre später sitzt er mir gegenüber, schiebt seinen Hemdsärmel hoch und zeigt auf seine Armbanduhr. Silberfarbenes Metallband, blaues Zifferblatt, auf der Rückseite ist das Kürzel »D 837 63 94 H« eingraviert. Er trägt die Uhr seit seiner Soldatenzeit, und sie ist nie stehen geblieben.

Das Erbe tickt weiter.

Ein paar Tage nachdem ich herausgefunden habe, dass mein Großvater im Krieg beinahe erblindet ist, klingelt abends mein Telefon. Mein Vater ist dran, er fragt: »Warum wissen wir so vieles nicht? Warum haben wir nicht gefragt?« Ich beschwichtige ihn: »Du wolltest ihn nicht verletzen. Und du hattest Angst.«

Ich erzähle ihm von einem Erlebnis, das der Schriftsteller Bernhard Schlink als Student hatte, nachzulesen in seinem Buch *Vergangenheitsschuld und gegenwärtiges Recht*.

In den Siebzigerjahren studierte Schlink Jura, und eines Tages wurde ein Professor mit seiner Nazi-Vergangenheit konfrontiert – von einem Studenten, im Seminar. Dieser Angriff löste unter den Anwesenden ein Gefühl von Peinlichkeit aus. Einen alten, gebildeten Mann greife man nicht ad personam an, erklärt Schlink und verwendet einen Begriff, der auch das Verhältnis zwischen meinem Großvater, seinen Kindern und mir beschreibt: Das »Wirken der Taktgrenze« habe ausgereicht, um einen Mechanismus auszulösen, der Schuldvorwürfe tabuisiert habe.

Diese Taktgrenze zieht sich durch die deutschen Familien, auch durch meine. Ich wünschte, wir hätten sie wenigstens ein paarmal übertreten.

Wieder zu Hause oder Warum ich Deutschland nun mit anderen Augen sehe, und was das mit Lili Marleen *und Kruder & Dorfmeister zu tun hat*

Meine Reise ist zu Ende. Auf meinem Schreibtisch liegen die Taxiquittungen und Tickets von den Zugfahrten und Flügen durch Deutschland. Ausgerissene Zeitungsartikel und Bücher wie Heinrich August Winklers *Der lange Weg nach Westen* oder *Hitler und seine Deutschen* von Christian Graf von Krockow haben im Laufe der Monate mein Regal gefüllt, in einer Ecke stapeln sich die Kassetten mit den Interviewaufnahmen. Gerade blättere ich noch einmal mein kleines Notizbuch durch. Ein Jahr lang habe ich mitgeschrieben, wenn ich im Fernsehen eine interessante These hörte oder wenn ich etwa morgens aufwachte und dachte: »Ich darf nicht vergessen, sie zu fragen, ob sie selbst geschossen haben.«

In diesem Notizbuch sind auch die Namen der Menschen vermerkt, die ich unbedingt sprechen wollte, die aber während der Arbeit an meinem Buch verstarben. Beispielsweise der Name Alfred Dregger: Ich las irgendwann in der Zeitung, dass der einstige CDU-Landesvorsitzende von Hessen und CDU/CSU-Fraktionschef Dregger – schwer erkrankt – Besucher mit einem »Guten Tag, Herr Leutnant« willkommen heiße. *Bild* wusste, dass ihm die Spätfolgen einer Kriegsverletzung »qualvolle Schmerzen« bereiteten. An einem Tag im Juli 2002, gerade hatte ich ihm einen Brief geschickt und um einen Termin gebeten, meldeten die Nachrichtenagenturen seinen Tod. Woher seine Schmerzen kamen? Ein Granatsplitter, der während des Kriegs nicht entfernt werden konnte, wanderte durch seinen Körper.

Unter einer ganz ähnlichen Verletzung hatte Rudolf Augstein zu leiden, der 1947 im Alter von nur dreiundzwanzig Jahren den *Spiegel* mitbegründete und später alleiniger Herausgeber des Magazins war. Auch er, ein ehemaliger Wehrmachtssoldat, starb während meiner Recherchen für dieses Buch.

Nur wenige Tage zuvor, Ende Oktober 2002, wurde aus Frankfurt am Main der Tod des Suhrkamp-Verlegers Siegfried Unseld gemeldet. Unseld blickte wie Augstein immer wieder zurück auf seine Zeit im Krieg: Häufig erzählte er, warum er kurz vor Kriegsende im Schwarzen Meer um sein Leben schwimmen musste – damit begann seine Begeisterung für das Schwimmen, ein Hobby, das ihn sein ganzes Leben begleiten sollte.

»Jetzt sterben die Väter«, schrieb Eckhard Fuhr im November 2002 in der *Welt*. Die Begründer des heutigen Deutschlands treten nun endgültig ab, und dadurch verliert die Nachfolgegeneration, die 68er und ihre etwas jüngeren Nachzügler, ihren Bezugspunkt, an dem sie sich orientieren und von dem sie sich dann auch entfernen kann. Dieses Gefühl der Verlassenheit hat im Spätherbst 2002 auch Bundeskanzler Gerhard Schröder erfasst, der direkt nach Augsteins Tod sagte, der große Journalist werde ihm als Berater fehlen. Eckhard Fuhr beendete seinen Kommentar mit dem Satz: »Wir tragen die Väter zu Grabe und ahnen, dass wir ihr sperriges Erbe noch gar nicht ermessen.« Das Erbe, das ihnen ihre Väter vermacht haben, ist das Erbe des Krieges, das Erbe des Nationalsozialismus.

Dieses Erbe hat ein Leben lang schwer auf Deutschlands Großvätern gelastet, es hat ihr ganzes Leben geprägt – das habe ich auf meiner Reise gelernt. Einerseits hat es sie stärker gemacht, denn sie wussten nun, was kämpfen heißt, was es heißt, einen mühsamen Weg zu gehen – so haben sie die Bundesrepublik zu dem gemacht, was sie heute ist. Abschrecken ließen sie sich auf diesem Weg kaum, denn wie Hannelore Kohl auf dem

Höhepunkt der Spendenaffäre ihres Mannes im Jahr 2000 sagte: »Wir haben den Zweiten Weltkrieg überstanden, wir werden auch diese Krise meistern.« Ähnliches war auch einmal von Rudolf Augstein zu hören, der wenige Wochen vor seinem Tod in einem *Spiegel*-Interview gefragt wurde, ob seine Verhaftung 1962 – Anlass war die *Spiegel*-Affäre – der schlimmste Moment seines Lebens gewesen sei. Er antwortete, wie stellvertretend für all die anderen Soldaten seines Alters: »Nein. Ich war einige Jahre im Krieg gewesen, an der Front. Krieg ist viel schlimmer.«

Doch die Großväter lebten ihren Kindern und Enkeln nicht nur vor, wie man sein Leben in die eigene Hand nehmen kann, sie gaben auch eine skeptische Lebenseinstellung weiter. Der Untergang des Dritten Reichs – ihrer Jugend – veranlasste diese ganze Generation dazu, jegliche Utopie, vor allem wenn sie mit Pathos vorgetragen wurde, mit Argwohn zu betrachten. Für das Private bedeutete das: Sie mauerten ihre Gefühle ein. Unsere Väter wurden somit in Familien groß, in denen die Liebe nicht gezeigt wurde. Das ist das Vermächtnis unserer Großväter.

Deshalb ist auch für meine Generation dieses Erbe von Bedeutung. Eigentlich müssten die Jahre 1933 bis 1945 wie bei einer langen Autofahrt im Rückspiegel immer kleiner werden und langsam verschwinden. Doch kaum biegen wir um die Ecke, sind sie wieder da. Es ergibt deshalb keinen Sinn, mit Vollgas vor ihnen wegzufahren. Wir müssen uns umdrehen und sie uns immer wieder genau ansehen, denn ihr »sperriges Erbe«, wie Eckhard Fuhr es nannte, werden auch wir Jungen nicht los. Es ist Teil unserer Identität.

Unsere Identität – was macht uns aus? Samstagnachmittag in Berlin, draußen ist es schon dunkel, gerade habe ich im Videotext nachgesehen, wie die Bundesliga-Spiele ausgegangen sind, eine pauschale Antwort auf diese Frage will mir nicht einfallen. Jahrelang habe ich bestritten, Teil einer Generation zu sein. Die

Menschen in meinem Alter, glaubte ich, seien so unterschiedlich, leben, denken, fühlen so individuell, dass man sie nicht in eine Schublade stecken könne. Das ist natürlich Unsinn. Ich fange ganz vorsichtig an, einzelne Puzzleteile zu einem Bild meiner Generation zusammenzulegen.

Vor wenigen Wochen hatte ich innerhalb kürzester Zeit zwei Begegnungen – beide geben eine Antwort auf diese Frage. Ich war mit einer Freundin nach der Arbeit im 103 in Prenzlauer Berg verabredet. Sie ist Anfang dreißig und arbeitet in der Werbebranche. Da gehört sie zu den Besten, deshalb ist sie öfter in New York und London als zu Hause. Sie hat seit zwei Jahren einen festen Freund. Sie würde wahrscheinlich in jedem Frauenmagazin als Vorbild für eine dieser Ich-bin-eine-Frau-und-mache-Karriere-und-habe-trotzdem-ein-wunderbares-Privatleben-Geschichten taugen. Sie ist immer perfekt gekleidet, hat mit Sicherheit immer die aufregendsten Ausstellungen gesehen und weiß, in welche Bar man gerade geht. Irgendwann an diesem Abend kam sie auf das Thema Kinder zu sprechen. »Meine Uhr tickt«, sagte sie, sie wolle jetzt eigentlich ein Kind. Ich fragte nach dem »eigentlich«, warum wurde sie nicht einfach schwanger? Die Karriere, erklärte sie, ausgerechnet jetzt, in diesen schwierigen Zeiten, wolle sie nicht aufhören zu arbeiten. Während sie das sagte, sah sie traurig aus, so als ob sie gleich zu weinen beginnen würde.

Ein paar Tage später traf ich zufällig eine Frau, die ich aus dem Nachtleben kenne. Sie ist Ende zwanzig und hat seit einem Jahr ein Kind. Ich fragte sie, warum sie das Kind bekommen habe, und ihre Antwort verblüffte mich: »Ich weiß auch nicht genau. Ich hatte Lust darauf… außerdem wenn nicht jetzt, wann dann? Jobs gibt's doch gerade keine.«

Zwei Frauen aus meiner Generation vor derselben Frage, sie entscheiden sich unterschiedlich – und doch typisch. Während die eine Angst vor dem Baby-Karriereknick hat, möchte die andere das Kind, um, überspitzt formuliert, die eigene Langeweile zu vertreiben, weil gerade sonst nichts passiert. Bei beiden steht somit nicht das Kind im Zentrum der Entscheidung, sondern das Ich. Wir bekommen Kinder, nicht weil wir Verantwortung übernehmen und etwas weitergeben wollen, weder persönlich noch gesellschaftlich, sondern um unsere eigenen Bedürfnisse zu befriedigen. Ich sage es mal böse: Kinderkriegen scheint mir bei einigen aus meiner Generation vor allem »hip« zu sein, mit dem Kind als solchem hat es so gut wie nichts zu tun. Die anderen kriegen dann nicht einmal Kinder – auch für sie ist die Zukunft der Gesellschaft kein Thema.

Ein weiteres Puzzleteil: die Rente. Die Frauen heute bekommen im Schnitt nur noch 1,4 Kinder. Das reicht natürlich nicht, um unsere Altersversorgung zu sichern. Viele aus meiner Generation scheinen den Virus »Freiheit« in sich zu tragen, auch ich bin damit infiziert. Mit Kind könnte ich nicht mehr jeden Tag aufwachen und denken: Ich krempele mein Leben um. Ich könnte mir nicht mehr erst morgens überlegen, was ich mittags machen möchte. Diese Freiheit wollen wir nicht aufgeben, nicht einmal für unsere eigene Altersversorgung. Viele aus meiner Generation denken: Wir können ja nicht einmal voraussagen, wie das Leben in vier Jahren aussehen wird, warum sollten wir vierzig Jahre in die Zukunft denken?

Ein Indiz für diesen sich ausbreitenden Virus sind unsere Wohnungen: Die meisten, die ich kenne, sind so eingerichtet, dass man morgen schon wieder verschwinden kann. Ich kann sie verstehen. In Wohnungen, die mit Liebe zum Detail fertig eingerichtet sind, schnürt es mir die Kehle zu.

Diese Art der Flexibilität wird ja seit Jahren von der jungen arbeitenden Bevölkerung gefordert: Sie hat natürlich ihr Gutes, wir sind nicht so gebunden an Orte wie noch frühere Generationen. Wenn es der Job verlangt, ziehen wir eben um.

Dazu passt, dass wir uns auch nicht so fest an Freunde, Bekannte und auch nicht an den Partner binden. Viel schneller als noch unsere Vorgängergeneration sagen wir: »Okay, wir trennen uns.« Das führt dazu, dass wir weniger in Zwängen verhaftet sind, es gibt kein Muss mehr. Wenn vor fünfzig Jahren Eheprobleme auftauchten, wurden sie totgeschwiegen – trennen konnte man sich ohne Gesichtsverlust ja kaum. Ich bin froh, dass die Gesellschaft diese Entwicklung durchlaufen hat: Besser glücklich allein als unglücklich zu zweit.

Die andere Seite der Medaille: Der Freiheitswahn führt zur Entwurzelung des Einzelnen. Denn Beziehungen werden häufig schneller abgebrochen als früher. Sie werden schon mit dem Hintergedanken begonnen: Wer weiß, wie lange das gut geht, also fehlt von vornherein der Druck, es gemeinsam schaffen zu wollen.

Unsere Art Beziehungen zu führen unterscheidet sich grundlegend von der unserer Großeltern. Das Schicksal des Krieges schweißte sie zusammen, auch wenn sie erst nach 1945 heirateten. So zum Beispiel Helmut und Loki Schmidt: Beide überlebten den Krieg, und ihre Ehe hat gehalten – auch dank getrennter Schlafzimmer, wie Loki einmal erzählte. Viele der Großväter, die ich besuchte, sind seit Jahrzehnten verheiratet. Man ahnt, dass in der einen oder anderen Ehe nicht alles so ist, wie es sein sollte. Doch ihren Lebensabend stehen sie gemeinsam durch, bis zum Ende. Ich weiß nicht, was besser ist: sich ständig zu trennen oder an einer Beziehung zu arbeiten. Ich bin immer für die Trennung gewesen – der Virus. Doch seit meiner Reise bin ich mir da nicht mehr so sicher.

Noch ein Puzzlestück: die Jungen und die Politik. Am Abend der Bundestagswahl 2002 war ich mit zwei Freunden in Berlin-Mitte unterwegs, wir wollten zu einer Kunstgalerie. Als wir dort gegen halb neun Uhr eintrafen, war der Ausgang der Wahl noch offen. Ich betrat den Raum, überall junge Künstler, viele hübsche Frauen, aber nirgendwo ein Fernseher. Ein paar Verzweifelte saßen vor einem Computer und versuchten, sich über das Internet zu informieren. Ich konnte es zunächst nicht glauben. Aber seien wir ehrlich: Wir interessieren uns kaum für Politik. Wann fängt schon jemand mal bei einem Abendessen an, über Politik zu reden?

Den Parteien wird seit einigen Jahren immer wieder vorgeworfen, sie würden zu wenig auf junge Leute zugehen, sich ihnen zu wenig öffnen. Ich glaube, das Gegenteil ist der Fall. Wer sich für Politik interessiert und in eine Partei eintritt, kann schnell Karriere machen, denn die Parteien wissen um ihr Altersproblem. Warum trotzdem so wenige von uns in die Politik gehen? Wahrscheinlich wollen wir uns einer Gemeinschaft nicht unterordnen, uns nicht anpassen. Wir träumen von unserem ganz individuellen Glück, wollen viel Geld verdienen und viel Spaß haben. Der Beitritt in den SPD-Ortsverein verspricht weder das eine noch das andere.

Für unsere Großeltern und auch noch für unsere Eltern war es selbstverständlich, Farbe zu bekennen, sich nicht nur an einen Ehepartner, sondern auch an eine Partei zu binden. Horst Ehmke, Jahrgang 1927, ist ein gutes Beispiel für diese Generation. Ich war einmal bei Ehmke, der unter Willy Brandt Kanzleramtschef und Bundesminister für besondere Aufgaben war – übrigens ein Kriegsteilnehmer –, zu Hause in Bonn zu Besuch. Er begann, über sein Parteibuch zu reden und über die Marken, die er eingeklebt hatte. Er holte es sogar und zeigte es mir, und dabei überlegte ich mir, welche vergleichbare Geschichte ich wohl einmal meinen Enkeln würde erzählen können. Die einzige Einrichtung, für die ich eine Art Mitgliedsausweis besitze, ist der Metallschlüssel des WMF Club in Berlin.

Während unsere Eltern und Großeltern einer Partei, oft ein ganzes Leben lang, die Treue hielten, so fällt uns das heute sehr schwer, denn wir passen eigentlich in keine der politischen Schubladen. Bin ich ein Linker? Ein Konservativer? Schwierige

Frage. Ich könnte jetzt antworten, dass die Grenzen zwischen links und rechts doch längst verschwommen sind und dass ich mich außerdem nicht festlegen möchte – das wäre eine typische Antwort für meine Generation. Ich will es anders versuchen: Wenn es um Bildung geht, nehme ich eine konservative Position ein, der klassische Bildungskanon ist mir wichtig. In der Umweltpolitik denke ich wie ein Grüner, in der Wirtschaftspolitik wie ein Liberaler. Ich warte im Grunde auf eine schwarz-grüne Koalition unter einem weltoffenen Kanzler.

Das Stichwort weltoffen ist gerade gefallen – wieder ein Puzzlestein. Noch keine Generation ist in Deutschland bisher so international aufgewachsen wie wir. Mein Großvater kam mit zweiundzwanzig als Soldat zum ersten Mal ins Ausland, nicht gerade die besten Umstände, um eine andere Kultur kennen zu lernen. Ich hingegen war von Kindesbeinen an jedes Jahr mit meinen Eltern im Urlaub, in der Schweiz, in England, in Frankreich, und mit neunzehn flog ich das erste Mal nach New York. Die Generation meiner Eltern war sehr darauf bedacht, aus der Enge Deutschlands zu entfliehen. Das brachten sie ihren Kindern früh bei, gehe ins Ausland, lerne die Welt kennen. Von Deutschland sprachen sie nie. So ist es gekommen, dass wir über Deutschland kaum noch etwas wissen, deutsche Geografie, Geschichte, Kultur… Wir wissen hingegen, in welchem New Yorker Stadtteil der Hip-Hop erfunden wurde.

Wir sollen die Welt kennen lernen und uns unsere eigene Meinung über das, was wir sehen, bilden – das wünschten sich unsere Eltern für uns. Zwangfrei und ohne vorgegebene Regeln sollte dieser Lernprozess vonstatten gehen. Negativ ausgedrückt: Unsere Eltern ließen uns machen, was wir wollten. Woher das kam? Die Eltern der 68er vertraten in allen Lebenslagen eindeutig definierte Standpunkte, von denen sie kaum abrückten, und selbstverständlich versuchten sie, sie ihren Kinder aufzuzwingen. Das lehnten die 68er ab und gaben die Freiheit an ihre eigenen Kinder weiter. Wir hingegen suchen jetzt wieder nach Maßstäben, nach Orientierungspunkten, nach Autorität. Ein Beispiel hierfür: Das Jugendmagazin der *Süddeutschen Zeitung* hatte eine Rubrik, die »Lernen von den Alten« hieß, und hinter dieser Zeile verbirgt sich genau diese Sehnsucht. Man spürt Unsicherheit und Angst, hat so viele Fragen im Kopf und hofft, dass einem die Alten schon den Weg weisen mögen.

Was wir von unseren Großeltern lernen können? Obwohl sie nach dem Krieg Karriere machten, ihre Ideen und Überzeugungen durchsetzten, waren sie pessimistisch – das ist mir erst nach und nach klar geworden. Ihre Haltung ist Nein, unsere hingegen Ja – das ist der entscheidende Unterschied zwischen den zwei Generationen. In unserer Kindheit hörten wir unentwegt, dass morgen schon die Welt zu Grunde gehen, der Wald sterben, die Atombombe explodieren werde. Nach ein paar Jahren merkten wir, hoppla, wir leben noch. Das musste natürlich gefeiert werden. Und so ist die Love Parade entstanden, die größte Demonstration der Welt, sie steht für das Jasagen, für »Friede, Freude, Eierkuchen«. Das Problem ist nur: Die Zeiten haben sich geändert, und mit unserem Jasagen kommen wir nicht mehr weiter. Wir werden lernen müssen, unsere eigenen Interessen zu vertreten, auch in der Rentenfrage. Wir werden lernen müssen, Nein zu sagen. Lernen von den Alten? In diesem Fall: Ja.

Meine zusammengesammelten Puzzleteile entwerfen nur ein kaleidoskopartiges Bild von meiner Generation. Vielleicht muss ich versuchen, noch einen anderen Zugang zu ihr zu finden. Der amerikanische Philosoph Allan Bloom sagte einmal über meine Generation: »Nothing is more singular about this generation than its addiction to music« – nichts ist so einzigartig an uns wie unsere Sucht nach Musik.

Falls Allan Bloom Recht hat, müsste es dann nicht einen Soundtrack meiner Generation geben? Nein, denke ich zuerst.

Die einen hören Techno, die anderen Britpop oder Schlager und wiederum andere deutschsprachigen Hip-Hop, auch die Pop-Hits aus den Achtzigern sind ja gerade wieder beliebt. Doch dann frage ich mich, welche Musik ich unter einen Film über die Neunzigerjahre, über die unschuldigen Jahre meiner Generation, legen würde. Und da höre ich sie schon: Über Jahre hinweg ist in den amerikanischen Coffeeshops, in denen wir so gerne unsere Freizeit verbringen, immer nur eine CD gelaufen, das DJ-Kicks-Mix-Album von Kruder & Dorfmeister. Es wurde 1996 veröffentlicht, als der schnelle, hektische Techno-Beat seinen Zenit erreicht hatte. Diese langsame Musik mit ihren weichen Melodien wurde zu einem gemeinsamen Nenner unserer Generation – zumindest bis zu jenem Moment, als wir bemerkten, dass wir doch noch nicht beim Happyend angekommen sind.

Was sagt uns diese Musik über die Jungen der Neunziger? Wenn ich mir diese Platte heute noch einmal anhöre, werde ich melancholisch. Sie erinnert mich an eine bequeme Welt. Alles schien nur eine Frage des Designs zu sein, der geschmackvollen Einrichtung, eine Frage des richtigen Mix. Auf dem Plattencover sieht man die beiden DJs, Peter Kruder und Richard Dorfmeister aus Wien, auf einem Rasen sitzen, die Sonne scheint, die Sache läuft – das Leben ist so easy. Wir dachten ja damals wirklich: Morgen tanzt die ganze Welt.

»... und morgen die ganze Welt.« Hatte auch die Generation unserer Großeltern eine charakteristische Musik? Vielleicht ist es der Schlager *Lili Marleen*, gesungen von Lale Andersen, komponiert von Norbert Schultze. Kaum ein Lied traf damals derart die allgemeine Gefühlslage der Zeit, schon in der Entstehungsgeschichte spiegeln sich die Probleme dieser Generation.

Norbert Schultze, der im Deutschland der Dreißiger- und Vierzigerjahre ein erfolgreicher Unterhaltungsmusiker war, vertonte das Gedicht eines jungen Soldaten namens Hans Leip, der im Ersten Weltkrieg darunter gelitten hatte, dass er zur Front geschickt wurde und dass zu Hause seine Freundin auf ihn wartete. Man vermutet, dass zuerst deutsche Soldaten, die unter Generalfeldmarschall Erwin Rommel in Afrika kämpften, *Lili Marleen* nachsangen. Von dort aus wanderte es über die Frontlinie zu den Engländern, die bald darauf eine englischsprachige Version aufnahmen. Die französische Fassung wurde ein Hit in Paris, und schließlich sang es Marlene Dietrich bei ihren Besuchen in den Camps der amerikanischen Soldaten. Noch 1981 drehte Rainer Werner Fassbinder einen Film über das Lied.

Norbert Schultze war typisch für seine Generation. Als Hitler 1933 an die Macht kam, war er zweiundzwanzig und studierte Musik. Drei Jahre später landete er mit der Kinderoper *Schwarzer Peter* seinen ersten Erfolg, er schrieb Ballettmusik und die Musik zu einigen Kinofilmen, unter anderem zu einem Film, der von Hitlers Propagandaminister Joseph Goebbels vorbereitet worden war. Ein überzeugter Nazi? Einer, der mitmachte. Er sei nie ein Nazi gewesen, sagte er später, aber er sei »den bequemen Weg eines Angsthasen« gegangen. Nach dem Krieg wurde er in einem Entnazifizierungsverfahren überprüft, und die Kommission entschied, dass seine Lieder wie *Bomben auf Engelland* oder *Vorwärts nach Osten* lediglich als »patriotische Arbeiten« zu betrachten seien.

Im Schlager *Lili Marleen* und im Leben des Komponisten kommt alles zusammen: Verstrickung und Talent, Verantwortung und Karrierestreben, das zugleich Abstoßende und Interessante dieser Zeit, dieser Generation. Ich hätte Norbert Schultze gerne ein paar Fragen gestellt. Ich sah vor kurzem ein Foto von ihm im *Economist*. Darauf erinnerte er mich ein bisschen an meinen Großvater: silbernes Haar, eine hohe Stirn, dazu ein gewinnendes Lächeln. Ich hätte ihm gerne die Fragen gestellt, die ich allen Großvätern stellte und die ich meinem Großvater so gerne gestellt hätte.

Ich kam auch bei Norbert Schultze zu spät. Der Komponist seiner Generation starb am 14. Oktober 2002. Er wurde einundneunzig Jahre alt. Dieses freundliche Lächeln geht mir seitdem nicht mehr aus dem Kopf.

Warum?

Es ist die perfekte Maske.

Ich reiste ein Jahr lang durch Deutschland, traf Alte und Junge. Ich verstehe nun ein wenig mehr, was dieses Deutschland ist, wie es entstand und langsam erwachsen wurde.

Ich habe die Großväter kennen gelernt, und ihre Jugend erscheint für mich in einem neuen Licht. Der Krieg ist ihr Fixpunkt geblieben, bis heute. Ihr ganzes Leben haben sie von diesem Tiefpunkt aus betrachtet, die Liebe, die Karriere, alles – und das, obwohl sie sich so weit wie möglich davon entfernen wollten.

Ich sehe nun, wie sie meine Eltern geprägt haben – und dadurch auch mich, meine Generation. Und noch nie war mir so bewusst wie heute, was diese beiden Generationen voneinander unterscheidet. Für meine Generation gibt es keinen Fixpunkt. Das erschwert uns die Orientierung, aber seien wir froh, dass wir nicht in unseren eigenen Abgrund sehen, dass wir nicht von einem Tiefpunkt aus starten mussten.

Meine Generation kann von den Alten nicht lernen, wie es weitergehen soll, von den Großeltern nicht und auch nicht von den Eltern. Den Weg, unseren Weg müssen wir allein finden.

Fangen wir an?

Auswahlbibliografie

Über die Jungen

Klaus Ahlheim und Bardo Heger: *Die unbequeme Vergangenheit. NS-Vergangenheit, Holocaust und die Schwierigkeiten des Erinnerns.* Schwalbach: Wochenschau, 2002.

Maxim Biller: *Deutschbuch.* München: dtv, 2001.

Joachim Blessing: *Tristesse Royale. Das popkulturelle Quintett.* München: Ullstein, 2001.

Mark Bowden: *Black Hawk Down. Kein Mann bleibt zurück.* Der Roman zum Film. München: Heyne, 2002.

Jan Brandt: »Abschied vom Aufstieg – Die ›Generation Golf‹ ist in der Krise«, in: *die tageszeitung*, 3. August 2002.

Nike Breyer: »Neo Rauch im Interview«, in: *die tageszeitung*, 5. Januar 2002.

Dies.: »Norbert Bisky im Interview«, in: *die tageszeitung*, 14. September 2002.

Heinz Bude: *Generation Berlin.* Berlin: Merve, 2001.

Christopher Hitchens: »On Anti-Semitism: Jewish Power, Jewish Peril«, in: *Vanity Fair*, September 2002.

Tom Holert und Mark Terkessidis: *Entsichert. Krieg als Massenkultur im 21. Jahrhundert.* Köln: Kiepenheuer & Witsch, 2002.

Florian Illies: *Generation Golf.* Berlin: Argon, 2000.

Christian Kracht: *Faserland.* Köln: Kiepenheuer & Witsch, 1995.

Moritz Rinke: *Die Nibelungen.* Reinbek bei Hamburg: Rowohlt, 2002.

Vanity Fair, The Music Issue, November 2002.

Harald Welzer, Sabine Moller und Karoline Tschuggnall: *»Opa war kein Nazi.« Nationalsozialismus und Holocaust im Familiengedächtnis.* Frankfurt am Main: S. Fischer, 2002.

Über die Alten

Götz Aly: »Die vielfachen Tatbeiträge zum Mord an den europäischen Juden«, in: *Frankfurter Allgemeine Zeitung*, 15. Januar 2002.

Christoph Amend und Stephan Lebert: »Joachim Fest im Interview: ›Erschreckend ist: Hitler war ein Mensch‹«, in: *Der Tagesspiegel*, 12. Dezember 1999.

Anonym: »Nobert Schultze – an Obituary«, in: *The Economist*, 31. Oktober 2002.

Egon Bahr: *Zu meiner Zeit*. München: Karl Blessing, 1996.

Heinrich Böll: *Aufsätze – Kritiken – Reden*. Köln: Kiepenheuer & Witsch, 1967.

Ders.: *Briefe aus dem Krieg 1939–1945*. Köln: Kiepenheuer & Witsch, 2001.

Heinz Bude: *Deutsche Karrieren*. Frankfurt am Main: Suhrkamp, 1987.

Ders.: *Das Altern einer Generation. Die Jahrgänge 1938–1948*. Frankfurt am Main: Suhrkamp, 1997.

Joachim Fest: *Hitler. Eine Biographie*. Berlin: Propyläen, 1973.

Ders.: *Speer. Eine Biographie*. Berlin: Alexander Fest, 1999.

Ders.: *Der Untergang. Hitler und das Ende des Dritten Reiches*. Berlin: Alexander Fest, 2002.

Iring Fetscher: *Neugier und Furcht. Versuch, mein Leben zu verstehen*. Hamburg: Hoffmann & Campe, 1995.

Werner Filmer und Heribert Schwan (Hrsg.): *Begegnungen mit Richard von Weizsäcker*. München: Bertelsmann, 1993.

Jörg Friedrich: *Das Gesetz des Krieges. Das deutsche Heer in Rußland 1941–1945*. München: Piper, 1993.

Eckhard Fuhr: »Wir tragen die Väter zu Grabe«, in: *Die Welt*, 9. November 2002.

Ernst Glaeser: *Jahrgang 1902*. Potsdam: Gustav Kiepenheuer, 1928.

Sebastian Haffner: *Anmerkungen zu Hitler*. München: Kindler, 1978.

Ernst Jünger: *Strahlungen 1*. Stuttgart: J. G. Cotta'sche Buchhandlung, 1979.

Ders.: *Strahlungen 2*. Stuttgart: J. G. Cotta'sche Buchhandlung, 1979.

Hellmuth Karasek: *Go West! Eine Biographie der fünfziger Jahre*. Hamburg: Hoffmann & Campe, 1996.

Ders.: *Karambolagen. Begegnungen mit Zeitgenossen*. München: Ullstein, 2002.

Alexander Kluge: *Lebensläufe*. Frankfurt am Main: Suhrkamp, 1986.

Ders. und Oskar Negt: »Was ist Krieg?«, in: *Blätter für deutsche und internationale Politik*, 4/2002.

Christian Graf von Krockow: *Hitler und seine Deutschen*. München: List, 2001.

Erich Kuby: *Mein Krieg. Aufzeichnungen aus 2129 Tagen*. Berlin: Aufbau, 2000.

Johannes Leeb (Hrsg.): *»Wir waren Hitlers Eliteschüler.« Ehemalige Zöglinge der NS-Ausleseschulen brechen ihr Schweigen*. München: Heyne, 1999.

Erich Loest: *Durch die Erde ein Riss. Ein Lebenslauf*. Leipzig: Linden, 1990.

Ders.: *Jungen die übrigblieben*. Leipzig: Linden, 1991.

Herfried Münkler: *Die neuen Kriege.* Reinbek bei Hamburg: Rowohlt, 2002.
Mainhardt Graf von Nayhauss-Cormons: *Zwischen Gehorsam und Gewissen. Richard von Weizsäcker und das Infanterieregiment 9.* Bergisch Gladbach: Lübbe, 1994.
Marie-Luise Recker (Hrsg.): *Politische Reden 1945–1990.* Frankfurt am Main: Deutscher Klassiker, 1999.
Herbert Reinecker: *Ein Zeitbericht unter Zuhilfenahme des eigenen Lebenslaufs.* Erlangen: Straube, 1990.
Ders.: *Warten auf Nachricht. Kleine Gespräche mit der Gegenwart.* Nördlingen: Steinmeier, 2001.
Horst-Eberhard Richter: *Wanderer zwischen den Fronten. Gedanken und Erinnerungen.* Köln: Kiepenheuer & Witsch, 2000.
Helmut Schelsky: *Die skeptische Generation. Eine Soziologie der deutschen Jugend.* Düsseldorf: Diederichs, 1957.
Frank Schirrmacher (Hrsg.): *Die Walser-Bubis-Debatte. Eine Dokumentation.* Frankfurt am Main: Suhrkamp, 1999.
Ernestine Schlant: *Die Sprache des Schweigens. Die deutsche Literatur und der Holocaust.* München: C.H. Beck, 2001.
Bernhard Schlink: *Vergangenheitsschuld und gegenwärtiges Recht.* Frankfurt am Main: Suhrkamp, 2002.
Wolfgang Schmidbauer: *»Ich wusste nie, was mit Vater ist.« Das Trauma des Krieges.* Reinbek bei Hamburg: Rowohlt, 1998.
W. G. Sebald: »Air War – Why It Is So Difficult for the Germans to Remember«, in: *The New Yorker*, 4. November 2002.
Martin Walser: *Die Verteidigung der Kindheit.* Frankfurt am Main: Suhrkamp, 1991.
Ders.: *Ein springender Brunnen.* Frankfurt am Main: Suhrkamp, 1998.
Ders.: *Tod eines Kritikers.* Frankfurt am Main: Suhrkamp, 2002.
Ders.: »Über ein Geschichtsgefühl«, in: *Frankfurter Allgemeine Zeitung*, 10. Mai 2002.
Martin Wein: *Die Weizsäckers. Geschichte einer deutschen Familie.* Stuttgart: DVA, 1988.
Richard von Weizsäcker: *Vier Zeiten. Erinnerungen.* Berlin: Siedler, 1997.
Ders.: *Drei Mal Stunde Null? 1949, 1969, 1989.* Berlin: Siedler, 2001.
Heinrich August Winkler: *Der lange Weg nach Westen.* München: C.H. Beck, 2000.
Carl Zuckmayer: *Geheimreport.* Göttingen: Wallstein, 2002.

Namensregister